ORGANIC GROCER?

YO, NOSOTROS

EDITORIAL CÁNTICO
COLECCIÓN · DOBLE ORILLA, NARRATIVA
Colección dirigida por Raúl Alonso

cantico.es · @canticoed

Editorial Cántico
Parque Logístico de Córdoba
Carretera de Palma del Río, km. 4
14005 Córdoba

ISBN: 978-84-19387-88-2
Depósito legal: CO 14-2024

Impresión y encuadernación:
Imprenta Luque S.L.

OCTAVIO SALAZAR BENÍTEZ

YO, NOSOTROS

DIARIO DE MASCULINIDADES POR DESARMAR

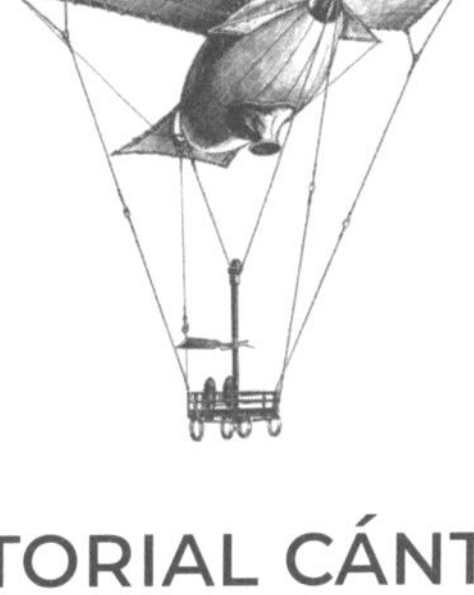

EDITORIAL CÁNTICO

COLECCIÓN · DOBLE ORILLA, NARRATIVA

SOBRE EL AUTOR

Hijo de Amparo y Rafael, padre de Abel, Octavio Salazar Benítez es un hombre "deshaciéndose", feminista en construcción, jurista nómada y aprendiz de la igualdad y las diferencias. Nacido en Cabra, vive en Córdoba en cuya Universidad es Catedrático de Derecho Constitucional. Es miembro de la Red Feminista de Derecho Constitucional y del Comité de Expertos del Instituto Europeo de Igualdad de Género. Algunos de sus libros más recientes son *El hombre que no deberíamos ser* (2018), *#WeToo. Brújula para jóvenes feministas* (2019), *La vida en común* (2021), *Al amparo del feminismo* (2021) y *John Wayne que estás en los cielos* (2022). Sus reseñas y colaboraciones en medios pueden leerse en el blog: www.lashoras-octavio.blogspot.com. El relato más personal de su vida, que no cabe en estas líneas, se encuentra en su *Autorretrato de un macho disidente* (2017). El resto de su biografía se halla repartida entre Cádiz, Italia, las salas de cine y las librerías del mundo.

Cada uno de nosotros es una obra colectiva que dice Yo

PASCAL BRUCKNER

UN PRÓLOGO EN CONSTRUCCIÓN

POR PILAR DEL RÍO

A este libro le falta un capítulo, dirá el lector o lectora que lo haya atravesado de principio a fin, "le falta contar mi historia, esa que se intuye, que parece que ya viene, y al final es la vida de otra persona la que se cuenta, aunque tan parecida", insiste, o insistimos, quienes oímos palpitar nuestra memoria bajo las palabras con las que Octavio Salazar Benítez narra nuestros días, aquellos que creíamos personales e intransferibles. Al final descubrimos que Octavio somos todas y todos y que el escritor, al contar y contarse, lo que ha hecho ha sido poner en evidencia ángulos de nuestras existencias que estaban esperando para manifestarse y ser en su plenitud. El autor lo logra.

"Yo, nosotros" no es un libro para leer de una sentada. No se puede, la humana potencia que encierra el conjunto de retratos conmueve y arrasa, así que es mejor darse por vencidos antes de empezar la lectura y entrar en el volumen con humildad, hoy un capítulo, tal vez dos, y luego dejarse ir, que la memoria convoque nuestras vivencias personales, ésas que nos hicieron ser de una manera determinada, ignorando todas las demás posibilidades. Y es en el ensueño que provoca la lectura de los distintos capítulos donde aparecen, uno tras otro, los sentimientos y las personas que también nos modulan y construyen a los lectores, sean esos sentimientos y personas de hoy, sean personas y sentimientos del pasado. Aparecen así nuestras madres: sus formas de mirar, guardar sueños y acumular silencios se van desvelando página a página, cuando el escritor, al romper el mapa de los convencionalismos, conduce a quien lee por paisajes no intuidos, ajenos a la fachada doméstica que el sistema proponía y al manual de instrucciones que nos adjudican al nacer. No todas las madres, como hace la de Octavio Salazar, habrán escrito o escribirán diarios poéticamente quemados luego el 6 de enero de cada año, pero estas páginas despertarán la memoria de palabras y gestos nunca vividos, aunque sentidos, por tantas personas –nuestras madres, por seguir el relato– que parecían aceptar su destino con resignación y sin embargo, aunque no lo supieran, estaban y están habitadas por la bendita rebeldía que nos hace seres singulares. Octavio Salazar Benítez contempla a las personas con las que se ha cruzado o cruza desde la capacidad de ver y también de reparar, es decir, por haber visto es capaz de ajustar las situaciones a otros códigos donde la normalidad es el respeto y no las apariencias. En este libro, como en nuestras vidas, hay gente a la que nos acercamos sabiendo que nada es inane: están el hombre árbol, la lectora que hacía esperar a la muerte porque su biblioteca llegó antes, el hijo que ayuda a reflexionar sobre paternidad y maternidad mientras se anuda una corbata que el padre nunca elegiría, el abuelo que descubre los cuidados cuando ya se ha jubilado y ve a los nietos, están los letreros de femenino y masculino en los lavabos, lo femenino y masculino en nuestras vidas, el maltratador que repite una y otra vez porque la sociedad no educa en valores democráticos, sigue insistiendo en que Eva nace de la costilla de Adán y por tanto Adán es dueño de su costilla, está la mujer que dice se acabó, el amor loco y el loco que desprecia el amor, está Fer, siempre, están las manos que se unen, los profesores atildados, el pasado pesado que se renueva en jóvenes doctores que heredan el patriarcado como un tesoro y el futuro que se encarna en quienes traen la comprensión plural y respetuosa como ley de vida. De esto, de hombres y mujeres con nombres y opciones, con miedos y ansias, con fracasos y esperanzas trata este libro. Y, sobre todo, de hombres, de masculinidades en crisis, en búsqueda, haciéndose y deshaciéndose, caducas y por descubrir. La tarea pendiente de la igualdad. El horizonte democrático siempre.

Octavio Salazar Benítez describe, con pinceladas llenas de color, el ser humano que queremos ser y también el que queremos encontrar cuando salimos a la calle, enfrentamos un trabajo o elegimos un nuevo gobierno. Cansados de dogmas milenarios, lo nuevo es una exigencia ética. Y es de ética de lo que va este libro, reflexión honda y valiente, sin estereotipos y sin asideros caducos, porque el futuro, en esta era de inteligencia artificial, intergaláctica y voraz, necesita de un nuevo humanismo, asentado en quienes somos y no en la fábula que nos hicieron representar. Los hombres y las mujeres que protagonizan los 64 capítulos del libro son la historia de la humanidad. Es verdad que no están los guerreros, ni los emperadores, ni los que prohibieron el trueque para imponer monedas con dioses, pero esa gente tampoco figura cuando se traza el mapa de la sensibilidad, este vivir que no sea muerte diaria, sí caminar hasta otras personas, con otras personas que son hombres, mujeres, trans, heterosexuales, gais, blancos, negros, iletrados o sabios de sabidurías ancestrales: nuestros semejantes, con quienes construir otra historia. Es el momento.

El escritor no pasea por Córdoba, sus mares no son los de Málaga y Cádiz, sus amigos no son Rafael, Alerce, Gael, Julia o el hombre que duda: ciudades, costas y personas representan la llamada civilización, ésta en la que nacimos y cuyos valores no debemos conservar porque, hoy lo sabemos, no son justos ni compasivos. "Quiero escapar de las rotondas. Quiero dejar de ser un hombre. Quiero desaparecer". Así termina el libro, con esta contradicción absoluta, como contradictorios son el día y noche, la muerte y la vida. Sin embargo, no se desaparece después de haber descatalogado el mundo y de haber manifestado que los cambios son posibles, la inmensa rotonda por la que circulamos tiene salidas y están contenidas en la pregunta que platea Pascal Bruckner en la nota de cierre: "¿Quién podría enriquecerme, conectarme a algo más grande que uno mismo?". La respuesta a esta cuestión esencial está en el título del libro, querido autor, este *Yo, Nosotros* es el nuevo humanismo que se intuye y procura, la honestidad del pensamiento limpio, la belleza de la pregunta y el amor, esa ansiedad positiva siempre presente en la constelación de retratos de seres humanos que Octavio acoge y de la que él forma parte. Es la historia de la humanidad en fase de construcción. No se puede pedir más.

PREÁMBULO

Hombres que son como lugares mal situados
Hombres que son como casas saqueadas
Que son como sitios fuera de los mapas
Como piedras fuera del suelo
Como niños huérfanos
Hombres sin huso horario
Hombres agitados sin brújula donde reposar

Hombres que son como fronteras invadidas
Que son como caminos tapiados
Hombres que quieren pasar por los atajos fumigados
Hombres sulfatados por todos los destinos
Desempleados de sus vidas

Hombres que son como la negación de las estrategias
Que son como los escondrijos de los contrabandistas
Hombres encarcelados que se abren con navajas

Hombres que son como daños irreparables
Hombres que son supervivientes vivos
Hombres que son como sitios desviados
Del lugar

DANIEL FARIA,
Hombres que son como lugares mal situados

En memoria de Pablo J.M.,
el sobrino que se fue demasiado pronto,
cuando empezaba a ser un hombre.

Este es el diario de un hombre empeñado en dejar de ser (hombre). Al mismo tiempo, es el diario de otros muchos hombres que han pasado por su vida o que todavía forman parte de ella. Yo, nosotros. Perdidos, desubicados, enfadados, comprometidos, asustados, endiosados, ridículos, iluminados. Fragmentos de masculinidades que tratan de sobrevivir en un mundo en el que los espejos ya no nos devuelven la imagen ampliada que siempre vimos de nosotros en las mujeres. Amores, deseos, batallas, conquistas, derrotas. El que escribe es un hombre que no deja de cuestionarse a sí mismo todos los días y que ha ido descubriendo que no le queda otra salida que quitarse las máscaras. Un proceso largo y complejo, en el que permanentemente está equivocándose y traicionándose. Un hombre que, como todos sus iguales, tiene un púlpito desde el que habla y seduce. El amante dubitativo, el padre arrepentido, el militante contradictorio.

Este es el diario de un hombre que un día se dio cuenta de todo lo que nunca le habían enseñado y de cómo el feminismo, tan ancho y nutritivo, era la llave de las puertas que él nunca se había atrevido a abrir. Por eso este es también el diario de muchas mujeres, de las que están presentes en cada paso del sujeto que duda, se busca y con frecuencia no se encuentra. El macho que sigue siendo machista, el tío con deseos múltiples, el que no entiende de etiquetas. El escritor de estas páginas hace tiempo que decidió mirarse en ellas como un espejo para así ir reduciendo su tamaño. Hasta convertirse en una de esas polillas de las que tanto sabía Virginia Woolf.

El escritor que hace años empezó este diario soy yo. El dueño y señor de esta suma desordenada de días y de noches, hecha de retales, de hilos de muchos colores que he ido encontrando por los cajones. Como los que guardaba mi madre y con los que luego cosía camisas y vestidos. Yo nunca aprendí a enhebrar una aguja y por eso siempre se me pierden los botones. Quizás la escritura sea la manera que tengo de buscarlos, de compensar mis múltiples discapacidades y de, iluso, tratar de ajustar en mis trajes azul oscuro casi negros los botones que están a punto de caerse. El niño eterno, el aprendiz insatisfecho, el novio maltratador. El que a veces se reconoce como hijo de Lilith, parido bien lejos del paraíso.

Este diario no es un tratado sobre masculinidades, pero podría serlo. Se nutre de lo vivido, pero también de lo leído y aprendido. Podría ser una tesis sin notas a pie de página ni bibliografía. Las lecturas se enredan en los pliegues de las palabras, en cada uno de los descalabros de los hombres que en este siglo XXI no hallamos nuestro eje. Ay, cómo se clavan los alfileres. Los que no podemos seguir esperando que las mujeres nos salven, ni que nos enseñen lo que hace siglos debimos aprender. Porque ha llegado la hora de dejarnos de heroicidades comodonas y de iniciar la revolución, tan necesitada de otra genealogía.

Este diario es a veces un grito, una lágrima, un precipicio. Puede que, como todo lo que se escribe, un anhelo de ser querido. Un interrogante, un salvavidas, un espejo. La vida está en sus páginas, cada vez más ancha e insolente. La vida de un hombre, de tantos hombres, que se preguntan cómo vivirla sin las reglas que desde pequeñitos nos dijeron cómo debíamos ser. El que vió, como todos en 2020, la normalidad desmoronarse, igual que yo de pequeño hacía con las magdalenas de mi abuela. Y ahí andan los trozos, por el suelo de mi cocina, a la espera de que vuelvan las hormigas. El despertar del subsuelo donde hay tanta vida.

Este es el diario de un sujeto que siempre escribió en cuadernos, libretas y folios. El que con frecuencia en vez de vivir se inventó cuentos. El que empieza ahora a asumir que sólo negando las estrategias será posible bajar del púlpito. Un hombre que vive instalado en el gerundio y aprendiendo el lenguaje de los árboles. El que hasta hace muy poco tiempo nunca había leído diarios y memorias escritas por mujeres, ni tampoco cuadernos de hombres frágiles. Un tipo que siente que lo han estafado y que le han robado más de la mitad de la historia. El alumno que nunca aprueba en junio. El sujeto por llegar. El hombre por desaparecer, curándose de hombría.

NOTA DEL AUTOR

Todos los personajes e historias de este libro están inspiradas en personas y hechos reales, aunque han sido filtradas por la imaginación. Se han cambiado nombres, circunstancias y escenarios para que lo escrito acabe dándole más peso a lo vivido, además de salvaguardar así la distancia que exige la intimidad de quienes en estas páginas se han convertido en sujetos que dialogan con mi diario. Todas y todos han sido y son mujeres y hombres que han estado en mi vida. Gracias, pues, por ser espejo y voz en las páginas que siguen. En ellas, a partir de aquí, manda la ficción.

YO, NOSOTROS

EL DIARIO DE MI MADRE

Mi madre cada vez se acuesta más temprano. No es que haya sido nunca de mucho trasnochar, pero es que, en los últimos años, como ya ni siquiera le interesa lo que ponen por la tele, se mete en la cama cuando todavía entra luz por la ventana. Ello no quiere decir que se ponga a dormir, ni mucho menos. Su cama se convierte en una especie de laboratorio donde ella, justo en ese momento del día, recupera no solo un espacio sino también un tiempo del que se siente dueña absoluta.

Ahora que lo pienso, tal vez la pasión de mi madre por los libros tenga que ver con esa necesidad de encontrarse consigo misma, de tener al menos unas horas al día no dedicadas a los demás. Ella siempre vivió en ese trapecio. Cuando estaba embarazada de mí, me cuenta, no dejaba de leer en la cocina, mientras preparaba el guiso del día, uno de esos de cuchara que solo con él tiempo he llegado a apreciar de verdad. Como nunca tuvo atril, colocaba el libro que estaba leyendo, y que solía ser voluminoso, apoyado sobre una cacerola y así, mientras arreglaba las habichuelas verdes o pelaba las patatas, seguía el capítulo que la noche anterior había dejado a medio terminar. Como la ventana de su cocina siempre fue pequeña, puedo imaginar cómo el novelón de turno hacía las veces de terraza, en la que siempre olía, desde muy temprano, a ese caldo que parecía colarse por debajo de las puertas y que a veces me despertaba antes que el olor del pan tostado.

Mi madre, que ya ha cumplido los ochenta, liberada de muchas de las obligaciones que siempre tuvo, cuando termina su cena ligerísima, está deseando meterse en su habitación y llenar la cama de libros y papeles. Una vez que se coloca unas pinzas en el pelo, masajea su cara con la crema anti-edad y comprueba que la cocina se ha quedado perfectamente recogida, se coloca unos buenos almohadones para que le sujeten la espalda, se abriga con su toquilla de lana y su manta eléctrica cuando hace frío y se rodea, así, literalmente, como si estuviera asediada, por los varios libros que está leyendo; incluido el de lecturas religiosas, porque ella siempre ha sido, y ahora más, una devota católica. Devota y practicante. Es de misa diaria y comulga no sé cuántas veces a la semana. Lo más opuesto a sus hijos. Yo me quedo tranquilo al saber que ella reza por mí cada día.

Desde hace algunos años, mi madre no solo lee en la cama, sino que también escribe. Hace lo que yo llevo haciendo toda la vida. Mi madre, que abandonó los estudios tras el Bachillerato porque pensaba que no le quedaba otro futuro que el de esposa y madre, ahora escribe un diario. Cada noche, antes de empezar con la novela que tiene entre manos, que con frecuencia yo lo he enviado para que se la descargue en su e-book, y después de haber las oraciones que le dan paz, coge el volumen que abre en enero y escribe, entre sorbo y sorbo de una infusión que siempre toma muy caliente, casi hirviendo, incluso cuando es verano. Antes de coger el bolígrafo, que apenas le dura unos días, repasa con sus manos la pinzas que le sujetan el pelo, para que al día siguiente, cuando se levante, su peinado se haya estropeado lo menos posible. Siempre recuerdo a mi madre con ese punto de coquetería, tan cercano a la comedia, pero que, en ella, como en mi bisabuela, con la que ella compartía nombre y otras muchas cosas, adquiere un matiz de resistencia. Las dos extremadamente delgadas, siempre manteniendo el tipo en cualquier situación, con un cierto aire de suficiencia que es el que transmitía mi bisabuela Amparo cuando miraba a los demás desde su atalaya de dama. Porque yo creo que mi bisabuela era una dama, aunque ella ni siquiera tuviera claro el significado de esa palabra. Una dama que cada diciembre escondía una caja de angélicas, unos dulces que a mí me volvían loco, y que sacaba del cajón en contadas ocasiones. Solo cuando quien llegaba a visitarla, en su tercer piso de anciana a la que solo querían escuchar los pájaros, alguien al que ella estimaba digno de su cariño. Ahora, cada vez que pienso en sus manos huesudas y en sus mejillas sonrosadas, empiezo a reconocerme, cada vez más, en esa desafiante distancia. Yo también tengo mucho de esa dama solitaria que se asomaba a su balcón como si estuviera fuera del mundo, que no soportaba las visitas y que se hacía la sorda para todo aquello que no le interesaba.

Cuando pienso en lo mucho que ahora escribe mi madre, no sé si la heredera ha sido ella o, en el fondo, yo he hecho siempre lo que ella no hacía por falta de tiempo, o por un cierto temor a verse por escrito, o simplemente porque no le había llegado el momento de ir más allá de las palabras dichas. Porque mi madre siempre ha hablado mucho, con todo el mundo. Siempre ha tenido una enorme facilidad para comunicarse de forma oral, pero no sabría decir cuándo y por qué inició la costumbre de hacerlo por escrito y sin destinatario aparente. Supongo que ha llegado a ese punto de la vida en que cada vez le interesa menos hablar y mucho más estar en silencio. He notado que ahora, cuando hablamos por teléfono, cosa que hacemos a diario durante un buen rato, al principio del día, cuando tanto ella como yo ya le hemos adelantado a media humanidad en tareas hechas, mi madre me cuenta cada vez con más frecuencia experiencias que la sacan de quicio y compruebo que ella, que siempre fue tan sociable, con los años tan bien se vuelve más exigente. Eso sí, no abandona ese extremo apasionado que, para bien y para mal, siempre la ha hecho tan poderosa. Aparentemente poderosa, porque en el fondo siempre ha sido como una de esas pequeñas hormigas que cada verano, en el suelo de mi cocina, pelean por coger la miga de magdalena con la que poder alimentar a los suyos.

Nadie de la familia sabe con exactitud lo que mi madre escribe antes de dormirse. Iluminada de mala manera por una lámpara que tiene en la mesilla de noche y vigilada por unos muebles de madera oscura, hechos a medida por unos carpinteros de mi pueblo, y que a mí siempre me parecieron más propios de una mansión abandonada que de un piso de clase media, se convierte en capitana de su propio navío. Ni siquiera mi padre, que se acuesta un poco más tarde y se pone a escuchar *Hora 25*, sabe nada de lo que su mujer guarda en esos cuadernos. Ambos se han ido haciendo tan cómplices y necesitados el uno del otro que, al menos desde afuera, dan la impresión de que se lo tienen todo dicho y archisabido. Yo no he querido incomodarla haciéndole preguntas molestas, pero por más que he intentado, de manera sutil, que me cuente algo, no he conseguido la más mínima revelación. Su diario está cerrado con llave. Y ni siquiera puedo soñar con el día, que espero que tarde en llegar pese a los virus y las horas que se alían para jodernos la esperanza, en el que ella falte para poder hacerme con todos sus volúmenes escritos. Yo que soy tan peliculero me veo con facilidad recuperando sus palabras, emocionándome a rabiar e incluso extrayendo de ellas material para un próximo libro. O, simplemente, más importante que todo eso, conociendo quizás rincones de mi madre que siempre han estado en un segundo plano, invisibles para los demás, incluso para sus hijos. Porque, aunque mi madre siempre ha sido una mujer muy expansiva y abierta, estoy seguro de que bajo esas capas de comunicadora innata hay silencios, palabras no dichas, dudas y temores que nunca se ha atrevido a compartir con nadie. Otro aristocrático silencio. Quizás en esas páginas habite la dama que solo de tarde en tarde se quita el delantal, o la investigadora a la que nunca le enseñaron las promesas de una biblioteca, o la abadesa a la que le faltaron argumentos para llevarle la contraria a su confesor. Puede que el diario que escribe no sea otra cosa que su peculiar armario.

Pero ese sueño no se va a hacer realidad. Mi madre también ha convertido en un ritual quemar su diario cuando empieza un nuevo año. No lo hace en nochevieja, ni el día de año nuevo, sino la mañana de Reyes. En nuestra familia, que nunca ha sido, ni siquiera cuando yo era niño, de esas que en su día envidié, numerosas y festivas, seguimos celebrando el 6 de enero como si no hubiéramos superado la infancia. El resto de las fiestas navideñas, afortunadamente, pasan más o menos desapercibidas, pero ese día concentramos todas las energías y, desde muy temprano, lo vivimos a lo grande. Primero en casa de mis padres, donde todavía hoy, mi hijo, que ya es mayor de edad, se levanta muy temprano para ver qué encuentra en el salón, ese espacio de la casa que mi madre mantiene impoluto, como si fuera un museo, y en el que la vida más que habitarlo pasa de puntillas por las esquinas de los muebles y por los muchos portafotos de plata que ella limpia bien fuerte, como si con cada movimiento de muñeca pudiera hacer el milagro de no olvidar.

A media mañana nos juntamos en la que era la casa de mis abuelos maternos, y donde todavía viven dos de mis tíos, y allí procedemos al reparto de regalos, en una especie de locura colectiva de la que nadie puede escapar y en la que todos, tan lejos ya de la infancia, nos creemos felices por un rato. Hasta yo, que suelo ser más bien distante con respecto a este tipo de celebraciones, acabo engullido por los papeles de colorines. Como ese día es habitual que haga frío, mi tía Carmen, la hermana de mi madre, que se parece mucho a ella, aunque es más parecida a una libélula que a una hormiga, enciende la chimenea desde muy temprano. De esa manera, cuando vamos llegando, la vieja casa está cálida, mucho más agradable. No solo el olor de la leña cuando se va quemando, sino también la iluminación que genera el fuego en el salón grande y detenido en el tiempo, hacen que vuelva a aquellas navidades en las que yo, como cualquier niño, pensaba que el tiempo era eterno. Los tonos azulados y rojizos del fuego hacen que vuelva a ver a mi bisabuela Amparo sentada muy cerca de la chimenea, con su cara cada vez más sonrosada como consecuencia del calor, y a mi abuelo Tiburcio, tan imponente como su nombre, entregándonos el billete que yo luego siempre guardaba en mi mesilla de noche de color vainilla, en la que ya empezaba a dejar algún libro antes de dormir. En aquellas noches en que, vigilado por las flores grandes del papel de la pared, intentaba, casi siempre con éxito, que no hubiera interrupción entre lo leído y lo que hervía en mi cabeza hasta el amanecer.

Cuando mi hijo era pequeño, disfrutaba muchísimo con su prima echando al fuego los papeles que iban dejando al descubierto los regalos. Las llamas crecían y crecían, hasta el punto de que parecían adoptar los colores que habían envueltos los libros, pañuelos, bufandas y juguetes que nos entregábamos unos a otros. Lucía y Abel han crecido y ya no encuentran ningún aliciente en ese ritual. Ahora la única que parece disfrutar es mi madre que, puntualmente, como si se tratara de una ceremonia similar a las que ella acude para hacer profesión de fe, saca su diario del bolso y lo tira en la chimenea. Lo hace de manera muy discreta, como si quisiera que nadie la viera, como una niña pequeña que pretende que no la descubran haciendo una travesura. El volumen, que cada año tiene las pastas de un color distinto, acaba junto a los papeles y los cartones que han sobrado al repartir los regalos. Por más que todas y todos insistamos en que no lo haga, ella lo tiene clarísimo y en ningún momento se ha echado atrás. Plenamente convencida de lo que hace, deja cientos de páginas escritas sobre el fuego y ni siquiera se detiene un momento a ver cómo arden. En cuanto que lo deja en el fuego, se gira y retoma la conversación que había dejado en el aire. No mira las llamas agigatándose ni el papel consumiéndose. Yo sí que me quedo mirando cómo las tapas se van arrugando, cómo se consume el papel, como las llamas se elevan con más claridad, con una luz azulada, a medida que las palabras van subiendo hacia arriba, hasta que salen fuera de la larga chimenea que desemboca en el tejado y vuelan, desordenadas, por el cielo de Cabra, nuestro pueblo. Algún año he llegado a soñar con la posibilidad de que alguna de esas palabras se colara por la ventana de una vecina que, asombrada, habría pensado que la sequía estaba volviendo loco al cielo.

Cuando el 6 de enero, ya de noche, vuelvo a Córdoba, con el maletero lleno de regalos y la felicidad innombrable de saber que un año más he sobrevivido a la Navidad, siempre pienso en mi madre, que se ha quedado algo tristona tras la despedida, y que seguramente a esas horas ya estará metida en la cama y a punto de empezar a escribir. No sé si hará recuento del día vivido, o pondrá por escrito todo aquello que no se ha permitido decir, quién sabe, lo mismo deja la hoja en blanco porque en cada día de Reyes ella encuentra motivos más que suficientes para sentir que las horas han merecido la pena. Todo eso mientras que mi padre, algo enfadado porque al ser festivo no hay *Hora 25*, no deja de dar vueltas en una cama en la que ambos se ven cada vez más pequeños. Seré yo quien deba, al día siguiente, retomar mi diario y dar rienda suelta a todo lo que habitualmente callo. Y dejar que cuando llegue el verano, y vuelva a Cádiz, las páginas sean desordenadas por el Levante. Pienso que no estaría mal que en algún punto del universo, no sé si en esa playa que ella pisa en los últimos veranos como quien se va despidiendo del mar, el diario de mi madre y el mío llegaran a encontrarse, para que así, juntos, dieran rienda suelta a las muchas conversaciones que nunca hemos tenido. Ella, tan aristocrática, concentrada en las páginas de un libro que procuraba no manchar con el aceite o el azafrán. Yo, tan pendiente, al poner la mesa, de que los cubiertos estuvieran perfectamente alineados a ambos lados de cada plato. El niño que daba saltos para llegar a las ramas de los árboles y así poder coger las hojas de morea con la que alimentaba a sus gusanos de seda.

ALERCE, I

Por más vueltas que le doy no encuentro un nombre que pueda definirlo. Una sola palabra para tener un dibujo suyo, un retrato, tal vez más cerca de lo imaginario que de lo real, aunque cuando pienso en él me doy cuenta, al fin, de que esa frontera es tan estúpida como cualquiera que pretenda dividir el mundo en dos. Busco un nombre que empiece por la misma letra que el suyo. Solo me viene a la cabeza la palabra Árbol y con ella la imagen de los que hacían sombra por el camino que llevaba desde el centro de la ciudad hasta el piso pequeño en el que pasé los primeros años de mi vida. Si tuviera que bautizarlo con agua que fuera bendita, pero no por la gracia de dios, dudo que encontrara un nombre que pudiera definirlo mejor. Porque él, como yo le he dicho en alguna ocasión, vive muy cerca de la tierra, pegado al suelo, con la cabeza boca abajo, como si pretendiera hacer un agujero hondo por el que escapar de todo aquello que le hace llorar. Como buen acróbata, no deja de enviarme fotos por WhatsApp en las que siempre está con las piernas muy estiradas, los pies mirando al cielo y la cabeza como queriendo buscar ese pasadizo secreto que le lleve a otro mundo. Porque él parece vivir siempre en un mundo imaginario, hacia el que todos los días trata de huir desde la capital en la que se siente prisionero. Así como de su cabeza parecen salir raíces que tiran de él hacia el suelo, esas que cuando camina por Madrid apenas puede ya disimular debajo del pelo que empieza a ser escaso. Las mismas que libera cuando camina por el metro o las que convierte en tirabuzones cuando vuelve al pueblo en el que vive su padre. Yo, a diferencia de él, vivo más cerca de las nubes. Aunque nunca dejo de mirar hacia abajo, y de vez en cuando aterrizo para recargar combustible, casi siempre habito en esos lugares donde todo vuela y nada queda quieto. Sueño con ser una de esas polillas que siempre buscan la luz. Mientras que él se busca a sí mismo en los barrios que pisa, yo no dejo de subir a gatas por las estanterías.

Árbol es alto y fuerte. Su tronco es el de un saltimbanqui que en vez de circos prefiere desplegar su arte en las calles y en las plazas, aunque donde mejor pone a prueba su sabiduría es en el patio del colegio donde intenta que sus alumnos no se conviertan en machotes. Su tarea no es nada fácil porque tiene que romper con inercias y malas costumbres, ser un contrapunto y hasta llevarle la contraria a lo que ellos están acostumbrados a ver. Desde hace un tiempo su empeño es conseguir que los cuerpos masculinos no sean instrumentos para el combate, ni puños para la guerra, ni mucho menos una especie de torre vertical desde la que mirar con ínfulas el horizonte. Por eso, supongo, le tiene tanta manía al fútbol. Sus brazos musculados, con los que se sujeta firme cada vez que mira el cielo desde abajo cuando hace piruetas de circo, son ramas que se multiplican para enseñarle a sus alumnos cómo abrazarse.

El hombre árbol, que siempre se sintió un niño torcido, disfruta explicándole a tantos ojos que le miran lo bella que es la rareza. Así, cada curso, intenta que su clase de educación física se parezca a un jardín en el que van creciendo plantas sin nombre, venidas de lugares distintos y dispuestas a convivir en la misma tierra. Un huerto en el que los pájaros fueron dejando semillas de manera desordenada. Es así como los cordones de las zapatillas de cada chico o chica se entrelazan con los de quien está al lado. Una cadena blanca con la que aprenden a caminar, e incluso a correr, teniéndose en cuenta unos a otros. Árbol los mira y los cuida como si fueran especies raras de un jardín botánico. Bailarines con zapatillas de mercadillo y chándales heredados. De vez en cuando me envía los dibujos que le hacen, incluso los usa como foto de perfil en sus redes. Raro es el día en que no me cuenta alguna historia, triste al principio, feliz al final, de un niño que con él es capaz de romper su timidez, o de una niña cuya madre se prostituye porque no encuentra mejor manera de pagar el alquiler. Él les regala mandarinas en los recreos y traduce en su diario de campo las emociones en conceptos. En el fondo, es un filósofo que piensa con todo el cuerpo.

Fue justamente su interés por la superación de las masculinidades hegemónicas lo que hizo que este profesor de educación física se pusiera en contacto conmigo. Lo que inicialmente solo fue un mensaje de Messenger, en pocos días se convirtió en una laga conversación que hoy todavía sigue. A ambos nos picó tanto la curiosidad que nos lanzamos al agua, deseosos de sentir los efectos de las ondas en nuestros cuerpos, como si cada palabra, cada frase, nos sacudiera el pecho y nos quitara alguna legaña. Aunque compartimos unas mismas inquietudes y hasta un mismo lenguaje, somos uno el reverso del otro. En ese permanente diálogo, que fluye como si de repente abrieras las compuertas de un pantano y el agua se desbordara, vamos recorriendo un trayecto que hace que él suba desde las raíces en las que imagina otro mundo y que yo descienda poco a poco desde ese cielo en el que casi siempre ando bailando. En el tira y afloja al que cada día nos lleva nuestro deseo creciente de dejar de ser hombres, Árbol se ha convertido en la voz escrita que tira del hilo y que hace que el ovillo se desparrame por mi habitación, por el disco duro de mi ordenador, por las playas de Cádiz. Sus brazos-rama hurgan sin parar por mis memorias, sujetan el espejo en el que a veces no quiero mirarme, me acogen tiernos cuando me hago un lío que él deshace como si fuera un mago. Él, que persigue los espejos, se ha convertido en una especie de cristal en el que, al reflejarme, se liberan energías y preguntas. Como si me salieran unas alas inesperadas en la espalda y no tuviera más remedio que mirarme a mí mismo desde lo alto. Hay días en que pienso, o sueño, en que Árbol soy yo y viceversa. Tal vez yo no sea más que una oruga que busca refugio en las pequeñas puertas que hacen del tronco una celosía.

A este hombre Árbol que está creciendo en el patio de mi casa todavía no le pongo aliento ni olor. Solo conozco sus palabras escritas y apenas su voz adolescente. Lo he visto en alguna fotografía que me he enviado: alto, con brazos fuertes, de rostro aniñado y vestido siempre como quien está preparado para ir de excursión al campo. Sus ojos están casi siempre tristes, aunque no deje de sonreír. En este agosto gaditano, en el que siento que se cierran capítulos, él ha sido el malabarista que ha sostenido mis historias, mis idas y venidas, tantos ecos y tantas incertidumbres. Árbol, en estas páginas, ha sido como el diario hecho hombre en el que he escrito justamente sobre la masculinidad que nos atosiga. Sobre sus brazos, yo siempre tan torpe, he intentado hacer una pirueta. Los dos vestidos con mallas, maquillados y sin temor a que nuestras manos nos delaten. Dos mariconazos intentado escribir una misma historia. Uno sobre el suelo que pisan sus zapatillas de deporte, otro en el balcón donde en vez de macetas quisiera que siempre hubiera una playa. Como si los dos estuviéramos esperando a que sonara la música para ponernos a bailar. No se me ha olvidado su promesa de enseñarme capoeira.

Después de darle muchas vueltas, de revisar páginas y páginas en internet, de buscar por la Wikipedia, creo que el hombre árbol, al que nunca he tenido frente a frente, al que nunca he podido oler, ni abrazar, ni besar, bien podría llamarse Alerce. Como esos árboles del norte de Europa que pueden superar los cuarenta metros de altura y cuya madera roja es tan resistente que con frecuencia se usa como techumbre. El alerce es un árbol cuya resina sirve como planta medicinal y cuyas hojas amarillas, antes rojas, caen cuando acaba el otoño. Al Alerce, que es una especie pionera, le gusta el frío y abre la vía a las demás coníferas. A menudo, mantiene sus raíces en la sombra, mientras que su follaje recibe el sol. También el hombre árbol es alto, fuerte y resistente, y pierde sus hojas con frecuencia, teniendo que renovar todo su ramaje. Es techo, pócima y abre-sendas. Es un hombre de montañas y bosques, de raíces sin sol y de ojos que buscan cielos anarquistas. Un hombre cuyo nombre empieza por A, como el árbol gigante que pelea cada día para no ser presa de un incendio. Él, que no sé si es real o solo un producto de mis deseos, o de la imagen deformada que veo de mí en el espejo de mi baño, me ayuda a escribir lo que tal vez quemaría cada 6 de enero en la chimenea de la casa de mis abuelos.

PAQUITO EL CHOCOLATERO

Siempre que me invitan a una boda acabo dejándome llevar por la euforia colectiva, por esa necesidad de darlo todo e apenas unas horas que parecemos experimentar todos los invitados, como en la última oportunidad que tenemos para bailar, beber o comer. Aunque en los días previos es como si me fuera preparando para pasar por quirófano, y hasta el último minuto busco algún pretexto creíble con el que evitarla, algo que incluso viví en mi propia boda, siempre acabo bailando un pasodoble, o riéndome por cosas que en otras circunstancias me harían incluso llorar, o sintiéndome amigo del alma de aquellos que, sin conocerlos previamente, han estado sentados junto a mí unas cuantas horas. También en mi boda salí eufórico a bailar el primero, como dios manda, con la novia, y los dos paseamos en mitad de un salón a media luz a María la Portuguesa. La copla que, ahora, pasado el tiempo, sé que fue un augurio. En el resto de las bodas a las que he ido he tenido, afortunadamente, un papel muy secundario o casi de figurante. Cuando yo me casé no había Instagram, y por ello los invitados no pudieron ir subiendo fotografías de los platos en los que salsas de colores extraños amenazan con salpicar nuestras blancas camisas, de los brindis que nos igualan o del fleco travieso del mantoncillo de una compañera de mesa que se ha enredado en un botón del chaleco de su acompañante. Lo que nunca cambia es que, en apenas unas horas, es como si todos los allí reunidos hubiéramos sido compañeros de clase en el instituto o compartiéramos desde hace tiempo un grupo de WhatsApp en el que nunca falta ese vídeo al que no nunca sé contestar con el emoticono apropiado y del que, lo confieso, estoy deseando salirme o incluso que alguien me expulse.

Así volví a sentirme hace unos meses cuando viví la boda de una amiga de Fer, mi compañero de desayunos y terrazas, a la que apenas conocía y con la que tenía menos vínculos emocionales que los que tengo con la chica que hace fotocopias en mi facultad. Iba por lo tanto predispuesto al horror y al aburrimiento. El lugar en que se celebraba, perdido entre los campos manchegos, no presagiaba el mejor sábado. El espacio parecía un decorado del Hola en el que, por razones de agenda, al final no se hubiera podido contar con la mano sabia y ordenadora de Nati Abascal. Intenté, pero debo confesar que el intento no me duró mucho, quedarme afuera, mirándolo todo como si yo estuviera fuera de mi cuerpo, siendo un observador que se cree al menos la ilusión de no formar parte del show. Como es habitual, mis defensas se bajaron en seguida y me vi reproduciendo los mismos bailes que el resto. Y los abrazos, y las carcajadas, y los buenos deseos. Hasta llegué a pensar que los chicos con los que habíamos compartido la mesa, y a los que veía por primera vez en mi vida, serían a partir de entonces amigos eternos. Tan monos, con sus trajes azulados y sus corbatas de colores, tan abiertos, tan heteros ellos, aunque me lo fueron pareciendo menos a medida que la cintura de sus pantalones se fue estrechando y las bebidas hicieron que incluso repartieran besos con pelucas de colores sobre la cabeza. La fiesta iba haciendo que ellos, tan machotes, cada vez fueran menos tíos, más femeninos en sus movimientos y gestos, en sus abrazos y en sus miradas. Alguno de ellos, en mitad del baile, no tuvo reparo alguno en darme un beso en la mejilla como expresión, supongo, de su repentina felicidad. La feliz fratría. Hombres que se quieren a sí mismos por encima de todas las cosas.

Lo más triste de no querer que acabe nunca *Paquito el chocolatero* es que durante un tiempo, largo incluso, llego a pensar que lo mismo sería bonito celebrar algo así. No es que guarde un mal recuerdo de mi primera y de momento única boda, pero sí que ahora podría organizar una fiesta en la que intentaría darle la vuelta a aquella. O no, porque al final me parece que las opciones son limitadas. En esa boda de pueblo al aire libre, en la que un grupo musical liderado por la madre del novio nos volvió locos de contentos, llegué incluso a imaginar cómo podría ser la fiesta de nuestro matrimonio, el de Fer y mío, el que me convertiría legalmente en marido del que de momento sólo es amante y cuidador, dónde la haríamos, con qué música, qué pondríamos de comer, qué personas nos rodearían, de qué color serían los manteles o qué postre habría en lugar de tarta. Porque lo que sí que he tenido siempre claro, tal vez lo único, es que nunca más volvería a cortar una tarta ante la mirada atenta de unos invitados que parecían estar midiendo mi capacidad para sostener un cuchillo que, en mi boda, era prácticamente un sable. Pensé lo mismo cuando hace año estuvimos en la boda de Marcos y Mario, tan campestre y romántica, como si la hubiera diseñado el guionista gay de una peli de Julia Roberts. Está claro que este frenesí nupcial no entiende de orientaciones sexuales. *Paquito el chocolatero* fue una conquista previa al matrimonio igualitario.

Aunque las bodas son de esas celebraciones que me hacen pensarme como víctima, también es cierto que, en alguna ocasión, contradictorio que es uno, he soñado con ser partícipe de alguna a la que no fui invitado. En estos casos me habría conformado con ser una especie de guardia de seguridad con acceso a las cámaras de vigilancia del recinto. Me habría gustado disponer de esa mirilla para no perderme ningún detalle de la boda de Gael, a la que por supuesto no me invitó. Supongo que yo era parte de esa vida que él trató de borrar cuando cayó rendido en los brazos de Alf. Sí recuerdo que vi una foto en Facebook. Así fue como me enteré. Hacía meses que no sabía nada de mi ángel de cráneo rapado. Me sorprendió verlo en esa tesitura, vestido de blanco, con unos tirantes de colores, tan guapo como siempre. Su novio también era muy atractivo. Los dos parecían de anuncio. De esos con los que ahora los revolucionarios chicos gais aparecen como los más clásicos del universo. Solo habría faltado como guinda que en la ceremonia se leyera la célebre epístola de San Pablo que, por cierto, alguien, no recuerdo quién, leyó en mi boda. *El amor es paciente, afable; no tiene envidia; no presume ni se engríe; no es mal educado ni egoísta; no se irrita; no lleva cuentas del mal; no se alegra de la injusticia, sino que goza con la verdad. Disculpa sin límites, cree sin límites, espera sin límites, aguanta sin límites. El amor no pasa nunca.* Palabra de Dios, te alabamos Señor.

Cuando vi aquella foto sentí rabia. Sí, por qué no decirlo. Yo creo que esa es la palabra que mejor describe mi ánimo cuando miré a Gael supuestamente feliz. La ira que me llevó casi a dar un puñetazo sobre la mesa de mi estudio. Sentí una terrible desazón que me llevó incluso a un cierto enfado. No sé si por todo lo que me había perdido, o si porque yo en algún momento tuve algún tiempo de sueño con Gael, o porque, sin darle más vueltas, me había sentido traicionado por quien durante un tiempo me convirtió en su paño de lágrimas. Esa especie de cojín algodonoso sobre el que él se recostaba, sudoroso, esperando que yo le contara un cuento. Pues sí, sentí celos del marido tan joven, guapo y estiloso. Del que no sabía nada, aunque tuve la sensación de haberlo visto mucho tiempo atrás, en alguna foto de la vida de Gael antes de que nos encontráramos. Me recreé durante unos minutos en aquella foto, pensando en qué tipo de hombre sería el marido. Tenía pinta de poeta, de profesor de humanidades, de niño mimado e inteligente. L o miraba embelesado, como una princesa Disney. Alf miraba desafiante a la cámara, muy seguro de sí mismo, como si estuviera posando para un reportaje de revista. Un príncipe valiente. Aunque los dos iban vestidos prácticamente igual, a él el traje le queda impecable, a medida de su cuerpo cuidado en el gimnasio. El de Gael, sin embargo, parecía de una talla más. En su frente, si mirabas bien, podían verse unas pequeñas gotas de sudor.

Me imagino que la boda de Gael y Alf fue pequeñita, íntima, sin muchas estridencias. No creo que el que nunca fue mi novio se atreviera a montar un bodorrio que se le fuera de las manos. No sé siquiera cómo se atrevió a colgar esa única foto que yo encontré en las redes. Puedo imaginarme a su padre y a su madre con esa media sonrisa de quien se alegra pero conserva un cierto temor en el pecho, a sus hermanas, siempre tan cómplices, a algún tío de esos que nunca pudo imaginar que asistiría a la boda de un hombre de la familia con otro hombre. Toda la familia a una, como suele pasar en contextos en los que no suele haber muchas ocasiones para la celebración y en los que una boda, un bautizo o una primera comunión son el pretexto ideal para alzar las copas que a diario están vacías. Lo mismo también en esa boda, que ni siquiera sé dónde se celebró, sonó *Paquito el chocolatero*. Y hubo donuts de colores, y photocall son sombreros y boas de revista, y como mínimo un pinchadiscos que hizo las delicias de las abuelas, tan poco habituadas a vestirse de fiesta y a no tener que fregar las platos después de una comilona familiar. Y puede que incluso Gael bailara con su ya marido un pasodoble, o un vals, o una balada de Elton John. Aunque al recordar la fotografía, pienso que tal vez Alf no se prestaría a tal exposición pública, salvo que entendiera que era un momento perfecto para dejar claro que también en el baile era él quien llevaba a su pareja. Yo, de haberme casado con Gael, me habría pedido un tango, como el que bailan los protagonistas de *Tom en la granja*. Nunca olvidaré que fue él quien me descubrió a Xavier Dolan. Aquella tarde de julio en la que, en el sofá de mi casa, sentir su rodilla pegada a la mía fue lo más parecido a bailar con él.

GAEL, I

Siempre he pensado que los ojos claros, cuando son muy muy claros, tanto que casi cuesta mirarlos de frente, son tristes. Es como si dejaran al descubierto una trastienda a la que da miedo asomarse. El precipicio al que eres llamado y en el que, una vez que llegas al borde, te vuelves el más cobarde de los mortales. Los ojos de Gael siempre fueron para mí un precipicio. Enmarcados en un cráneo que habitualmente llevaba rapado casi al cero, como si estuviera recién salido de un campo de concentración, siempre me lanzaron mensajes contradictorios. De repente eran el lamento de un niño perdido en el bosque y después se convertían en las garras seductoras de un lobo. Y lo peor es que cuando yo creía tener todas las claves de su mirada, se deshacía el ovillo y el hilo se desparramaba por tierras lejanas. Justo en esos instantes yo me sentía un fracasado y me planteaba siempre propósitos de enmienda que, sin embargo, duraban muy poco. Lo que duraba mi carrera tras la madeja que se deshacía sin remedio delante de mis ojos. En ese instante, cuando me faltaba la respiración, sus ojos verdosos, azulados otras veces, volvían a pedirme auxilio, un abrazo, un beso, un polvo.

Siempre que vuelvo al lado de Gael no puedo evitar sumarme años y convertirme en el marido/padre/hermano que me gusta creer que él anda buscando. Su cuerpo de animalillo débil y descorazonado, que no sin corazón, me lleva hasta ese lugar donde, de nuevo contradictoriamente, me siento con poder, pero también perdido. Me subo al carro de la palabrería y dicto una sentencia tras otra. Como un juez desbocado. Y él me mira, no sé si admirado o cautivo, con sus ojos de nadador recién salido del agua. Un bañador diminuto, gotas sobre los pezones, la cabeza cubierta por un gorro azul. El fondo blanco de los ojos con una rama rojiza y una toalla cercana con los colores raídos por el uso.

Hay una mesa de por medio, dos cafés, mi mano no llega a la suya. Sus labios necesitan reparador, los míos buscan la menta de un caramelo. Atardece en Málaga, esa ciudad en la que siempre me siento como si mis botas fueran mucho más ligeras. Él parece dispuesto a tirarse al agua, pero no desde el trampolín, como lo hacía cuando era adolescente, sino desde el filo de la piscina.

"Estoy más perdido que nunca. Si siempre lo he estado, ahora todavía más". Lo dice sonriendo y con la cara propia de quien sabe que su interlocutor podría anticiparse a las respuestas. "He empezado a ir a una psicóloga y, aunque llevo pocas sesiones, empiezo a sentirme mejor. No sé cómo pude volver a caer, cómo me dejé engañar, cómo no pude ver lo que los demás veían. ¿Sabes? Fue mi padre el que me advirtió en unas vacaciones que pasamos todos juntos en la playa. Él, que yo pensé que nunca se daba cuenta de nada, fue el único que se atrevió a decirme una noche que no veía normal la manera en que él me trataba. Que si aquello era algo excepcional o que si era así todos los días. Yo le quité importancia, le contesté que Alfonso estaba agobiado por estar allí con toda la familia, que era un tipo muy dulce, que me cuidaba mucho. Fíjate, yo le contesté a mi padre con toda la mierda que tenía metida dentro de mí, con lo que yo tenía asumido y que no se correspondía con la realidad. Después de aquello tardé meses en reaccionar. Cuando ya no pude más… No estoy bien, la verdad es que no estoy bien. Trato de concentrarme en el trabajo, de no darle vueltas, pero me siento con tanto miedo que no sé qué va a ser de mí".

Gael se calla durante unos segundos. Bebe un sorbo de café, como si lo necesitara para continuar el relato. Me doy cuenta de que le han salido unas arrugas casi imperceptibles cerca de los ojos claros. Aunque de lejos sigue pareciendo un adolescente, de cerca es fácil descubrir en su rostro la amargura de un adulto. "Qué bien hablar contigo. Siento mucho haber estado tan ausente, pero él de alguna forma necesitaba alejarme de todo y de todos. Y yo no me daba cuenta. Ahora estoy jodido y muy solo". Le toco la mano que tiene sobre la mesa, con un gesto torpe que pretende ser acogedor. Él la retira casi al instante, como avergonzado, y se la mete en el bolsillo de la cazadora, como si de repente hubiera sentido frío. "Me queda lo del divorcio. Al final no nos hemos puesto de acuerdo y vamos a juicio. La abogada me ha dicho que no me preocupe".

Gael siempre ha estado huyendo, aunque quizás solo ahora es cuando empiece a darse cuenta de que lo hacía de sí mismo. No del padre que le obligaba a comportarse como un adolescente heroico, ni de la madre que lo acogía, aunque siempre le decía aquello de "esto díselo a tu padre", ni de los compañeros de Instituto con los que nunca quiso jugar al fútbol. Sentirse como un insecto a punto de ser pisoteado por todos le obligó a desarrollar un instinto de supervivencia que le llevaba siempre a esconderse. O, en el mejor de los casos, a asimilarse al lugar por donde pasaba, como si fuera un camaleón. Tal vez por ello, ahora que lo pienso, siempre se sintió fascinado por los trampolines: eran un lugar muy solitario desde el que tenía la sensación, aunque fuera quebradiza, de tenerlo todo bajo control. Pese al vértigo de la distancia que lo separaba del agua.

Aquella sudorosa tarde de verano, en mi casa, él fue más un camaleón que un nadador. Al menos así lo recuerdo, casi convertido en el cojín azul sobre el que se apoyó en el sofá en el que ambos nos acomodamos para ver una película. Estaba tan pegado a mí que incluso podía sentir su respiración nerviosa, el ligero movimiento de sus piernas, el ligeramente agrio olor de su camiseta. Su cuerpo de hombre empequeñecido casi desapareció de mi casa y yo me quedé con el deseo a medias. Una erección rota por el insecto que prefería hacerme una ligera picadura, como uno de esos mosquitos ruidosos del verano, después de haberme mirado con su cara de víctima. Las rodillas pegadas, los brazos tocándose, las braguetas temerosas. Él cada vez menos hombre y más cojín. Un niño desvalido, casi un enfermo, débil, raro. Los que siempre me han gustado a mí. Supongo que porque al pretender cuidarlos, me cuidaba.

Después de aquella tarde de verano en la que se nos hizo de noche juntos, pero sin tocarnos, y de algunos correos electrónicos y WhatsApps, en los que él parecía estar escribiendo un cuento para que yo se lo corrigiera, no volvimos a vernos hasta casi un par de años después. Desapareció como quien tras un divorcio toma distancia hasta de los lugares compartidos con la otra personas. Sería muy romántico decir que no hubo día en que no me acordé de él, pero sólo fue así en las primeras semanas, luego olvidé el cerco rojo que en mi piel, en la piel de mi muslo, había dejado su picadura. Nos volvimos a encontrar lejos de la ciudad de la que los dos, cada uno a su manera, andaba huyendo. En un otoño barcelonés soleado comimos juntos en una terraza. Yo había participado la tarde de antes en una mesa redonda, que por cierto un grupo de neomachistas habían tratado de boicotear y en la que ya empezamos a detectar que se andaba organizando una corriente política que con el tiempo se volvería peligrosa. Recuerdo los preguntas, las interpelaciones, casi los gritos, como una broma pesada que no he conseguido borrar del todo de mi memoria. Una bruma que era, entonces no lo vi claro, o no quise verlo, un presagio.

Después de una noche en la que dormí mal y de un paseo por la ciudad en la que siempre siento que me quedan cosas por vivir, acudí al lugar en el que había quedado con Gael. Lo vi bajar por las Ramblas, algo más delgado que la última vez que estuvimos juntos, como si fuera un turista nórdico, con su sonrisa temblorosa y sus ojos que siempre han sido como una de esas pequeñas linternas que el médico usa para examinar tu garganta. Sentados en una terraza, a pesar de que el sol apenas calentaba, me contó cómo había huido de la ciudad pequeña, aunque no conseguí entender muy bien para qué ni de quién. No me explicó ni su silencio prolongado ni sus últimos meses en el agujero que casi le llevó a la depresión, que él nunca reconocería, y mucho menos delante de mí. Se situó en el presente, como si nada hubiera pasado antes, y de nuevo volvió a contarme sus propósitos de enmienda. Como si estuviera escribiendo una carta a los Reyes Magos. Yo no me lo creí del todo. Lo vi entonces como un niño que esquiva que le riñan y que pretende mostrarse aplicado y hasta sumiso. Llevaba una cazadora de cuero gastada y una camiseta blanca, también vieja. No hubiera desentonado en una esquina pidiendo limosna, o en un bareto ofreciéndose a usuarios del Grinder. Sentado allí, en frente de mí, sí que lo veía delgado y desmejorado, como quien acaba de salir de una larga enfermedad o como el opositor que ha dedicado los dos últimos años de su vida a aprenderse de memoria los artículos del Código Civil.

Gael se comió la ensalada que había pedido con mucho apetito, como si llevara días sin probar bocado. Era evidente que su vida en Barcelona era precaria, nada que ver con el sueño de quien había abandonado su trabajo en un restaurante de comida rápida para convertirse en no sé qué tipo de artista. Gael siempre estaba haciendo proyectos que nunca cumplía. Que yo recuerde, además de nadador, quiso ser poeta, activista, profesor y bloguero. Mientras que se comía con ansia las rodajas de tomate, y un pequeño reguero de aceite le caía por los labios, me contó que se había apuntado a un curso de diseño, y que se había puesto en contacto con un colectivo gay, y que estaba leyendo no sé qué libro. La verdad es que yo no estaba muy pendiente de lo que me decía, quizás porque ya estaba curado de espanto y sabía con certeza que él sólo me estaba contando una media verdad. Yo cogí una servilleta de papel y le limpié con cuidado la boca. Sonrió y se sonrojó. "¿Estás enamorado, Gael?". La cara de ángel convertido en demonio. Algo de sobreactuación como si fuera un personaje de Dolan. "¿Enamorado? No, qué va. He conocido algún chico, pero nada serio. Después de lo de Alfonso, me quedé muy tocado y me cuesta tener algo serio". En ese momento yo no sabía qué había pasado con Alfonso. "A ti sí que te veo feliz, ¿no? Te lo mereces. Pero cuéntame, que apenas me has contado nada". El cambio de tercio de Gael me puso nervioso. Le conté cuatro cosas, apenas detalles, un resumen telegráfico. Un abstract de un artículo científico. Como si en vez de un amigo estuviera hablando con un periodista o, peor aún, con el editor de una revista jurídica. Miré el reloj y, aunque me quedaba tiempo de sobra para coger el tren, le metí prisa al camarero. "Sí, estoy feliz, supongo que medianamente feliz. Por lo menos, estoy tranquilo." Gael hizo que, como siempre, yo me planteara dudas sobre mí mismo. Él se continuaba escurriendo como el flan que me tomé de postre, y el cabrón hizo que yo me tambaleara. Supongo que porque en el fondo siempre estuve enamorado de él y me faltó valor para decírselo. Gael siempre consigue que mis torpes músculos se trasformen en crema pastelera.

Caminamos un rato juntos por las Ramblas, hasta llegar al hotel donde tenía que recoger mi maleta. Era un mediodía de otoño, en el que el sol se fue poco a poco cubriendo de nubes. Gael, a mi lado, se metió las dos manos en los bolsillos de la vieja cazadora, como si le hubiera dado frío, en ese gesto tan suyo con el que parece estar siempre pidiendo perdón por algo. Nos despedimos de forma cariñosa, pero más como dos hermanos que como dos exnovios. Mientras esperaba un taxi, lo vi alejándose Ramblas arriba, cada vez más pequeño, caminando deprisa, hasta que se convirtió en un insecto diminuto que apenas se distinguía entre tanto turista.

Ha pasado casi un año de aquel encuentro en el que yo seguí viendo a Gael como un niño perdido. Cuando yo todavía, sin querer reconocerlo, seguía enamorado de él. La luz de Málaga, cuando está a punto de anochecer, es la de una ciudad en la que no dejan de levantarse telones. Aunque está muy cerca de Córdoba, cuando estoy en ella siento el reverso de los grilletes que hacen más lento mi caminar en la ciudad donde vivo, en la que a menudo siento que en las calles estrechas las paredes opuestas se van acercando y yo me quedo en el medio, a punto de ser devorado por los muros. Sin aire de balcón a balcón. En Málaga es fácil caminar como de puntillas, saltando, siguiendo los colores de las baldosas. Es uno de esas lugares en los que me siento Hermes y no tengo miedo de que Saturno me acabe devorando. Parece una hermosa jugada haber dado un salto con Gael desde Barcelona hasta Málaga. Desde las Ramblas a una alameda por la que hace años mis dos tías maternas pasearon con una bolsa en la que guardaban unos náuticos amarillos para mí.

Empieza a notarse una brisa fresca y ya no estamos cómodos en la terraza. Además, yo tengo que estar en el Ateneo en unos diez minutos para presentar mi último libro. Me levanto a pagar y él se queda mirando el móvil, como un adolescente. Cuando salgo del interior de la cafetería, ha oscurecido y la ciudad tiene una de esas luces que sólo son posibles donde está cerca el mar. Otra vez que caminamos juntos, como si las calles malagueñas fueran una continuación de las Ramblas. Él no ha dejado de ser un insecto al que ahora veo más anaranjado, como si al fin hubiera conseguido liberarse del azul del que un día se apropió en el sofá de mi casa. Lleva una cazadora vaquera, gastada, y la camiseta blanca de siempre. Ha engordado algo, aunque sigue teniendo ese cuerpo en apariencia quebradizo. Sus profundos ojos claros, siempre tristes, ahora parecen un estanque. El agua quieta, casi la nada, que no se atreve a decir palabras. Yo no me atrevo a tirar una piedra por temor a que las ondas rebasen el filo del estanque.

Gael espera en la puerta mientras yo entro en el salón de actos para preparar mi intervención. Me pierdo entre saludos, firmas y flases. La mujer que me presenta dice tantas cosas positivas de mí que hasta me avergüenzo e intento huir debajo de la mesa. Durante mi intervención, procuro no mirarlo para no ponerme nervioso. Hago todo lo posible para no descubrirlo entre el público. Al terminar el debate, se acerca a despedirse y me presenta a un chico argentino, alto y guapísimo. No recuerdo su nombre, sólo su acento dulce y la camisa de cuadros que le daban un aspecto de chico malote pero tierno. Gael y yo nos abrazamos como lo hacen los hombres miedosos. "Espero que esta vez no pase tanto tiempo hasta que volvamos a vernos". Gael huele a una mezcla imposible de tinta de impresora, sudor ligero y una de esas colonias que hace un tiempo llevaban todos los chicos jóvenes. Una lectora me reclama para que le dedique el libro. Cuando termino de hacerlo, levanto la vista y Gael ya no está. El arcángel ha volado. Otra vez.

EL HOMBRE CÉLEBRE

Poco después de presentar mi libro en el Ateneo de Málaga me llamaron para decirme que me entregaban un premio por mis investigaciones sobre el principio de igualdad. No es el primero. Hace un par de años me reconocieron como hombre feminista del año y hasta Iberdrola me dio un galardón por mi militancia en las redes. Me hacen entrevistas y me alaban en las redes, salvo mis perseguidores y perseguidoras, que también las tengo. Mi ego masculino, que no he conseguido encerrar en el desván, se siente poderoso. He dado un salto, para mí impensable hace apenas unos años, del niño gordito y pluscuamperfecto al varón que sienta cátedra, cada vez más delgado y ahora con barbita, marcando estilo. Intento dar un paso hacia atrás, que no se note demasiado, pero acaba siendo imposible. Lo llenamos todo, lo ocupamos todo. Yo también. Somos la humanidad. Veo mis palabras en titulares de prensa, mi móvil está a rebosar de llamadas perdidas, incluso hay quienes desean hacerse una foto conmigo para colgarla en su Instagram. La celebridad encarnada en mi cuerpo de hombre, arrastrado por la masculinidad que me agarra por los huevos. Una mano invisible que me acaricia el escroto y me hace sentir bien, muy bien, admirado y masajeado. Focos, cámaras y acción. La performance de un sujeto que anda siempre por el precipicio. Entono el mea culpa. El secreto de confesión se hace viral. Soy un hombre que todavía no ha conseguido quitarse del todo la máscara. Con razón me crucifican. Ya circula por un YouTube un vídeo en el que una periodista feroz me desmonta. Como en aquella película de Woody Allen, ¿cómo se llamaba? Desmontando… *Desmontando a Harry*, esa era. La fama era esto. Dardos para un san Sebastián cobarde. Aunque sólo sea por unos instantes siento que el brillo público me ciega y me eleva a las nubes. Los púlpitos. Y acabo siendo una especie de predicador que debería ser silenciado o, al menos, reducido a un tamaño que no impidiera ver todo lo que hay detrás.

Presento otro libro y la editorial, una de las más potentes del país, prepara una potente campaña de lanzamiento. Viajo hasta Madrid y paso un día entero atendiendo a periodistas, casi todas mujeres, muchas de ellas becarias aplicadas que, en la mayoría de las ocasiones, y pese a sus esforzados intentos, me lanzan preguntas tan obvias que me aburro al contestarlas. Tengo que hacer un enorme esfuerzo para ser ingenioso, para no repetirme, para soltar una frase que pueda servir de titular. Sonrío, soy amable, intento no sentar cátedra. En algunas ocasiones, las menos, surge la magia y la periodista llega a lo más hondo. Muy pocos hombres se interesan por mis libros y quienes lo hacen parecen situase a la defensiva o, en el mejor de los casos, en la comodidad de lo políticamente correcto. Uno de ellos me hace la pregunta más rara del día y tengo que pensarme, para no parecer muy radical, cómo responder a si la monarquía está adaptándose a la nueva masculinidad. Pienso en la Reina vestida por Caprile y en la sopa de verduras comida en familia, y en la heredera haciendo su primer discurso y se me va el santo al palacio.

Cuando llega el mediodía he perdido la cuenta de cuántas entrevistas me han hecho. Aunque tengo mucha hambre, apenas tengo tiempo para comer. Un fotógrafo me pide que salga a la Gran Vía. Me ruega que me sitúe en mitad de la calle, en un paso de peatones, y me dice que empiece a andar cuando el semáforo se ponga en verde. No sé qué hacer con mis manos. Las guardo en los bolsillos de mi cazadora morada. Me siento Gael por unos minutos. Menos mal que aquí nadie me mira. Camino, me hacen fotos, y las personas que caminan a mi lado ni se inmutan. Por unos instantes me siento una estrella de cine, o un cantante de moda, o incluso un escritor de esos que firman cientos de libros en la feria del Retiro. Feminismo, masculinidades, igualdad. We too. Otra foto sentado en un banco, mirando a cámara con ojos de seductor. Aprendo a posar como si lo importante no fuera tanto lo que digo sino la imagen que transmito. Un taxi me lleva hasta la Complutense donde los informativos de La Sexta graban un reportaje con jóvenes hablando de feminismo. Todo está medido para que parezca espontáneo. Cuando llegan las siete de la tarde, y tengo que atender a un club de mujeres lectoras, mi garganta ya no da más de sí y me faltan argumentos originales para resultar brillante. Suplo mi cansancio con amabilidad. Todas quedan encantadas. Más fotos, más firmas, más abrazos. Algunas de ellas se sientan muy cerca de mí, tanto que parece que estuviéramos en un confesionario y yo fuera el llamado a darles la absolución.

Todo esto fue mucho antes, claro, de la era de las mascarillas. Alguna me cuenta sus congojas, sus malas horas, los renglones que escribe. Hasta amenazan con enviarme alguno de sus escritos. Menos mal que siempre he sido, creo, un buen escuchante. Paciente. Los años de catequesis me enseñaron bien eso de la cristiana resignación. Aunque es verdad que a estas alturas del día me cuesta mantener la sonrisa. Siento que mi rostro se va convirtiendo en una máscara, que se va poco a poco deformando y va degenerando en lo que podría ser un molde de mi cara, en la que hubo antes una nariz imperfecta, unos ojos oscuros y unos lunares estratégicamente situados; los mismos que ha heredado mi hijo. La mujer de la editorial que me acompaña, y que actúa conmigo con ese rol de cuidadora tan bien aprendido, consigue rescatarme y me lleva hasta un taxi casi a rastras. Me siento como una infanta antigua que lanza besos desde un coche descapotable cuando va camino del altar.

Cuando llego al Ave, tengo la sensación de haber estado un día entero rodando una película. No puedo evitar sentirme parte de un guión que, por más que trate de aprendérmelo, siempre me acaba sobrepasando y hace que sobreactúe. Mis editoras me cuidan y se frotan las manos. En cuanto llego a casa, destrozado, sin voz y con la cabeza a punto de estallar, me doy una ducha de agua caliente. Pongo la manivela tan al límite del calor que siento las gotas como si fueran puñales. Me duele el agua sobre mis hombros, sobre la cabeza, sobre el pene arrugado. Me resulta placentero imaginar que cada gota abre un surco en la piel y por ahí va saliendo el pus de la herida mal curada. Mientras me seco, me miro en el espejo y casi no me reconozco. Me pesa la cabeza sobre los hombros y mi vientre, algo abultado por esos gases puñeteros que siempre me joden cuando estoy estresado, cada vez se parece más al de mi padre. Recorro con la tela todo mi cuerpo y me doy cuenta de que sigue siendo desconocido para mí. Un territorio que casi siempre acabo reduciendo a instrumentos de batalla. Me sigue dando mucho miedo ir al médico y que me lo miren por dentro, que me lo toquen, que lo vuelvan transparente en una radiografía o que lo traduzcan a una fórmula química que yo no entiendo.

Cuando estoy terminando de ponerme el pijama, oigo la puerta de la casa. Escucho a Fer subir por las escaleras, imagino que muy cansado también pero con ganas de verme. Tengo tantas cosas de contarle, y tan pocas ganas de hacerlo, que no sé por dónde empezar o, mejor, cómo esquivar el compromiso sin que él se sienta dolido. Por una vez escucho lo que me dice mi vientre gaseoso. Le prometo que lo haré al día siguiente. Me meto en la cama después de tomarme una infusión bien caliente, de esas que se prepara mi madre y, aunque me cuesta dormirme, cuando lo hago sueño con que mi médico de cabecera pide que me haga una prueba. Lo veo, con todo detalle, completar el documento en el que figura qué parte de mi cuerpo tiene que ser examinada con lupa. Me lo entrega después con parsimonia, como si fuera uno de esos documentos que pasan de las manos de un notario a las tuyas. Un par de días después, aunque en el sueño fue algo inmediato, me meto en el cilindro para hacerme un TAC. A la búsqueda de algún tumor insospechado. Sigue ahí. Siempre estuvo ahí. Escondido entre las vísceras. En el sueño, Fer me espera. Lo veo a mi lado al despertar.

LA LECTORA, I

El correo electrónico me llega a través de la editora de mi *Autorretrato de un macho disidente*. Lo leo en el ordenador de mi despacho de la Facultad y tardo un tiempo en reaccionar. En alguna ocasión un lector o una lectora se habían dirigido a mí, pero nunca con la intensidad y el desgarro que lo hacía aquella mujer de 41 años que me contaba, en pocas líneas, cómo mis palabras le habían ayudado a sobrevivir. Supongo que en el dolor todas las historias se parecen, pero también es cierto que cada una tiene su punzada particular. Quizás nuestro paso por la vida no sea otra cosa que constatar cómo los dolores universales se van haciendo particulares a medida que nos acercamos a la vejez. Leo las líneas del correo aguantando la respiración, entre la sorpresa y la rabia. María G. me desvelaba su fragilidad, después de un sinfín de operaciones que habían tratado desde 2003 de sanar su útero. A partir de la primera, su cuerpo se rebeló y fue encadenando entradas en el hospital, contagios, leves recuperaciones, vuelta a empezar. Una pensión de apenas 300 euros, el colon extirpado, un pañal que no hay quien lo aguante en verano. Me cuenta que una voluntaria empezó a leerle en el hospital mi libro *Las horas*. Ella siempre fue una apasionada de la lectura. "Me compro el periódico, aunque no me quede dinero para un café". A través de los libros ella ha intentado tener la realidad que la vida le fue negando, casi desde pequeña, condenada a ser una ciudadana a medias, una segundona. Me dice que seguir la historia de Virginia, Laura y Clarissa, y a través de ellas la de la lucha de tantas mujeres a lo largo de los siglos, le dio fuerzas para mantenerse a flote, para no venirse abajo, para agarrarse a la esperanza más pequeña. Después de esa lectura hecha por otras para ella, se encontró con una entrevista mía que, me confiesa, le permitió percatarse de cosas que hasta entonces habían escapado de su mirada. Imagino que, gracias a mi libro, la María enferma se convirtió en una especie de Mrs. Dalloway que cualquier día, sin fiesta que preparar, salía a pasear por su pueblo para comprar flores. Laura Brown haciendo un pastel con su hijo, Virginia batallando con sus criadas, Clarissa reencontrándose con un viejo amor.

Leo y releo cada renglón del correo, que de repente deja de tener la frialdad de la pantalla, y siento a María como una alumna. Una de esas chicas que muy atentas, y habitualmente silenciosas, parecen no perderse detalle de lo que nunca antes nadie les había contado y que, sin embargo, no se atreven a hablar en clase. Me cuenta, como quien hubiera descubierto un tesoro, que me ha hecho caso y que, pese a los dolores y la falta de energía, no ha renunciado a ponerse guapa, a pintarse los labios, a arreglarse con la poca ropa qué tiene. No sé dónde he podido yo hablar de algo así, pero es evidente que algún comentario mío ha provocado en ella el efecto de vaciar lastre de su mochila. Termina su mensaje, como si fuera una adolescente tímida pero entusiasta, pidiéndome un autógrafo. Este detalle, que me parece lo más tierno que me ha pasado nunca, me bloquea del todo y, durante unos minutos, soy incapaz de cerrar el correo, de guardarlo, de moverme de mi silla. Me quedo frente al ordenador, paralizado, con un ligero temblor que me sacude y me obliga a agarrarme a la mesa. Como si estuviera sintiendo un terremoto y temiera que el edificio, la vieja Facultad, estuviera a punto de sepultarme. Me agarro a la mesa como el niño miedoso que siempre he sido. A punto estoy de meterme debajo de ella a la espera de que empiecen a caer cascotes del techo. Pero sólo tiemblan las letras en la pantalla, sobre el fondo grisáceo de los mensajes que me llegan a través del servidor de la Universidad.

Pasado el temblor, no dudo en traicionarme y lloro. Cierro la puerta con el pestillo para que no pueda entrar nadie en ese momento. Incluso pongo en silencio el móvil. Necesito un tiempo de lágrimas, de pucheros, como cuando de niño tenía una rabieta y el llanto hacía que las aguas volvieran a su cauce. Necesito sentir el dolor, que curiosamente arrastra también cierta alegría, porque sólo así, me temo, seré capaz de seguir poniendo en orden los folios de las carpetas, de revisar el artículo pendiente o de completar el acta de notas que me reclaman desde secretaría. Folios, artículos, actas: empiezo a darme cuenta de que no son más que pretextos para tener ocupado el tiempo y sentirme útil, importante supongo, cumplidor de expectativas. Noto como un pequeño hilo pegajoso va escurriéndose desde mi nariz hasta mi labio superior. Luego llega a mi boca. Recuerdo cuando, de niño, me comía los mocos. Ese sabor agrio y desesperado.

Tardé unos días en contestar el correo de María. Lo intenté en varias ocasiones, pero siempre borraba las escasas palabras que tecleaba con torpeza. Todas me parecían ridículas, pequeñísimas, alejadas de todo lo que ella me había ofrecido. Frente a su vaciamiento, yo sólo tenía obviedades y caricias archisabidas. Me fallaba la imaginación porque, en el fondo, lo que seguía fallando era el sujeto precario que habita tras la máscara. Finalmente, tras varios días de forcejeos con mis inseguridades, volví a sentarme frente a la pantalla, obligándome a no dejar pasar ni una hora más; pues las horas eran un bien escaso para mi lectora. Por más que leí, releí y revisé mi texto, no terminó de convencerme. Era mediocre, no tenía hondura, parecía una receta extraída de un libro de autoayuda. Seleccioné todo el texto y lo borré. Empecé de nuevo. Volví a borrar. La tarde avanzaba y yo quería dejar enviado el correo antes de ponerme con otra cosa: mi próxima conferencia, el artículo que me habían pedido para el periódico local, la revisión de un trabajo de fin de grado que no había por donde cogerlo. Me enfadé conmigo mismo y, tras reescribirlo otra vez, sin revisarlo, le di a enviar. Ya está. Apenas un segundo, un pellizco en el estómago, una sentencia firme. Ese instante fugaz acaba siendo en ocasiones mucho más intenso que un abrazo que dura minutos, o que una digestión que ocupa al estómago durante horas, o que la batalla que a veces libro contra el papel en blanco cuando apenas puedo unir sujeto, verbo y predicado.

Admirada María,
Todavía estoy intentando recuperarme de la emoción que me ha provocado su correo, que me han hecho llegar hace un par de días. Yo que trabajo con las palabras me he quedado sin ellas al leer un testimonio como el suyo. Siento al leer su dura experiencia, pero también al percibir su energía y sus ganas de vivir, que mi tiempo y mi esfuerzo merecen la pena, que mis páginas son capaces de tender puentes y que este trabajo mío, tan silencioso y tan poco comprendido a veces, tiene su sentido porque hay lectoras como usted que me devuelven vida. Supongo que cuando uno vive lo que usted ha vivido, descubre que el verdadero secreto de la vida no es entenderla como más o menos larga, sino como un espacio que podemos hacer más ancho gracias a cómo vivimos cada instante.

Mi vida ha estado siempre llena de libros, lecturas, sueños. He vivido el doble, el triple, gracias a los libros... No podría vivir sin ellos. Son mi medicina y mi aliento. Y no hay nada que me guste más que compartir lecturas y emociones. Seguramente algún día su historia, que con tanta confianza me cuenta, cosa que le agradezco tanto, me servirá para escribir algo, quién sabe... La vida es el material de los sueños y de la literatura, ese que está bien atado a la memoria como el cordel mal apretado de un ahorcado.

Vuelvo a reiterarle mi agradecimiento por su correo (que parece una de esas cartas que ya no se escriben) y espero cuanto antes hacerle llegar alguna sorpresa que le sirva de alivio y caricia. Y, por supuesto, aquí estoy dispuesto a ser su cómplice. No dude en contarme si necesita algo, si puedo echarle una mano... En fin, lo que considere oportuno.

Siga aferrada a la vida. Por usted, por mí, por esas horas que solo sabe dios por qué las amamos tanto..., que diría Virginia.

No recuerdo haber puesto tanto mimo en hacer un paquete como en el que preparé con algunos de mis libros para María. Siempre me gustó la ceremonia de envolver un regalo con un papel bonito, y mucho más si lo que había dentro era un libro. Recuerdo las muchas horas que pasé en la librería de mi tío Rafa, en mi pueblo, envolviendo libros cuando llegaba Navidad, buscando antes el papel que mejor se acomodaba a la persona a la que iba dirigido el regalo. En la mayoría de los casos, yo no conocía a la destinataria, salvo por alguna pregunta curiosa que hacía al que lo compraba. Jugaba a imaginar cómo sería la persona que abriría el paquete y que antes, así lo soñaba yo, se sentiría emocionada sólo por los colores del papel, por sus asimetrías, por sus sombras y juegos de luces, por su textura. A mí me gustaba pasar la mano por el papel, como si lo alisara todavía más, y sentir luego el leve sonido que hacían las tijeras cuando recortaba el trozo necesario para envolverlo. Había algo de esfuerzo emocional en los pliegues que tenía que hacer en las esquinas para que todo quedara perfectamente cuadrado, impecable, sin imperfección visible. Cada paquete que hacía tenía que ser el mejor envuelto, como si fuera a ser sometido a un examen. Me empeñaba en convertirlo en una especie de cofre. Era mucho más complicado cuando eran varios libros, y no digamos si tenían distintos formatos o tamaños. En ese caso saltaban por los aires las simetrías y las líneas rectas. Eran necesarios más pliegues y pellizcos. Como, además, lo hacía ante la mirada de quien había hecho la compra, la presión era mayor. No podía equivocarme, no podía desperdiciar un trozo de papel, no podía dar la sensación de ser inexperto. A veces mi tío, como quien no quería la cosa, se acercaba y, de manera muy rápida, casi sin que se notase, me indicaba como darle la vuelta al papel para evitar arrugas. El, que es pintor, siempre tuvo mucha habilidad con las manos. Yo, sin embargo, soy muy torpe. Tengo con frecuencia la sensación de que lo que cojo se me hace gachas entre los dedos. En aquellas tardes largas del 5 de enero en la librería de mi tío, lo mío era un ejercicio casi de disciplina gimnástica. Como si estuviera en las espalderas de mi instituto recibiendo órdenes del profesor machista y facha de gimnasia que me amargó la vida, con la diferencia, eso sí, de que en la librería no había gritos, ni insultos, ni sudores. Y que siempre, por imperfecto que fuera el resultado, mercería la pena entregar el paquete a su emisario y pensar en la cara que pondría su destinataria al abrirlo. Eso sí, nunca pensaba en el destino incierto del papel que yo con tanto cariño había seleccionado. Yo guardaba los de mis regalos para forrar con ellos los libros que leía, tal y como me enseñó mi tía María Luz. Al recordarlo, me veo en mis veranos de adolescente haciendo huecos en la maleta para los tesoros que leería en la playa de Nerja, con el miedo siempre de quedarme sin lectura antes de que acabaran las vacaciones.

También creo que fueron las dedicatorias que más pensé, la letra que más cuidé. Quería que todo fuera perfecto para María. Que al recibir mi regalo se olvidara por unos instantes de pañales, pruebas médicas y consejos de especialistas. Al escribir mis palabras, con esa caligrafía que me enseñó doña Pilar, aquella maestra que supo mirar tan adentro de mí, en la primera página del interior de cada libro lanzaba un ancla, buscado un fondo en el que pudiera agarrarse y con la que yo mismo, que a veces me sentía el más enfermo entre los sanísimos, seguiría encontrando razones para habitar esta tierra. Por eso supongo que en las dedicatorias pasé del usted al tú. Al hacerlo volví a darme cuenta de que hay mucho egoísmo en esto de escribir, aunque sea una simple carta, un correo, no digamos un libro. Escribo porque necesito que me quieran, que me abracen, que me piropeen. Lo había aprendido al leer los diarios de Virginia Woolf y descubrirla tan necesitada siempre de la aprobación ajena. María me daba el pretexto perfecto para escribir mi novela. Era una forma de serle fiel, de no traicionarla, o al menos eso creía yo. En el fondo, tal vez, no hacía sino escuchar mi voz amplificada.

Pasaron varias semanas, no sé si meses, y me extrañó no tener noticia alguna de María. Me temí lo peor y no tanto pensando en su salud sino en mi vanidoso paquete. Con frecuencia tenía la pesadilla de que los libros se habían perdido, que estaban en un sótano de correos, que el cartero no había dado con la casa, que la dirección estaba mal escrita en el sobre. Cuando ya casi había perdido la esperanza de tener alguna constancia de que los libros estaban en manos de María, recibí al fin un correo. Esta vez mucho más largo. Peor escrito que los anteriores, como si a la autora le resultara difícil seguir el hilo, mantener una cierta coherencia. Parecía más un viejo telegrama o, más exactamente, la suma de varios telegramas dictados. Como no tenía ninguna imagen de cómo era físicamente María, me la imaginaba al leer sus palabras. Creaba el personaje y le ponía color de pelo, textura de piel, el camisón ridículo con el que la Seguridad Social nos convierte en una especie de enfermos mentales y peligrosos. Unos parias. Me la imaginaba en su pequeño pueblo extremeño, en su casa modesta pero bien arreglada, limpísima, con su viejo ordenador sobre el regazo, tecleando con dificultad. Apoyada sobre una tabla ligera de madera que, sobre sus piernas, le servía para colocar los libros, el ordenador o los papeles que usaba. Puede que no fuera ella la que escribiera el mensaje. Puede ser que se lo dictara a la enfermera que iba a cuidarla todos los días. De ahí que las frases no tuvieran sentido y fuesen como retazos de un discurso oral, no del todo bien traducido.

María empezaba disculpándose por no haberme contestado antes. Los dolores de espalda la estaban matando, me contaba. A pesar de sus dificultades, o quizás precisamente por ellas, no quería obviar nada de su relato. Su correo, aunque desordenado y escrito como quien al subir una cuesta le falta el aire, me recordaba al de algún alumno que quiere transmitirme, con todo lujo de detalles, aquello que le ha impedido estudiar lo que la asignatura requería. Mi lectora me explicaba cómo mis libros le habían dado fuerzas para abrir un diario que nunca escribió y que ahora, en forma de correo algo deslavazado, me hacía llegar, no sé si con la intención de que yo lo convierta en relato. Podría ser una bonita recompensa para una vida, tan corta, en la que ella realmente pocas oportunidades tuvo de salirse con la suya. Tardó muchos años, no sé si casi los mismos que le llevaron a estar postrada en una cama, en ponerle nombre a los comportamientos de su padre. Nadie se ocupó de explicarle lo que significaba el machismo, ni los sentimientos de culpabilidad que ella desde muy pequeñita había ido acumulando y que se le fueron haciendo una bola cada vez más indigesta en el estómago. Como su padre bebía, resultaba fácil justificarlo todo con el alcohol. Se le iba la cabeza. No era un mal hombre, claro, pero cuando volvía de la taberna era otra persona. Su madre callaba, ella se escondía, él se sentaba en la silla principal de la casa y abría mucho las piernas, de manera que parecía mucho más grande de lo que realmente era. María lo recuerda como un gigante, con la piel del rostro muy arrugada por el sol del campo y con una barba muy cerrada, como lija. Los dedos de las manos eran pequeños y gordos. Siempre olía a sudor agrio, acumulado bajo la camisa.

María se casó muy joven. Me atrevo a imaginar lo guapa que estaba con un traje de novia sencillo, sin estridencias, como es ella, o al menos como yo la intuyo. En la salud y en la enfermedad. Como en la familia no había dinero suficiente para encargarlo en la tienda de la capital que entonces estaba de moda, una vecina que era costurera imitó hasta el último detalle el vestido que María había visto en una revista. Como estaba tan delgada, la costurera no tuvo muchas dificultades en ajustarle la prenda a su casi esquelético cuerpo. Lo adornó con unas flores de tela para darle más volumen y, sin decirle nada a María, multiplicó por dos los metros de la cola.

Su padre la sacó a bailar un pasodoble una vez que hubo bailado con el novio. Apestaba a alcohol. Tuvo que disimular, como hacía habitualmente, el desagrado que le producía sentir sus manos grandes alrededor de su cintura y el tufo a sudor tan cerca de su cara. Me cuenta María que uno de los ejercicios de sanación que había tenido que hacer era reconciliarse con los hombres, a los que siempre vio como una especie de continuación del que se sentaba en la cocina de su casa con las piernas bien abiertas. Los acabó odiando cuando su marido, el que le prometió fidelidad y amor eterno, y con el que se casó muy enamorada aunque entonces no tuviera muy claro en qué consistía eso del amor, no supo ni quiso aguantar su deterioro. Doce años de vida en común que se fueron por la borda cuando ella empezó a doblarse, a no estar disponible, a no ser la mujer que siempre cantaba, desde la mañana a la noche. Y la que leía, aunque su marido no dejara de decirle que siempre estaba perdiendo el tiempo con aquellas tonterías. La sinceridad de María me partió el pecho de catedrático. "Médicos, voluntarios, hombres que me llevaban ropa y libros lo hicieron posible. Es difícil estar en un sitio pequeño, en un pueblo, donde leer es raro y a nivel general aprender que por muchos lazos morados que los hombres se pongan, las mujeres que físicamente no podemos hacer muchas cosas o tenemos poco dinero o no hacemos senderismo, salimos de copas... Los hombres nos apartan, ni siquiera quieren conocer si tienes valores que les puedas aportar. Todo es entendible pero difícil."

La pequeña María trata de justificar a los otros. Siempre lo tuvo complicado en un pueblo en el que el sacerdote, el médico y el boticario, todavía hoy, son autoridades. Cada vez le importa menos porque ahora siente cómo el tiempo se le escurre por entre los dedos que cada vez son más delgados. "Siempre he sido muy discreta, ser discreta es una virtud", me confiesa. Las mujeres discretas y calladas. Sabias y virtuosas, pero en silencio. María la discreta, callada y lectora. La que ahora se tiene que tapar el vientre para disimular los bultos que le hace el pañal no quiere, sin embargo, volver a callarse. Ya no están cerca ni su padre ni su marido que insistentemente la mandaban callar.

> *Los libros han sido mis compañeros, mi medicina como me escribía usted y mi mecanismo de soportar los dolores. Son 41 años de vida, antes de mi caída en coma pensaba en un futuro, ahora vivo 24 horas, el día a día sabiendo por ejemplo que hombres como usted hacen la vida mejor. Mis horas de lectura, donde aprovecho y me pongo colonia, donde me cuido también y mi esfuerzo diario quiero que sean mi obsequio hacia usted. Soy diferente, pero ni más ni menos que otra mujer ni que ningún hombre. Gracias por tanto. Usted me da cada tarde y ahora que comienza a brillar el sol, la primavera en cada una de sus letras y la luz natural que tanto me gusta y aprecio. Hay veces que faltan palabras, me estoy emocionando, cuesta mucho escribir cosas tan privadas, pero hoy volverá a brillar el sol, fuera y en mi casa, en cada una de sus palabras, en sus libros ...en usted.*

Guardo las palabras de María como ese sol que ella me anuncia y que me deslumbra. Lloro entre líneas, releo la historia de la que no pudo ser Laura Brown y me pongo deberes. Ahora soy el que se siente un adolescente, un niño perdido, un alumno recién llegado a la facultad. Soy un manojo de nervios, de ridículas expectativas, de metas que no hacen sino alzar más el púlpito. Siento que María tira de mí, que me arrastra y que me convence para que vaya a pasear con ella. Toda arreglada, impecable, con sus labios marcados y oliendo a esa colonia que tanto se parece a la que usa mi madre. Aroma de alacena y limones que se balancea ligeramente sobre unos tacones tímidos, de esos que yo miraba en los pies de mis maestras cuando recorrían el aula lentamente, mientras nos dictaban con una perfecta dicción los versos de un poema que entonces yo no entendía. La coreografía de los dictados que en mi cuaderno de doble raya tenían algo de receta susurrada al oído por mi abuela Carmen. Paseamos los dos cogidos del brazo, despacio, a su ritmo. Nos vamos deteniendo para ver los escaparates. Ella se para embobada en las tiendas de ropa, en las de muebles y en las de ultramarinos. Mira alucinada, como quien por primera vez pisa una playa, los sacos de legumbres, las grandes latas de conservas y las cajas de dulces hechos con miel y almendras. "Te sienta muy bien el vestido rojo, María. Deberías ponértelo más". Ella se sonroja, como una quinceañera y me devuelve el piropo. Parecemos dos novios de pueblo recorriendo la Calle Mayor. "¿Te apetece un helado?". "Sí, por favor. De turrón y chocolate". A nuestro alrededor, dejamos de ver al cura, al boticario y al médico, aunque nos observan tras los cristales del casino. La calle mayor del pueblo se transforma en una avenida de Nueva York. Quienes nos rodean parecen criaturas extraordinarias, sacadas de una fábula, a mitad de camino entre vegetales y seres humanos. No hace falta que la señora Dalloway compre flores porque el asfalto ha desaparecido y en vez de semáforos lo que hay son plantas gigantes de las que brotan pétalos que no se secan. Las calles se convierten en las páginas del libro que yo un día escribiré y que María leerá antes que nadie. Cuando llegamos a la esquina, todo se da la vuelta, y en un giro inesperado de guión es ella la que, sin previo aviso, empieza a escribir, haciendo saltar por los aires las fiambreras en las que mi lectora, como buena esposa, guardaba en el congelador todo tipo de guisos para que a su marido no le faltara qué comer los días que ella pasaba en el hospital.

NICO, I

Aunque ya ha pasado de los cuarenta, Nico sigue yendo muchos fines de semana al pueblo, a estar con su padre y su madre, y se vuelve con el maletero cargado de fiambreras. Su madre le sigue guardando en ellas todo lo que va cocinando a lo largo de la semana: cocido, habichuelas, albóndigas, croquetas, flamenquines. Él, cuando vuelve a su piso minúsculo, y en el que el olor a cerrado se mezcla con el del ambientador de pino que hace unos días dejó en la entrada, las coloca con mucho cuidado en el congelador. Siente algo parecido a la felicidad cada vez que ve la pequeña cocina llena de fiambreras con las tapas de distintos colores. Les va poniendo etiquetas con lo que contienen, que luego se olvida y no sabe qué comida está sacando para el día siguiente. Hoy deja fuera las croquetas que tanto le gustan, con esa bechamel que no ha probado en ninguna otra parte. Su madre es insustituible. Siempre que come algo hecho por ella es como si la tuviera cerca, como si anduviera por la cocina minúscula de su piso fregando cacharros o preparando la comida del día siguiente. La bechamel de su madre es ese río en el que a él le gusta tanto refrescar los pies cuando vuelve cansado y solo. La soledad del niño que la miraba entregado cuando ella cogía la masa y le daba forma con las manos, suavemente pero con rapidez. En apenas unos minutos la bandeja se llenaba de decenas de croquetas. A él le gustaba tocarlas con la punta de los dedos, como luego, recién sacadas de la sartén, disfrutaba al quemarse ligeramente la lengua cuando intentaba metérselas en la boca, impaciente, glotón. El niño solo y gordito que su madre soñaba con ver convertido en un hombre de provecho.

Es domingo por la tarde. Sigue haciendo calor, aunque del verano ya sólo queda el recuerdo de su viaje a Escocia. Él odia el calor de Córdoba, como odia los domingos por la tarde, pensar en el lunes, en volver a un trabajo en el que cada vez encuentra menos razones para disfrutar. No tiene claro cuándo dejó de sentir que el trabajo le permitía aprender y cuándo empezó a sentir que era una carga, cada día un poco más pesada que el anterior. Como además su ex pasa con frecuencia por allí, siente un peso terrible en el despacho. Siempre está con ganas de escapar, pero unas cadenas invisibles lo atan a las patas de su mesa. Allí sentado, cuando se dispone a ordenar expedientes, es como si las carpetas que se acumulan en su mesa cada día se hicieran más gigantes y lo fueran aplastando poco a poco. Piensa en esa mesa desordenada cada domingo por la tarde y se le quitan las ganas de vivir. No puede evitar imaginarse sentado el resto de su vida en la misma silla, engordando sin parar, cada vez con menos pelo y con el carácter agrio, como ese mal aliento que le sorprende algunas mañanas cuando se mira el espejo y se descubre en su cabeza unas entradas más profundas que el día anterior.

En el pequeño piso donde vive de alquiler desde hace años, y que le da pereza abandonar, todo recuerda a la vida de un estudiante. No sólo por las estrecheces de las pocas habitaciones sino también por cómo todo parece provisional, como pensado para que dure solo un curso, dos como máximo. Las sillas gastadas, el sofá hundido, las cortinas tan tristes. Apenas hay una planta medio seca en un rincón, un revistero donde se van acumulado periódicos, una mesa rectangular cubierta por unas enagüillas que le hizo su madre hace años. Nico abre las ventanas para que entre, a ver si es posible, un poco de aire. Al alzar la persiana, que hace ese ruido incómodo que él identifica con el amanecer, sólo ve la calle desierta, el bar cerrado de la esquina, una mujer de mediana edad que camina con una bolsa de basura en la mano. Un domingo a esas horas ya no pasean por allí los turistas que durante el día convierten la calle en un parque de atracciones. Esa tranquilidad que llega desde afuera es lo único que le gusta de los domingos por la noche. El silencio apenas es roto por las ruedas de la maleta de un turista que ha apurado al máximo el fin de semana.

Nico teme que a pesar de esa tranquilidad le costará coger el sueño. El puñetero verano que sigue reclamando duchas frías y cubitos de hielo, aunque ya esté bien avanzado octubre. Eso hará que al día siguiente se levante con mal humor y que empiece la semana cabreado. Es justo en esos momentos cuando más lamenta no haber aceptado la propuesta que le hizo su jefe de trasladarse a Málaga. Siempre le ha costado mucho tomar decisiones, necesita alguien que le empuje a hacerlo y en aquella ocasión no tuvo a nadie cerca que lo animara. Su madre guardó silencio, lo cual para él era una negativa, y tampoco las cuentas acababan de salirle en la calculadora algo estrecha con la que administraba sus días. Todavía andaba ilusionado además con la posibilidad de recuperar a su ex, así que pensó que lo mejor sería no moverse, esperarlo en la silla de siempre, tras los expedientes abultados y llenos de polvo. Tal vez no haya otra razón que el miedo que siempre sintió, desde pequeño, ante las olas del mar, en aquellos días en que, temeroso, acababa escondido tras las piernas de su madre. Como si fueran columnas que sostenían un templo para él.

"Sí, mamá, he llegado hace un rato (...) Todo bien, la carretera estaba tranquila (...) Sí, he guardado la comida. No te preocupes (...) Mañana te llamo cuando vuelva del trabajo". A Nico se le había olvidado darle un toque a su madre para decirle que había llegado sano y salvo. Lo hace cada que vez que sale de viaje, aunque esté a menos de una hora de distancia. Piensa que la tiene mal acostumbrada, pero a él también le reconfortan esas llamadas con las que parece seguir siendo el niño que un día dejó su casa y se marchó a la capital para convertirse en licenciado. La madre inquieta, ya más tranquila, puede en el pueblo volver a su rutina de domingo por la noche. Echa en agua los garbanzos, tira a la basura un par de tomates que se han podrido y se sienta, bostezando, al lado del marido que está viendo una película por televisión.

Después de la breve llamada telefónica, Nico saca de la maleta la ropa lavada y planchada que su madre le ha dejado impecable, como cuando era un estudiante y cada fin de semana volvía del pueblo con todo limpio y oliendo a suavizante. Ese olor sigue estando no sólo en su memoria sino también en la ropa que ahora se acerca a la nariz. Inspira hondo, como cuando se prepara vapores de eucalipto para mejorar los resfriados. Coloca las camisas, los pantalones, la ropa interior. Todo está perfectamente ordenado en su armario de dos puertas. Tras una de ellas, las camisas colgadas en perchas, para que no se arruguen. Tras la otra, los pantalones con la raya perfecta y en los cajones, la ropa interior. Los calzoncillos doblados por la mitad y organizados por colores. Los calcetines, casi todos negros, están agrupados por parejas, pero sin haberlos convertido en pelotas, que eso, se lo advirtió su madre, hace que el elástico se ensanche y pierdan la forma. Deja fuera la camisa blanca que se pondrá al día siguiente y también saca el traje para que se vaya aireando. Aunque haga calor, todos los días lleva chaqueta y corbata. Aunque nadie le obliga a hacerlo, él se siente raro si no lo hace. Es como si perdiera peso ante los demás. Así, los clientes que se sientan frente a él parecen sentirse mejor atendidos y él aparece ante ellos como poderoso. Con la chaqueta y la corbata trata de compensar su rostro imberbe, de niño bueno, de adolescente listo que parece haber aprobado los cursos antes de la edad correspondiente. Si no fuera porque el pelo empieza a escasearle, pasaría perfectamente por un estudiante de bachillerato. En los últimos meses no ha dejado de mirar en internet por cuánto le saldría un implante de cabello. Le falta valor para viajar solo a Turquía.

Vuelve a la cocina. Abre el frigorífico y se queda un rato delante de él, como si estuviera tomando una decisión compleja. Es muy triste ver lo vacío que está. No sabe qué cenar. No debería comer mucho por las noches. Por más que intenta bajar el peso, no hay manera de volver a los poco más de setenta que tuvo hace unos años. Se mira en el espejo y no le gusta nada cómo su barriga luce cada vez más redonda. Por más que vaya al gimnasio todas las tardes, no hay forma de perder esa especie de flotador que se le ha ido formando alrededor de la cintura. Y eso que hace tiempo dejó de beber cerveza y que ya casi nunca come dulces. En el frigorífico sólo queda algo de embutido, un par de manzanas, un tarro de mahonesa, unas latas de coca cola, unos yogures. Triste y metálico. Decide comerse un yogur, sin mucho convencimiento. Los compra de esos que son todo *cero, cero*. Eso dice la etiqueta. Le sabe a tan poco que rebaña bien con la cuchara hasta el último resto de yogur del embase. Todo el piso se llena con el ruido insistente que hace la cucharilla en el plástico. Es como si buscara un doble fondo en el recipiente donde encontrar algo más que llevarse a la boca. Algo más sabroso y jugoso que el triste yogur desnatado. Mira la caja de galletas integrales que hay sobre la mesa de la cocina y, aunque está a punto de coger una, decide no hacerlo. Apaga la luz y deja abierta la ventana que da al patio interior, a ver si así corre algo de aire.

Se sienta en su sofá de color caramelo. Tendría que tapizarlo. Se ha estropeado mucho. A la tela han empezado a salirle bolillas y los cojines cada vez están más escurridizos. Pone la tele, la Sexta. Están hablando de política, como siempre. En seguida tiene que bajar el volumen porque no soporta las voces de los personajes que participan en la tertulia. Siempre le ha gustado la política. Casi nadie sabe que está afiliado a un partido. Es como si se avergonzara y no quisiera hacerlo público. Como si temiera, él que siempre ha tenido tantas inseguridades, que al saberlo los demás lo mirasen de otra manera. Recuerda que ese fue uno de los mayores motivos de discusión con su ex, que siempre fue votante de derechas, como buen pijo cordobés, y que puede que incluso le prohibiera que lo hiciera público. Porque aquel niñato de pelo repeinado con gomina y corbatas de colorines tenía la pinta de ser uno de esos machotes de ordeno y mando. Nico, sin embargo, y aunque ya hace tiempo que no tiene al lado a quien todos los días le decía barbaridades de los socialistas y no digamos de Podemos, cada vez está más desengañado. Y aburrido. Por más que se ha dejado querer, nunca han contado con él. Y eso que él habría estado dispuesto. Entre otras cosas, para escapar de su mesa atiborrada de papeles, de la ciudad calurosa que tanto le agobia, del fantasma de su ex. Pero no ha habido manera, siempre ha habido espabilados que le han ganado la carrera, aunque hay que reconocer que él tampoco se ha movido mucho en los intestinos de un partido que, en Córdoba, supongo que como en casi todos los sitios, es como un círculo vicioso de familiares y deudores.

Nico acaba, como casi todas las noches últimamente, tumbado en el sofá, con la cabeza apoyada en un cojín. Coge el móvil y después de repasar los escasos mensajes que tiene en los grupos de WhatsApp (familia, compañeros, partido, vecinos), abre la aplicación de cada día. Como un ritual. La televisión se acaba convirtiendo en un ruido de fondo. Por más que Ana Pastor se empeñe en levantar la voz y en poner orden entre los políticos que tiene de invitados, él ha dejado de escucharla hace tiempo. Los gritos se han acabado convirtiendo en una especie de telaraña que, suspendida en lo alto del techo, no llega a rozar la incipiente calva de su cabeza. En calzoncillos, de esos de toda la vida, como los que su madre le compró a montones cuando se fue a estudiar fuera, con una camiseta que mal disimula su tripita y que le recuerda su viaje a Nueva York, abre su perfil de Tinder. Y busca. El sofá se le llena de chicos musculosos y ardientes. Los que suele encontrar en su gimnasio, los que corren por la ribera, los que aprovechan un viaje lejos de casa para dar rienda suelta a sus vicios. Como cada noche, se encuentra con el que fue cura en su pueblo y con el chico de mirada piadosa que viste vírgenes en sus ratos libres. Está claro que como no suba una foto en la que se vea su cuerpo no se comerá una rosca, pero a él no le gusta ni su tripita, ni su incipiente calva, ni el color lechoso de su piel. Hasta que se atreva a hacerlo, la noche de los domingos acabará siempre en una paja solitaria, a veces inspirada por el cuerpazo del que durante años repartió hostias en la parroquia donde se casó una de sus hermanas.

HOMBRES QUE CORREN

Todos los días que me despierto en Córdoba, salgo a pasear muy temprano, recorro la ribera, veo el perfil algo cinematográfico de la ciudad desde el sur que, durante años, fue un margen olvidado y sucio. Hay mañanas en que tanta belleza me emociona, hace que me recorra un ligero escalofrío y que me sienta un privilegiado. Incluso consigo olvidar el ruido que invade la ciudad cuando llegan cientos, miles de turistas, como si fueran una plaga de termitas, y empiezan a engullir las piedras, los flamenquines y hasta los pocos árboles que van quedando en la plazas. Una noria quieta y abandonada, junto al río, me dice más de la ciudad en la que vivo que los folletos que tanto me recuerdan a esos jarabes dulzones que tomaba de niño cuando tenía tos por las noches. Las termitas avanzan y mis amigos, los más listos, los más bellos, huyen.

Esas emociones encontradas, que me revuelven el estómago, duran poco, apenas el rato del paseo, como mucho las primeras horas de la mañana. Luego se desvanecen. Es como si me pusiera a hacer pompas de jabón mirando a la Mezquita. Unas pompas que se estrellan rápidamente contra la gasa transparente que parece rodear el monumento cuando empieza el día, desapareciendo poco después, no sin antes dejar un rastro de colores. La cola de un cometa. La bandera del arco iris. El manto púrpura de un obispo homófobo. Y muchos hombres que corren, como si huyeran de un cura pederasta.

Corren, corren, corren. Cada mañana, cuando salgo a pasear antes de irme al trabajo, pasan por mi lado, veloces, jadeando, como si les faltara el aire. De todas las edades, aunque abundan los más jóvenes. La mayoría de ellos perfectamente equipados. No les falta detalle. Hasta los cordones de las zapatillas parecen de diseño. Todo cool. Los miro, me miro y me siento ridículo, casi uno de esos hombres mayores que salen a pasear para que no les suba el colesterol. También me encuentro con alguna mujer. Es raro verlas correr solas. Andan o corren de dos en dos. "Voy al gimnasio, y corro, corro mucho". Es lo que dice Jaime Lorente, un actor de esos jovencitos que están de moda y que luce un cuerpo escultural. De esos que parecen tallados, músculo a músculo. A veces pienso en los minutos que hay detrás de cada muslo, de cada brazo, de cada hombro. Ellos corren como si los persiguieran, o como si huyeran de algo. A la mayoría no los veo relajados. Parecen estar compitiendo, quizás consigo mismos. Aunque casi no me da tiempo a ver sus caras, sí que me he fijado en que casi siempre están desencajadas, y por supuesto sudorosas, pero lo que me llama más la atención es que no miran hacia los lados, sólo hacia adelante. Es un ejército de hombres aguerridos y sudorosos, sin rumbo, el que se hace con la ribera y va dejando un rastro de zapatillas compradas online y de camisetas que no sé cómo pueden separar luego de sus pechos.

"Me gustaría ser el mejor actor de mí mismo", continúa diciendo Lorente. Lo veo en las páginas centrales de un suplemento semanal, promocionado un perfume para hombres, y compruebo que es un buen actor, sí. Como los chicos que veo correr cada mañana. Esos que en su representación parece que están a punto de quedarse sin aire. Pendientes del reloj que cuenta pasos, pulsaciones, kilómetros y me imagino que hasta eyaculaciones. No hay tiempo que perder, la vida es corta, todos están mirándonos. Una mañana de estas intentaré alzar los muslos como ellos, mantener la vista fija en el horizonte, jadear como quién parece estar quedándose sin vida. Mis piernas depiladas con láser, el amarillo fluorescente de las zapatillas apenas disimulado por el polvo, mi pecho todavía sin la suficiente coraza como para mostrarlo en público. Sigo viendo correr a todos estos chicos y no puedo evitar pensar que se quieren mucho a sí mismos y entre ellos. Que les bastaría la presencia de sus iguales en este mundo todavía hecho a su medida. Sus fuertes pisadas sobre el asfalto bien pueden ser una manera de esquivar los puñetazos que les siguen pidiendo sus brazos de machote. En el fondo sólo se quieren a sí mismos y entre ellos, aunque no quieran reconocerlo.

Camino por la ribera como un jubilado que oye la radio. Cuando a mi lado pasa un hombretón seductor, de esos que corren como si no hubiera un mañana, me siento retado y acelero el paso. Yo también me siento llamado a competir. Me adelanta tan rápido que ni siquiera detecto la mezcla de sudor y restos de colonia de la noche anterior. El olor que siempre me recuerda a Gael pasa tan rápido como ese macho recién despertado por un móvil que le ha avisado de todas las calorías que ganó en la fiesta de la noche anterior. En la que acabó cantando el Resistiré en un karaoke como si le fuera la vida en ello.

GAEL, II

El sonido del agua cuando cae del grifo sobre las cacerolas y los platos siempre le recordó a su casa. A su madre de espaldas, pequeñita, que casi no llegaba al fregadero, canturreando muy bajito. Él asomado a la puerta, mirando cómo ella movía ligeramente los brazos, en una especie de baile que nadie más sabría reconocer. Se quedaba embelesado mirándola, mientras el olor a las patatas guisadas se le iba metiendo en el cuerpo. Había ocasiones en que, de repente, sin pensarlo, salía corriendo de su escondite y abrazaba a su madre por detrás. "Ay, Gael, déjame, que me entretienes y ya mismo están aquí tu padre y tus hermanas". Él la veía a ella muy grande, casi gigante, siempre con su delantal de flores y el pelo recogido con una pinza. Tardaría un tiempo en descubrir que los ojos claros que hacían de su rostro una mar de dudas eran también los de su madre, aunque los de ella son juguetones y algo saltones. Los suyos, sin embargo, siempre parecen a punto de derramar una lágrima.

Mira el reloj y se da cuenta de que anda algo retrasado. Se le ha ido el santo al cielo mirando por internet cuándo se abrían los plazos para la matrícula de los másteres. Las patatas todavía no se han ablandado del todo. Mira el reloj y teme que Alfonso llegue de un momento a otro, con sus prisas de siempre y ese gesto de desaprobación que desde hace un tiempo no se le borra de la cara. Gael termina de fregar todos los cacharros que ha usado para el guiso, que nunca, por supuesto, ha conseguido hacer a la altura del de su madre, y pone la mesa. Saca los dos manteles individuales del cajón, alinea los cubiertos, pone una servilleta para cada uno, los vasos para el agua. Como no sabe si su marido querrá hoy vino, decide poner también una copa. Corta en trocitos la barra de pan y los coloca en la cesta de mimbre que compraron en un mercadillo el pasado verano. Le suena el móvil. Mira el WhatsApp. "Llego en diez minutos. Había mucho tráfico. Espero que la comida esté preparada. Tengo que salir pitando". Hace tiempo que los mensajes de su marido dejaron de tener emoticonos. Ahora sólo envía palabras. Las justas.

Gael se huele la camiseta. Apesta a una mezcla rara de comida y sudor. Siempre ha sudado mucho, desde que era pequeñito. Y sabe que a Alfonso, al que en un principio le ponía ese toque guarro, ahora le molesta. No le da tiempo a darse una ducha rápida. Se lava la cara, las axilas y los brazos en el lavabo. Mientras se seca con la toalla, se queda mirando su cara en el espejo. "Estoy envejeciendo. Soy un viejo de 30 años". Saca una camiseta limpia del armario y se echa unas gotas de la colonia que le regalaron por su último cumple. A él nunca le ha gustado ese olor tan artificial pero a Alfonso sí. Intenta no pasarse porque el olfato de su marido se ha vuelto muy delicado y cualquier cosa que sobrepase un límite lo pone de mal humor. Como está prácticamente rapado, no tiene que perder el tiempo en peinarse. Sólo se humedece un poquito la cabeza, detrás de las orejas, en la nuca, para sentirse más despierto. Cuando está echando la camiseta que se ha quitado en el cesto de la ropa sucia, escucha las llaves que se acercan a la puerta. Desde hace ya algunos meses, siente que ese sonido hace un agujerito en su vientre plano. Cada vez más plano: su delgadez, le ha dicho tantas veces su madre, no es sana.

Aunque no lo está viendo, podría dibujar cada uno de los movimientos que Alfonso hace al llegar a casa. Cómo deja su maletín en el sofá, cómo abre las cartas que ha sacado del buzón, cómo se dirige a la cocina para oler lo que está acabando de guisarse, como abre el frigorífico y saca una cerveza. "Hola, ¿cómo ha ido el día?". Gael sonríe al hacerle esta pregunta, con su camiseta impecable y su olor a niño bueno. Su marido, sentado en una de las sillas de la cocina, no levanta la vista del folio que está leyendo. En esa posición, y al iluminarle la cara el sol que entra por la ventana, está más guapo que nunca. Le sienta muy bien la barba, piensa Gael, y eso que le costó dejársela. Se acerca al profesor por el que un día decidió dejarlo todo y le da un beso en la cabeza, con cautela, como quien siente miedo a la reacción. Alfonso emite algo parecido a un gruñido. "Tengo prisa, a las cuatro tengo reunión de departamento y necesito descansar un rato. ¿Todavía no está la comida?" "Le quedan unos minutos. No sé lo que le pasa a estas patatas pero están tardando mucho en ablandarse. No puedo comprarlas en el Mercadona. Tengo que ir a la frutería de Paco, ahí sí que salen buenas". Gael no sólo le cuenta por qué las patatas que vende Paco son mejores, sino también lo último que han dicho en la radio sobre los pactos electorales, las barbaridades que ha soltado un diputado de VOX o lo poco que le ha gustado lo último de Madonna. Habla sin parar, como si le hubieran dado cuerda o, mejor, como si tuviera miedo a que se hiciera el silencio. Su esposo no le dice nada. De vez en cuando mueve la cabeza, parece asentir, suelta un *uff* y vuelve a su folio.

"Ya parece que están. Lo mismo te encuentras alguna más dura. Ten cuidado que quema". Gael se sienta frente a su marido, al que ahora ve algo desdibujado tras el vapor que sale del plato de patatas guisadas. "¿Quieres vino?". "No, ni pensarlo, no puedo dormirme. Agua, sólo agua". El treintañero de ojos claros llena los dos vasos, dejando en el del profesor unos centímetros entre el agua y el filo, como a él le gusta. Está nervioso como un alumno antes de un examen. Ha vuelto a sudar. Nota cómo se le empapa la camiseta por la espalda. No se atreve a comer hasta que Alfonso empieza a hacerlo. Al principio, cuando se conocieron, él lo llamaba siempre Alf. Luego, sin saber muy bien por qué, dejó de hacerlo. Lo intentaba pero no le salía. Cuando observa cómo su marido lleva la cuchara del plato a la boca, en una especie de cámara lenta que a él se le hace eterna, su camiseta cambia de color. Intenta controlar sus nervios agarrando un trozo de pan que convierte en cientos de migajas que van cubriendo todo el mantel, como una lluvia fina de harina y levadura. Lo observa, sin que él se dé cuenta, mientras mastica. "Están muy duras, durísimas. Y te has pasado con la sal. Mira que te he dicho mil veces que no me gustan las cosas saladas". En la mano del cocinero ya no queda ni una migaja de pan. "Lo siento. No sé dónde tengo la cabeza. ¿Prefieres que te ponga otra cosa? Te puedo freír un huevo, o calentar la pasta que sobró ayer". "No, déjalo. No tengo mucha hambre. Me como un par de cucharadas". Gael empieza a comer de manera apresurada, quiere terminar cuanto antes. "Te preparo un café si quieres". Alf no contesta pero su marido sabe que el silencio es afirmativo.

Mientras que carga la cafetera, sin mirarlo, y después de darle muchas vueltas a cómo decírselo, se arma de valor. "Esta mañana me he metido en la página de la Uni. He visto que se ha abierto el plazo para la matrícula en los másteres. También he visto que Fernando dirige uno de arte contemporáneo." "El imbécil de Fernando". "Bueno, ya sé que a ti no te cae nada bien, pero es un tipo muy listo y a mí me encantó como profesor". Gael aprieta bien el café con la cucharilla. Su mano tiembla. "He estado pensado que, como es semipresencial, podría matricularme y empezar el año que viene. Si quiero hacer la tesis necesito tener un máster. Creo que sólo hay clases dos tardes a la semana. No supondría mucho esfuerzo". El café sube y toda la cocina se llena del olor y del sonido del líquido que hierve. Gael busca la taza, Alf siempre prefirió tomar el café en taza, y vierte lentamente el café. Como su mano sigue temblando, no puede evitar derramar un poco. Lo limpia rápidamente con la bayeta, para que su marido no se dé cuenta. "Podría decirle que sí a María y dar algunas clases en su academia. Al menos me sacaría un dinero para la matrícula y para los gastos que pudiera tener. Las dos tardes podría ir en autobús y, si salgo tarde, podría quedarme a dormir en casa de mi hermana". Gael habla como si al mismo tiempo estuviera haciendo planes, improvisándolos, anticipándose a los posibles reparos e inconvenientes, buscando soluciones sin haberlas pensado previamente. "No lo veo, me parece una locura". Cada vez que lo nombra sabe que es para llevarle la contraria. Es como un código que no falla: la contraseña que abre el cajón de las furias. Alfonso, el que fuera Alf, es de pocas palabras, salvo cuando dicta sentencia. "En estos momentos no sirve para nada hacer una tesis. Es perder el tiempo. Y menos si te metes en el círculo de Fernando. No tienes ninguna posibilidad de meter cabeza. Es una locura y ya sabes que tampoco andamos muy bien de dinero. La hipoteca, el coche, mis viajes... No lo veo". Antes, hace ya un tiempo, solía decirle un apelativo cariñoso al terminar las frases, con frecuencia su nombre. Ahora ni siquiera eso. Hasta ha empezado a echar de menos el penoso *cari* que tanta rabia le daba escuchar a otras parejas, pero que a él se lo permitía encantado.

El café tiene el enorme poder de invadirlo todo, de borrar cualquier otro olor, de conquistar territorios y olfatos, como si no hubiera pasado nada antes. Gael no percibe su olor a sudor, ni a patatas duras guisadas, ni a los restos de la fruta del desayuno en la basura. Todo es café. "Pásame el azúcar moreno". Gael acerca los sobrecitos y sigue recogiendo los platos. "No sé, me gustaría hacerlo sin pensar en el futuro. No quiero hacerlo para entrar en la Universidad. Me apetece seguir estudiando, no perder el contacto con los libros, no estar todo el día aquí metido". Ha dicho las palabas justas. "¿Es eso una queja? ¿Tienes algún problema con esta vida? ¿Tan mal estás? ¿Tan mal te trato?". Alfonso ha dejado de mover la cucharilla dentro del café y lo mira con unos ojos que dan miedo, esos que sólo él sabría reconocer en la oscuridad. "No es eso, no exageres, no tiene nada que ver". "¿Cómo que no? Estás deseando salir de aquí y no sabes cómo hacerlo... Pues ya sabes donde está la puerta". "Que no, Alfonso, que no, que no he dicho eso".

Gael se sienta en el filo de la silla, con el paño de cocina en la mano, sobre su rodilla. Ha dejado de temblar pero ahora es su estómago el que parece ser pellizcado a traición mientras escucha la voz cortante de su marido. "No empecemos otra vez. Ya lo hemos hablado mil veces. Cuántas veces tengo que repetírtelo. A veces me pareces tonto, o que te haces el tonto". Gael adivina lo que viene después: el largo listado de insultos que su marido esconde en su cartera de profesor titular.

Alfonso se bebe el café de un trago. Se levanta como quien está deseando que acabe una ceremonia incómoda. "¿No te echas un rato? ¿Te bajo las persianas del salón y descansas". "No, déjalo, prefiero irme ya para llegar con tiempo". Gael friega los platos. Intenta que no se le note la rabia, aunque él sabe, tan llorón que es, que las lágrimas están a punto de salirle. No quiere que él lo vea llorar. Sería la mayor derrota. Se concentra en sacarle brillo a los vasos. Tira toda la comida que ha sobrado en el cubo de la basura. La mira con pena. Escucha cómo Alfonso vuelve del cuarto de baño, donde supone que se ha limpiado los dientes y se ha repasado su barba perfecta. Luego lo escucha coger algunos libros de la estantería del salón. "Me voy". El amo de casa no responde. No sabe cómo responderle. Escucha los pasos iracundos que se acercan. "Te he dicho que me voy. Podrías decirme algo". "Perdona, con el ruido del agua no te oído. Hasta luego. ¿Preparo algo de cena o improvisamos?". "Mejor prepara, cada vez me gustan menos tus improvisaciones".

Gael escucha el portazo. Se deshace el pellizco en el estómago y la cocina recupera los olores perdidos. Ha dejado de oler a café. Han vuelto las patatas, el sudor y las cáscaras de frutas. Obediente, abre el congelador y piensa qué podría preparar para la cena. Saca un paquete de menestra para que se vaya descongelando. Barre el suelo de la cocina y luego lo deja brillante, como le enseñó su madre, con la fregona torcida. Se queda unos minutos en la puerta, contemplando el suelo impecable. Limpísimo. Perfecto. Respira hondo. Lo tranquiliza el olor a limpio. Vuelve a oler su camiseta pero no se la quita. Se sienta en el sofá, con su sudor de siempre. Sólo detrás de su oreja, mezclándose con el brillo de su cráneo casi rasurado, queda un ligero olor a colonia. Allí es donde se la ponía su madre, cuando era apenas un niño y vivía en la ciudad de los fetos dormidos.

DAVID, I

Cuando veo su foto colgada en las redes sociales, sin ningún tipo de temor ni de censura, siento tanta alegría como si la conquista hubiera sido mía. Pero no, ha sido y es sólo suya. Ahí está, en el Orgullo de Madrid, con sus zapatos de tacón, su rostro maquillado como una diva y una boa de colores al cuello. Sexual, provocativo, andrógino. Lo siento tan firme en esos centímetros que lo elevan que entiendo perfectamente su huida de Córdoba, su búsqueda de nuevos horizontes y esta puesta en escena con la que ahora le dice al mundo que está dispuesto a comérselo entero.

David siempre ha sido muy delgado, con rostro de niño imberbe, de esos jóvenes que, si los miras por detrás, no sabes muy bien si son un chico o una chica. Cuando lo conocí, siempre iba vestido de manera muy clásica. No había nada estridente en su ropa, ni en su peinado ni casi en sus maneras. Sólo un ligero amaneramiento que él trataba siempre de disimular. Cuando tenía una cierta confianza y se relajaba, empezaba a moverse, a hablar y a expresarse sin miedos. Eso sí, siempre como quien pide permiso, como quien está de prestado en un cuerpo o en un lugar, con una carga demasiado visible de miedo y culpa. Sus ojos claros, que alguna vez se empañaron con lágrimas delante de mí, siempre parecían a punto de quebrarse. Su mirada no se atrevía a ser del todo franca y directa. Huía, se escondía, apuntaba maneras sólo a veces. Para un chico así no había un lugar menos adecuado que la Facultad de Derecho, en la que se sintió un extraño desde el primer día. Y eso que podía pasar perfectamente por uno de esos pijos, vestidos de Álvaro Moreno o de El ganso, que pasean por los pasillos pulseras con la banderita española o se jactan en la cafetería de sus últimas hazañas sexuales. A David le pesaba el aire que se respira en el viejo hospital, le atosigaban las miradas que le seguían por los pasillos. Y eso que él trataba siempre de disimular al máximo. Sin embargo, a pesar del esfuerzo, no podía ocultar los ligeros movimientos de cadera al andar, las miradas que dirigía a los chicos más buenorros de su clase o el poco interés que para él tenían los escotes de sus compañeras. Pero por encima de todo eso lo que más le angustiaba eran los comentarios que tenía que soportar casi a diario por parte de algunos profesores que cuestionaban lo que él estaba sintiendo y no se atrevía a reconocer. Cada vez que un catedrático de Derecho cuestionaba las reivindicaciones del movimiento gay, o censuraba que el matrimonio hubiera dejado de ser exclusivamente heterosexual, o hacía algún chiste homófobo, él se revolvía ligeramente en el asiento pero, claro, no se atrevía a levantar la voz. Mucho menos cuando la mayoría de sus compañeros y compañeras de clase le reían la gracia a quien ocupaba la tribuna. Todo eso acabó provocando que, cada mañana, cuando tenía que levantarse para ir a clase, sintiera dolor de estómago, ganas de vomitar, una inquietud a la que no sabía ponerle nombre. Tampoco se atrevía a comentar nada en su casa, donde, sin haber dicho nada acerca de sus gustos sexuales, suponía que todos sabían que era maricón. Y al principio no había nadie en la facultad con quien compartir sus inquietudes y sus miedos. Poco después, y gracias a las aplicaciones de ligoteo, se dio cuenta de que allí había mucho más chicos gais de lo que pensaba, aunque la mayoría, por no decir todos, estaban bien ocultos y callados. Alguno incluso con novia oficial con la que se dejaba ver por la biblioteca o en la cafetería de la facultad. A David le parecía increíble que en pleno siglo XXI continuaran dándose estas dobleces, pero claro, tampoco él era un ejemplo de coherencia o valentía. Con frecuencia se preguntaba por qué tenía que ser tan valiente. En aquellos meses interminables él mismo se cuestionó en algún momento si no estaría equivocándose, si sus deseos podrían ser otros y no se atrevía a reconocerlo; si no debía incluso rectificar y convertirse en el hombre más hetero de la clase de primero. Estos pensamientos se le iban de la cabeza cuando cada noche, en su habitación, no dejaba de mirar por internet a chicos de pollas grandes y cuerpos hermosos. Se masturbaba con rapidez, como si se avergonzara de lo que estaba haciendo, hasta el punto de que luego, cuando apagaba la luz e intentaba dormirse, un profundo sentimiento de culpa le impedía conciliar el sueño. Durante una larga temporada soñó con ser bisexual.

La primera vez que hablé con David entró en mi despacho como uno esos alumnos que temen encontrarse a una especie de ogro. Muy educado, llamó a la puerta con los nudillos y hasta que no le dije que pasara no lo hizo. Creo que fue un amigo común el que nos había puesto en contacto, porque yo nunca le había dado clase. Me seguía por las redes sociales, habíamos coincidido en alguna presentación de un libro, pero apenas habíamos intercambiado más que un ligero saludo. Sí es cierto que en esos momentos puntuales yo había observado que él se quedaba con ganas de decirme algo más, de pararse conmigo, de iniciar una conversación, pero nunca lo llegaba a hacer. Aquella mañana él vestía unos vaqueros impecables, una camisa muy bien planchada, de tonos azules, su pelo estaba bien colocado, como recién salido de la peluquería. No sé si llevaba gomina o algún tipo de fijador. Cuando me acerqué a él para darle dos besos, me quedé con su olor a colonia fresca. Uno de esos olores nada exagerados que tan bien lo definían. Discreto, natural, casi un niño.

Se sentó frente a mí, separado por la mesa enorme que siempre tengo llena de papeles y libros. "A clean desk is a sign of a sick mind" reza el lema que a duras penas sobrevive entre los montones de carpetas. David estaba tan nervioso que, a medida que hablaba, parecía que fuera a ir escurriéndose por la silla, hasta desaparecer debajo de la mesa. Mientras que yo le decía no sé qué obviedad, con la intención de que se sintiera más cómodo, él no dejó de mirar los carteles de películas que tengo en la pared, el tablón lleno de notas, mi bandera republicana y la luna que me traje del Carnaval de Venecia. Le pregunté algunas cosas y él sólo contestaba con monosílabos y con una sonrisa. Sí, sí, no, no, y sus dientes blancos, perfectos, asomando. Me costó mucho que empezara a decir frases enteras, con su sujeto y su predicado. Es cierto que tampoco el lugar ayudaba, porque yo estaba instalado en mi sillón de profe que parece otorgar una autoridad incuestionable. Era evidente que no éramos dos amigos frente a frente, pero tampoco éramos profesor y alumno. Era en cualquier caso una situación peculiar, que yo tampoco supe manejar del todo bien. Me salió un tono paternalista insufrible. Creo que me di cuenta a tiempo. De lo contrario, me temo que David habría salido de mi despacho con la intención de no volver. Aquel día entendí que la próxima vez teníamos que vernos fuera de la facultad, sin mesas grandes entre los dos y sin esa atmósfera de código viejo que se respira en mi lugar de trabajo.

Pasado ese primer error, pensé que lo mejor era dejarle hablar a él, que me contara lo que él quisiera. Recuerdo que estuvimos hablando de la soporífera Córdoba, de la Facultad tan reaccionaria y de algunos conocidos comunes. Hablando con David me di cuenta de que los dos, a pesar de todo lo que nos distanciaba, estábamos dentro de esa especie de líquido amniótico que con demasiada frecuencia se vuelve un entorno cálido, placentero, comodón. También, pese a nuestra aparente rebeldía, éramos como esos fetos que se resistían a abandonar el útero materno, por más que la soledad y el silencio nos volviera tristes. Así es nuestra ciudad, me temo: una colección de niños tan cómodos que no quieren abandonar la barriga materna, en la que están calentitos y bien alimentados mientras escuchan voces que al otro lado les dicen cariñitos.

No recuerdo cómo llegamos al punto en que él se sintió del todo relajado para contarme que era gay. Supongo que el hecho de que yo le explicara, de manera resumida, mi propia experiencia, le ayudó a soltarse. El caso es que a partir del momento en que me lo contó, todo fluyó mucho más relajadamente. David ocupó toda la silla, se puso más derecho y empezó a mover las manos con alegría, sin la rigidez que había tenido hasta ese momento. Sus ojos claros se hicieron más claros. Como cuando se llora y las lágrimas los dejan limpios. Casi transparentes. No me dio muchos detalles de su vida, ni tampoco yo se los pedí, pero lo que me contó me bastó para hacerme una idea. "No es que haya salido del armario con mis padres, pero ellos lo saben. Mi madre sobre todo. En algún momento me ha hecho algún comentario. Ellos son muy tradicionales, ya sabes. Ella tiene miedo de que lo pase mal por mi condición. Supongo que no tienen ningún problema siempre que yo sea discreto. No sé si me explico". La feria de los discretos, la ciudad del decoro. Claro que sabía a qué se refería David. Esa feria es la que a él mismo, incluso a mí, nos hacía hablar de "condición" para referirnos a lo que sentíamos o deseábamos. Una condición, como si fuera el equivalente a un diagnóstico médico. David me contó alguna historia divertida de un ligue pasajero. Nos reímos, claro. Siempre ha tenido una sonrisa preciosa, aunque algo tristona. En aquella época David reía pero como si lo hiciera a medias, temeroso de que alguien pudiera echarle en cara su alegría.

Se nos fue prácticamente una hora hablando, ahora sí, de chicos guapos, de compañeros armarizados y de lo aburrida que era la ciudad en la que ambos vivíamos. "Me encantaría irme de aquí, pero ahora mismo ni soñarlo. No sé. Me gustaría encontrar un trabajo, sacar algo de dinero y, en cuanto pueda, largarme. No es que esté mal en mi casa, pero me siento asfixiado aquí". Al escucharlo, reconocía en cada una de sus palabras lo mismo que yo sentía, lo que me habían contado tantos amigos que habían escapado. El dolor silencioso y quebradizo que siento cada mañana cuando recorro una ciudad tan bella pero tan esquiva, tan detenida en el tiempo, envuelta siempre en una especie de gasa que hace prácticamente imposible tocar las piedras, sentir los alientos, ir más allá de la belleza estridente de las guías turísticas. En medio de esa gasa, siempre pensé que resultaría muy fácil para las gitanas que te leen la palma de la mano descubrir el futuro que te espera. Escuchando a David, quizás por vez primera me estaba dando cuenta del verdadero sentido que tenía que a las puertas del obispado hubiera mujeres que, como si vinieran del pasado, te leyesen el futuro. Tuve que hacer el esfuerzo de volver a mi despacho y retomar las palabras de David donde las había dejado. No se me ocurrió mejor estrategia que ponerme en plan padre y le sugerí que no dejara la carrera, que se formara y que, al mismo tiempo, fuera viendo opciones para, cuanto antes, dar el salto. Me miró como suelen hacerlo esos alumnos a los que es imposible convencer del porqué de su suspenso. Uno de esos que tratan de mostrarte lo que no está escrito incluso ante la evidencia de las palabras equivocadas que han dejado en el folio. Un poco como hace siempre mi ciudad cuando alguien la interpela y le obliga a hacer examen de conciencia.

Cuando David miró su móvil, al que por cierto no le hizo caso durante todo el rato que estuvo en mi despacho, dio casi un salto de la silla. "Me tengo que ir. Son casi las dos. Se me ha pasado el rato volando. Nos vemos otro día, ¿vale?" "Claro, cuando quieras". Entonces fue él quien se acercó para darme un par de besos. Tan delgado, tan ligero, oliendo a niño pequeño recién salido de la ducha. Lo vi alejarse por el pasillo, con ese movimiento suyo de cadera que solo dejaba ver cuando creía que nadie lo observaba. El que disimularía al salir al pasillo donde habría hombres con futuras puñetas.

LOS PUÑETEROS HOMBRES

"Es que muchas mujeres usan las denuncias por violencia para beneficiarse en los divorcios", "¿Quién se ha inventado eso de la brecha salarial?, "También hay muchos hombres maltratados por sus mujeres y de ellos no se habla", "Yo estoy en contra de las acciones positivas. Todos tenemos que ser iguales ante la ley", "A mí me parece que las feministas se están pasando".

Los hombres que dentro de nada lucirán puñetas, con sus bolígrafos afilados y sus cuadernos heredados, cuestionan desde el primer momento todo lo que les trato de explicar sobre por qué el Derecho puede contribuir a superar las desigualdades o, por el contrario, cómo puede ser una herramienta que las confirma e incluso las ampara. Mi osadía me lleva a hablarles del feminismo jurídico y entonces los murmullos, que no han cesado en toda la clase, se convierten en una especie de clamor. Se alza una mano detrás de otra. Doy la palabra y empiezan a echar espumarajos por la boca. Una minoría, en la que hay tanto chicos como chicas, permanece en silencio: asustados y cobardes, sin ser capaces de contrarrestar a la manada que parece haber encontrado el pretexto perfecto para ponerme a prueba.

Me siento, como suelo hacer siempre en mis clases, en el borde de la mesa. Aunque intento mantener la calma, por unos segundos siento que me empequeñezco, que no encuentro mi voz, que los alumnos que intervienen aumentan su tamaño como si fueran sombras que en la pared asemejan monstruos. Menos mal que esta especie de fiebre se me pasa en seguida, bebo un sorbo de agua y trato de encontrar las palabras justas. Me agarro bien al filo de la mesa, como cuando me sujeto al asiento de un avión que se dispone a aterrizar, y construyo las frases lo mejor que puedo. Los hombres que dentro de nada lucirán toga apenas me dejan terminar. Cualquier propuesta les parece una provocación, un incendio y un atentado contra los valores sacrosantos que ellos creen representar. Hoy la mayoría va en vaqueros, y camisas de Silbón o Álvaro Moreno, pero mañana se adornarán con puñetas. Serán los guardianes de las víctimas. Tratarán de quitarle a la Justicia la venda que lleva en los ojos. Una futura abogada, que habla muy seria y con un elevado sentido de la responsabilidad, me dice que el feminismo se está pasando y que no, que no entiende lo de castigar más a los hombres. Muchos chicos la miran entusiasmados, babosos, hasta excitados diría yo. La isla de las tentaciones. No me da tiempo a mirar todos los rostros, pero sí que descubro el de algunas chicas incómodas y silenciosas.

Alguna alumna se arma de valor y trata de acallar los rugidos, pero su voz apenas se escucha y, salvo algún murmullo cómplice, se queda sola. Parece que estoy hablándoles a seres de otra planeta, aunque supongo que ellos piensan que el extraterrestre soy yo. Ni siquiera los datos que le pongo en la pantalla, ni los ejemplos de sentencias ni la lectura literal del Derecho de la Unión Europea, parece afectarles. No hay quien los mueva de su sitio. Porque además se hallan crecidos, engordados, sin miedo alguno a poner los cojones en lo alto de la mesa., como han hecho toda la vida. Algunas compañeras sonríen cómplices y parecen derretirse como fans ante el actor de moda. Sus miradas merecen una foto en las redes sociales. Ellos y ellas se dan likes sin importarles que yo esté mirando.

Cuando termina la clase, retraso mi salida del aula. Dejo que los alumnos y las alumnas lo hagan antes que yo. Un par de chicas se acercan para comentarme la vergüenza que han sentido. Yo les agradezco el apoyo y las animo a que no permanezcan calladas. Cuando recojo mis papeles, el pendrive y mi botella de agua, salgo a la calle. Necesito que me dé el aire. Parece que vuelvo de una batalla y no de terminar una clase en el Máster que se supone prepara a los graduados en derecho para el ejercicio de la abogacía. Cuando salgo del Colegio de Abogados, así, en masculino en el rótulo, un grupo de alumnos, los más exaltados, hacen corro y cuchichean cuando paso a su lado. Imagino los apelativos con que cariñosamente se referirán a mí. En círculo, fumando algunos de ellos, nada tienen que envidiar a las fratrías de toda la vida. Veinteañeros que parecen más viejos que mi padre.

Es de noche, se notan los días cada vez más cortos y las calles están llenas de gente que aprovecha para hacer las últimas compras, que vuelve a casa después de una larga jornada de trabajo o que disfruta de la buena temperatura antes de encerrarse en su casa para preparar la cena. Vuelvo a la mía por el camino más largo porque necesito respirar y que la ciudad, aun siendo tan cabrona como la mía, me llene de la vida que parece que me han quitado en las dos horas de clase. Seguramente mañana veré las cosas de otra manera, pero hoy, esta tarde noche, me siento sin fuerzas. Y con miedo, con mucho miedo. Porque el horror está más cercano y fresco de lo que yo pensaba.

Al día siguiente, cuando estoy en mi despacho de la facultad preparando mis clases, recibo una llamada del colega que coordina la asignatura. Al parecer, ha habido una protesta por parte del alumnado. Se han dirigido al director del Máster para manifestarle su malestar con mi actitud en la clase de la tarde anterior. Aunque no me lo dice expresamente, intuyo que, entre otros reproches, habrán sostenido que hice ideología de género y que intenté adoctrinarlos. Incluso hay un grupo que ha amenazado con no volver a clase. No sé si tomarme la llamada como un aviso para navegantes, como una sanción o como un chantaje. Aunque mi colega, tan diplomático él, no se atreve a hablar de consecuencias, es evidente que el solo hecho de llamarme, en nombre de la dirección, implica una advertencia. Cuando cuelgo el teléfono, tras manifestarle mi lógico enfado, y no sólo por lo que pasó en clase, sino también por su llamada fuera de lugar, recupero la energía perdida y el agobio que arrastraba desde la noche pasada se convierte en ira. Pero en ira de la buena, de la que arma y construye, de esa que yo he aprendido de las mujeres enfadas con el mundo que las niega.

Esa tarde me preparo para ir a la clase del máster como si fuera a una boda. Me visto de manera impecable, me perfumo, me pongo pulseras de muchos colores y mi pañuelo de color violeta. Me tomo un café bien cargado antes de salir de casa. Hace un día espléndido. Una de esas tardes del noviembre cordobés en las que tanto apetece disfrutar de un sol que ya no quema. Cuando llego al Colegio de Abogados, el masculino universal de la fachada me da alas. Subo al aula y me encuentro que están todos y todas sentadas. Algunos hablan entre sí, otros hacen como que repasan apuntes, la mayoría está mirando su móvil. Digo buenas tardes y enciendo el ordenador. Mientras se abre la página del aula virtual donde están colgados todos los materiales, les explico la llamada recibida, les manifiesto mi malestar con palabras que intento no sean crudas y sugiero que si alguien se siente incómodo que salga del aula, que les prometo no tener en cuenta la ausencia en la evaluación final. Nadie lo hace. Algunos me miran con cara de asombro y una minoría, solo una minoría hoy, lo hace con un gesto entre la chulería y el desprecio. La futura abogada que el día anterior me advirtió de sus dudas sobre el feminismo parece hoy medio dormida. No logro entender lo que dice su rostro que me recuerda al de una niña a la que han pillado haciendo una travesura.

Como nadie quiere hacer uso de la palabra para preguntar o comentar, me pongo a lo mío. Y dejo que todo el feminismo que he aprehendido salga por mi boca en forma de leyes. Ellas y ellos toman nota. Hilo argumento tras argumento para que no quepa ningún resquicio de duda. Hablo, hablo y hablo, tal y como aprendí de Audre Lorde y de otras muchas, en femenino plural. Nadie pone reparos a mi explicación de por qué no es lo mismo la violencia de género que la intrafamiliar.

Justo un año después de esas dos clases que nunca olvidaré, recibo un correo electrónico de una alumna del Máster interesada en hablar conmigo. Aunque dedicada al ejercicio de la abogacía, me cuenta que le gustaría hacer la tesis doctoral y que ha trabajado una temporada en la Plataforma cordobesa contra la violencia a las mujeres. Le contesto diciéndole que se pase un día por mi despacho para hablarlo en persona. Al verle la cara recuerdo que ella fue una de las pocas que en aquella primera clase del Máster manifestó su desacuerdo con los hombres puñeteros. Nos alegramos mutuamente del reencuentro. La animo a que haga la tesis. Ella me pide que sea su tutor. Cuando a la mañana siguiente salgo a caminar por nuestra ciudad, me siento no sé si más veloz, pero sí más ligero que los puñeteros hombres que corren.

EL HOMBRE ABUELO

Todas las mañanas me lo encuentro en la zona de aparatos de ejercicio físico que hay junto al río. Con su chándal, su camisa deportiva, sus zapatillas, su gorra, perfectamente equipado. Me cuesta calcular su edad. Se mantiene ágil aunque su rostro revela que ha pasado de los 70. Decía Concha Méndez que hasta los 80 no se llega a la vejez, por lo que puedo intuir que no es un hombre viejo. Sin duda, no lo parece. Cada día lo veo repetir flexiones, ejercicios de brazos, carrera. Como si estuviera entrenando para una competición. Estira como si fuese un profesional y siempre, cuando lo observo, tiene una sonrisa en la boca. Tiene el rostro y los brazos muy morenos, lo que contrasta con el tono blanquecino de un cabello que no le escasea. En ningún momento su cara denota sacrificio, o dolor, como a veces les pasa a esos jovencitos que pasan por mi lado luciendo músculo. Por el contrario, se le ve relajado, feliz, dueño de su cuerpo. Ya me gustaría a mí tener su flexibilidad y su entusiasmo. Lo miro con curiosidad y envidia. No sé si cuando llegue a su edad yo me habré convertido en un hombre como él.

Hace ya algunos años que se jubiló. Después de más de 50 años trabajando, casi desde que era un niño, tenía mucho miedo a llegar a ese momento de la vida en que parece que todo deja de tener sentido. Al menos para él, que siempre había sido un hombre entregado a los diversos trabajos que tuvo. "Antonio no ha sido un hombre malo. Qué va. Muy trabajador. Había días que se iba al amanecer y no volvía hasta las tantas. Sí que he echado en falta que me ayudara más con los niños, sobre todo cuando eran más pequeños. Cuando me junté con los tres casi seguidos, mi vida se convirtió en una locura. No tuve más remedio que dejar de trabajar. Menos mal que él ganaba bien, y luego hacía chapuzas por la tarde. Así fuimos tirando. Y le pudimos dar a los tres una carrera. Y fíjate, ahora tenemos cuatro preciosos nietos. Él está chocho con ellos".

Antonio y Luisa se casaron muy jovencitos. En un descuido ella se había quedado embarazada y en aquella época la única salida era el matrimonio lo antes posible. No hubo celebración, sólo una comida con las dos familias. Los padres de Luisa lo llevaron muy mal durante un tiempo. Luego se les fue pasando el disgusto y cuando comprobaron que Antonio era un buen hombre olvidaron el imprevisto. Cuando tuvieron el primer hijo, un niño que pesó casi 4 kilos al nacer y que bautizaron con el nombre de Francisco, como el padre de Antonio, ella decidió seguir trabajando. Lo hacía en la tienda de una amiga. Echaba unas cuantas horas que le sabían a gloria. Cuando nació el segundo, Alvarito, ya no hubo manera. Los dos niños, que apenas se llevaban un par de años, reclamaban todo su tiempo. Antonio se pasaba todo el día trabajando, algunas semanas incluso tenía que viajar fuera de Córdoba. Cuando llegaba a casa, tan cansado, lo que menos le apetecía era bregar con los pequeños. Había días que ni siquiera los veía porque cuando llegaba, después de haber pasado un rato en el bar de la esquina, ya estaban dormidos. "Antonio siempre fue un hombre reservado, con un carácter muy suyo. Un buen hombre, pero poco cariñoso. Arisco incluso. A mí a veces me tenía contestaciones que me dejaban de piedra. Alguna vez me hizo llorar. Lo hice, eso sí, a escondidas, en la cocina, mientras preparaba el pisto que a él tanto le gusta. Tampoco con los niños fue nunca especialmente cariñoso. Como siempre estaba tan cansado, yo lo justificaba. Ni siquiera Elena, la pequeña, consiguió que se volviera más sensible. Al contrario, cuando en apenas pocos años nos vimos con tres casi de la misma edad, él se volvió más raro. Cada vez pasaba más tiempo fuera. A veces volvía con el aliento oliendo a alcohol. Yo no me atrevía a decirle nada. Sabía que estaba muy cansado del trabajo, que echaba horas y horas para mantenernos y que se merecía toda mi atención. Lo único que lamento es que en esos años rompí todo el contacto con mis amigas, casi también con mi familia. Yo sólo existía para cuidar niños, llevarlos al cole, al médico, lavar ropas, planchar, preparar comidas. Por eso cada año soñaba con el mes de agosto. Sólo nos podíamos permitir quince días en la playa, pero para mí eran más que suficientes. Aquellos días en Fuengirola, con Antonio más relajado, eran los más felices. Lástima que pasaban volando. Eran los únicos días del año en que apenas cocinaba, en que no me importaba no fregar todos los días el piso o en los que no estaba tan pendiente del reloj. Eso sí, lo que no dejaba de hacer era lavar todos los días la ropa que nos poníamos y plancharla bien antes de salir. No hay cosa que me haya dado más coraje que ver que Antonio o mis niños iban con algo sucio o arrugado".

Luisa temía más que nadie el día de la jubilación de su marido. No se lo podía imaginar encerrado, sin un horario que cumplir, sin nada que hacer. Porque todo lo que había hecho a lo largo de su vida era trabajar. Sin embargo, los malos augurios no se cumplieron. "Yo siempre digo que fue un milagro. Pocos meses antes de la jubilación, nació nuestro primer nieto. Yo creo que Antonio era el que estaba más nervioso de la familia. Hasta se pidió el día libre cuando su nuera se puso de parto, cosa que no había hecho cuando yo tuve a nuestros hijos. Recuerdo que cuanto tuve el segundo, yo ya estaba en la habitación con el niño en su cuna. También recuerdo que lo miró fijamente y soltó algo así como que era muy feo, que a quién había salido. Cuando nació Oscar, su primer nieto, él fue el primero que lo cogió en brazos y no veas la cantidad de piropos que le dijo. Lo que nunca antes le había dicho a un hijo suyo. Los fines de semana, cualquier rato que tenía libre, se iba corriendo a casa de nuestro hijo para verlo. Pero el cambio más radical vino cuando se jubiló. No dejó pasar ni un día. El primero que no tuvo que levantarse al amanecer para irse a trabajar, vi cómo se despertaba a la misma hora, preparaba el desayuno y se disponía a salir. *Pero dónde vas tan temprano, pero si ya no tienes que cumplir*, le dije yo desde la cama. Me dijo el niño si podía acercarme a su casa. Merche tiene una revisión en el ginecólogo y no tienen con quien dejar al pequeño. Les dije anoche que podía quedarme yo. Eso fue sólo el primer día de otros muchos. De repente, vi cómo Antonio hacía todo lo que no había hecho con sus hijos, decía cosas que yo nunca había escuchado de su boca e incluso empecé a notar que había dejado de estar tan arisco. Pero lo que hizo que yo me pellizcara del todo para comprobar que efectivamente no estaba soñando, fue el día en que Oscar, cuando empezaba a hablar, dijo algo parecido a abuelo, que casi no se le entendía, y Antonio se puso a llorar como un niño pequeño. Te juro que yo era la primera vez que lo veía llorar. Ni siquiera cuando murieron sus padres lo hizo. Pero aquel día me dio una ternura enorme verlo allí sentado, con el nieto en sus rodillas y con unos lagrimones enormes cayéndole por las mejillas".

Después de Oscar, llegaron Blanca, Laura y Raúl. Aunque su favorito seguía siendo el primero, Antonio se multiplicó para dedicarle igual atención a todos. Se hizo un experto en apuntar en su agenda las citas con el pediatra, en recordar cuándo había que llevarlos para que se vacunaran, en cambiar pañales y en comprar las toallitas que menos escocían los culitos de sus nietos. Nada de eso, por supuesto, lo había hecho con sus hijos, pero llegados los 70, jubiloso y con todo el tiempo del mundo, había empezado a darse cuenta de lo mucho que se había perdido. "Yo no daba crédito, todavía no lo doy. Porque no es sólo que estuviera volcado con los nietos. Es que también cambió su actitud conmigo, como si fuera otro hombre. Poco a poco empezó a hablar más, a contar cosas. Hasta tiene detalles que nunca había tenido. Pero si durante años ni se acordaba de mi cumpleaños, o de nuestro aniversario…".

Antonio, en estos años de jubilación gozosa, ha aprendido a cuidar y a cuidarse. Él, que nunca había hecho deporte, ni había controlado la alimentación ni acudía a revisiones médicas, se dio cuenta de que para estar al cien por cien tenía que tratar mejor su cuerpo. Lo que más le costó fue dejar de fumar, pero también lo consiguió, en gran medida gracias a que sus hijos le tenían prohibidísimo que lo hiciera cuando estaba con los niños. Fue él quien se fue encargando de preparar ensaladas, zumos de frutas y de ir eliminando del menú todos aquellos guisos tan consistentes que Luisa sabía que le gustaban. Su mujer no entendía nada al principio, pero luego se dejó llevar, sobre todo porque eso le permitió dedicarle muchas menos horas a la cocina. "La verdad es que me acostumbré pronto a que, por ejemplo, él se encargara de ir al mercado. Volvía con el carrito lleno de frutas y de verduras. De repente empezó a estar muy obsesionado con la vida sana. Cuando el médico le dijo que tenía el colesterol alto y una tensión más bien subidita, fue cuando empezó a hacer deporte. Y hasta hoy no ha parado. Se levanta al amanecer, se va cerca del río y se puede tirar allí casi dos horas. Vuelve, se pega una ducha, prepara el desayuno para los dos y luego repasa su agenda para ver con qué nieto le toca quedarse. A mis años, sin los niños ya en casa, y con Antonio tan pendiente de todo, me he encontrado con que la que parece que está jubilada soy yo. Tengo más tiempo libre que nunca, estoy más tranquila y relajada, y hay días que no sé muy bien qué hacer. La semana pasada me llamó Sofía, una de mis amigas de toda la vida, y me invitó a que me acercara una tarde al club de lectura que han montado en el centro cívico. Ya ni recuerdo cuándo fue la última vez que me leí un libro, con lo que me gustaba de joven… Así que esta tarde, me he arreglado, me he pintado los labios, cosa que solo hacía últimamente cuando tenía alguna celebración familiar, y me he ido al centro. Como Antonio estaba en casa del niño, le envié un mensaje al móvil. *Cena tú cuando quieras. No sé a qué hora volveré*".

Aquella noche Antonio se hizo una tortilla francesa y se cortó una tajada de melón. Luisa volvió cerca de las once de la noche, con un libro metido en el bolso y muy contenta, como quien vuelve de una fiesta y se ha quedado con ganas de más. Se había cortado el pelo y la peluquera, su peluquera de toda la vida, le había hecho un peinado más actual, nada que ver con esa permanente que le hacía parecer mayor. Con los ojos ligeramente pintados, con un poco de colorete y con un vestido camisero estampado, Luisa parecía mucho más joven. Y, lo más importante, había dejado de verse en el espejo como una anciana. Al contrario, se había reconciliado con sus arrugas, con los párpados caídos y con aquellos pechos que hacía tiempo no reconocía. Pasó una larga temporada en que ni se atrevía a mirarse cuando se duchaba, pero ahora ha perdido ese miedo y la vergüenza que antes sentía cuando Antonio la veía medio desnuda. Después de muchos años de no hacerlo, ahora su marido, a menudo, le dice lo guapa que está.

Como había picado algo en una terraza con las amigas del club de lectura, Luisa prefirió no cenar nada. Antonio le preparó, eso sí, una infusión, de esas que le ayudaban a dormir y que ella se tomó mientras su marido le preguntaba qué podía preparar de comer para el día siguiente. "Lo que tú pienses estará bien, Antonio, estoy cansada. Sorpréndeme". Luisa se fue para la habitación y él se quedó fregando. Cuando al día siguiente, como cada día, se despertó a las 6 de la mañana, ella seguía dormida, roncando ligeramente, como una niña pequeña. Hizo el menor ruido posible para no despertarla. Aunque llevaba, ya ni se acuerda, la tira de años mirándola a diario, últimamente le gustaba hacerlo más despacio, como si en un rinconcito de su cordura alguien le advirtiera de que cada vez le quedaban menos días para hacerlo. Como si ya hubiera empezado la cuenta atrás. Esos pensamientos tristes lo dejaban paralizado durante unos minutos, luego, como cada mañana tras haberse puesto la ropa de deporte, se tomaba algo de fruta y una infusión ligera. Cuando salía, cerraba la puerta con mucho cuidado, como recuerda que hacían sus hijos cuando de jovencitos volvían de fiesta y no querían que él o Luisa se enteraran de la hora a la que habían vuelto.

Esta mañana, en la que ya ha refrescado y en la que el cielo no está tan limpio como en días anteriores, he vuelto a encontrarme con Antonio al lado del río. Después de coincidir durante semanas, nos saludamos como si nos conociéramos desde tiempo. Algún día he tenido la tentación de acercarme y entablar conversacíon con él, pero siempre lo he visto tan entregado a sus entrenamientos que al final me he arrepiento. Me limito a decirle buenos días y, alguna vez que otra, me quedo mirándolo. Absolutamente admirado ante la flexibilidad de sus piernas y, sobre todo, ante la sonrisa que nunca le falta en su cara tan bellamente arrugada. Cada día que me lo encuentro, y cuando me voy alejando, me giro levemente y lo observo, cada vez más pequeño en la distancia, como un ser que no tiene edad, ni siquiera sexo, una especie de duende salido de los sotos de la Albolafia. Y dudo, cada día dudo más, que yo pueda llegar a convertirme en un tipo como él.

RAFAEL, I

Aquella tarde de verano fue Irene la que acudió en su ayuda. Además de que yo estaba fuera, supongo que sentiría vergüenza, o no sé si incluso culpa, de volver a ponerse en contacto conmigo para contarme una vez más lo que estaba sufriendo por amor. Aunque me habría gustado no saber nada, no tener ni un detalle del relato, quizás para evitar el dolor de la impotencia, Irene, a la que había conocido hacía más de un año y con la que con frecuencia hablaba de nuestra común amiga, me lo contó días después, cuando ya las cosas se habían calmado y ella parecía haber recobrado el aliento. Cuando fui poniendo imágenes al relato me bastó con recordar. No había nada nuevo, era como si le resultara imposible salir del bucle. Y yo me sentía impotente por no saber cómo ayudarla.

"Me escribió un mensaje muy corto, apenas unas palabras, que si podía subir a por ella, que le costaba respirar, que estaba sola... Cuando llegué al lugar donde me dijo que había dejado el coche, me costó encontrarla. Estaba sentada en la acera, con la cabeza entre la piernas, respirando con dificultad, con los ojos llenos de lágrimas y sin dejar de temblar. La abracé fuerte, intentado que se tranquilizara. Con lo pequeña y delgada que es, casi me daba miedo apretarla demasiado. No sé bien qué le dije en ese momento, porque yo misma me puse a temblar. Cuando pasaron unos minutos, se fue tranquilizando y empezó a hablar con mucha dificultad. Como una niña aplicada que se avergüenza de contar un suspenso. Apenas le salían las palabras. Me costaba entenderla. Le ayudé a levantarse y la cogí de la mano. Andamos un rato. Hacía muchísimo calor, pero yo creo que estaba sudando más por los nervios que tenía. Como una niña asustada empezó a contarme. Lo de siempre, lo que ya sabes. Las humillaciones, la chulería, el desprecio... Estaba claro que se callaba muchas cosas, que apenas me estaba contando una mínima parte. Sus ojos estaban hundidos. Ella siempre ha estado muy delgada, pero aquella tarde me lo pareció todavía más. Como si le hubieran chupado la poca carne que le quedaba pegada a sus músculos. Me di cuenta de que su agobio tenía que ver más con su propio sentido de la culpabilidad. Se sentía así de mal no solo por el maltrato del innombrable, sino porque ella misma se sentía culpable, responsable de que una vez más había vuelto a pasar. Le había dado otra oportunidad y no había servido de nada".

Irene me lo contó todo por teléfono. Yo estaba en la playa. Cada vez más relajado y tratando de disfrutar al máximo de la vida que, por fin, había elegido tener. Mi felicidad imperfecta se quebraba cada vez que me llegaban noticias de su mala fortuna en amores. La conocía tan bien que me bastaba con detectar el tono de su voz, o la manera en que me redactaba un mensaje, para darme cuenta de que algo no andaba bien. Sabía que bajo su apariencia de mujer fuerte y decidida siempre ha habido una ser quebradizo, muy necesitado de amor y, por tanto, con frecuencia, presa fácil de las trampas que los afectos le siguen poniendo a las mujeres. Así lo fue siempre, desde que era poco más que una niña y nos conocimos en el instituto. Después de tantos años compartidos de confidencias y desencuentros, es como si fuera alguien de mi familia. Hemos podido estar meses, años incluso, sin vernos, pero al reencontrarnos ha sido como si nada se hubiera detenido, como si hubiésemos dejado la conversación en el mismo lugar en el que la habíamos interrumpido tiempo atrás. Nunca llegamos a ser pareja, aunque hubo quien lo pensó, pero llegamos a compartir muchas más cosas incluso de las que acostumbrar a compartir un chico y una chica. Tal vez porque ella era una mujer que quería dejar de ser mujer y yo un hombre que tampoco estaba a gusto con mi máscara.

"Yo volví a insistirle en que esa historia no merecía la pena. Que no era la primera vez y no iba a ser la última. No sé ni cómo pude darle tantos consejos porque yo estaba nerviosa y desconcertada. Como en otras ocasiones nos ha pasado con ella, es como si por un lado necesitara escuchar ciertas cosas pero al mismo tiempo las negase o, como mínimo, no le resultaran importantes. Yo le decía cualquier cosa, ella asentía con la cabeza, pero en seguida me decía algo que lo contradecía. No había manera de salir de ahí. Lo que más repetía es que él la quiere, que es un buen tipo, que solo de vez en cuando se le va la cabeza, que es un problema que tiene... Madre mía... Yo no podía entender cómo me estaba contando lo mal que se sentía por todo lo que le había dicho, y al mismo tiempo me decía que era un buen hombre y que la quería mucho. Nada, no hubo forma de sacarla de ese círculo vicioso. Se fue tranquilizando, sí, pero a medida que se tranquilizaba es como si fuera encontrando más razones para justificar el comportamiento del impresentable. Yo es que no lo puedo ver, es superior a mis fuerzas, mira que nunca me gustó…".

Su fortaleza siempre se ha venido abajo cuando el amor ha llamado a su puerta. Por más que haya sido siempre una peleona, y se haya enfrentado a miles de obstáculos que le iban diciendo *tú no puedes*, al mismo tiempo ha sido y es una mujer que necesita del amor para mantenerse a flote. Y para ella vivirlo ha sido entregarse hasta la desmesura, perder el timón de sus días y hacerlo todo en función de quien tuviese al lado. Un candado, por más que ella tratara de, hacia el exterior, mostrarse como una amazona. No sé si ha sido el miedo a estar sola, el sentirse fracasada, o hasta la presión del entorno que le ha insistido en que la felicidad consiste en estar acompañada. Desde afuera, he visto cómo repetía la historia, una y otra vez. Y después de cada historia, el duelo, las lágrimas y, poco a poco, una resurrección a medias.

Su historia de mal amor es de manual. No le falta ni un detalle: todos los que ella no quiere ver. O mejor: todos los que ve un día pero al siguiente los borra, como si de esa manera dejara espacio libre en su propia memoria. Ella nunca ha sido de pintarse mucho, pero cuando está al borde del infierno, se marca los ojos, se subraya los labios, se pone el pelo más rubio. Forma parte de su ceremonia de la confusión. Quienes estamos a su alrededor, más o menos cerca de ella, vemos las señales, sentimos los puñales, pero ella juega a esquivarlos. Y me duele no saber muy bien cómo mostrarle el camino para salir de ese infierno.

Aquella tarde, mientras escuchaba el relato de Irene, me fui haciendo cada vez más pequeño en el borde de la cama donde me había sentado. Aunque no hubiera sido testigo presencial, que diría un abogado, me sabía de memoria hasta los más pequeños gestos que Pepa hacía en esos momentos. Y la montaña rusa a la que subía y a la que obligaba a subir a cualquiera que se acercase. Luego, cuando ella se había mareado y vomitaba, se bajaba como si fuera directa a la taquilla a comprar otro tique, mientras que los demás seguíamos con el estómago revuelto.

"La dejé en su casa, aunque muy preocupada porque todavía estaba nerviosa. Si le hubiera tomado las pulsaciones seguro que las tendría a mil. Le insistí en que no le contestara al teléfono, que no le abriera la puerta, que me llamara si necesitaba algo, fuera la hora que fuera. Incluso le propuse quedarme con ella esa noche, pero no quiso. Me fui con la boca agria. Fue uno de los peores momentos de mi vida. ¡Me sentí tan impotente! Porque sé que en unas semanas, en un mes, o incluso antes, va a volver a pasar. Y lo terrible será que entonces no nos dirá nada, ni a ti ni a mí, porque se sentirá avergonzada de haber vuelto a caer. Y eso es lo que más me preocupa, que se lo calle, que no tenga nadie a quien decírselo, que se lo trague y la bola se haga tan grande que reviente. O, peor aún, que el otro se salga con la suya y la vuelva a tener disponible. ¿Qué hacemos?".

HOMBRES CON BARBA

De pequeño siempre me gustaron las peluquerías. No es que mi madre acostumbrara a visitarlas mucho, porque o bien se arreglaba ella misma el pelo o bien una chica se lo hacía en casa, pero en alguna ocasión sí que pude acompañarla, o bien fui con alguna de mis tías, y para mí aquello era como entrar en un mundo paralelo. Yo, que era un niño muy educado y silencioso, me quedaba sentado en un rincón y observaba. Me gustaban los olores que lo invadían todo y que sólo era posible detectar allí, como si en el resto del pueblo en el que vivía hubiera una especie de filtro para tales fragancias. Eran olores profundos pero que no me molestaban, al contrario, provocaban que entrara en una especie de estado casi hipnótico del que no quería despertar. Allí, sentado en un taburete, muy cerca de la puerta, me fijaba en cómo las mujeres que entraban se quitaban los abrigos, se saludaban y en seguida iniciaban una conversación que parecía no tener fin. A mí, que me costaba tanto abrir la boca, aquello me parecía un absoluto prodigio. Como también me lo parecía el que unas manos humanas fueran capaces de cambiar absolutamente el pelo de mi vecina, que al entrar era canoso y parecía muy fino, como si estuviera a punto de romperse, y al salir brillara, fuerte y desafiante, como si le hubieran rociado una especie de aceite que despedía un olor como a infusión dulzona.

Me gustaban aquella especie de cápsulas espaciales en las que las señoras metían las cabezas, a veces durante horas, y sobre todo los lavabos en los que las chicas más jóvenes les humedecían el cabello. Observaba cómo las clientas echaban la cabeza hacia atrás y las chicas, que casi siempre se llamaban Loli, o Sierri, o Paqui, les mojaban el pelo con una pequeña ducha. Luego, abrían un bote y de él sacaban una especie de crema incolora que ponían en la palma de su mano. Con ella, masajeaban la cabeza durante varios minutos, mientras no dejaban de hablar. La clienta seguía la conversación con dificultad, dada la postura, pero asentía o emitía alguna exclamación. Mi madre, cuando le lavaban la cabeza, se quedaba medio dormida, como si hubiera entrado en trance. Desde entonces deseé que algún día me lavaran la cabeza así, sintiendo los dedos de alguien haciéndome un mansaje, mientras que el olor de champú me llevaba de viaje. Lo recordé unos años más tarde, cuando me enamoré de cómo Robert Redford le lavaba la cabeza a Meryl Streep en *Memorias de África*. Mis ensoñaciones, en todo caso, duraban poco, porque en seguida me despertaban las conversaciones que se entrecruzaban en el local. Yo, para disimular y que no se notara demasiado que estaba pendiente de todas ellas, cogía una revista de las que había sobre la mesa de la entrada, en las que también empecé a conocer un mundo de fantasía (aunque esa es otra historia), y me ocultaba detrás de ella, tal como había visto alguna vez hacer a un detective privado en una serie de televisión.

Aunque de fondo estaba puesta una emisora de radio local, la música apenas se oía porque las mujeres que coincidían al mismo tiempo en un espacio que no era muy grande no dejaban de hablar, en grupos de dos, de tres, o a veces todas en una misma conversación. A mí me costaba trabajo seguirlas, sobre todo porque desconocía a la mayoría de los individuos a quienes se referían. Porque allí no se hablaba de acontecimientos, sino sobre todo de personas, de líos familiares, de la boda a la que iba una de las clientas, de la que se celebró en el pueblo la semana anterior, de los planes de vacaciones de quien allí podía permitírselo, del último noviazgo frustrado o de los líos del alcalde que, a parecer, estaba hecho un prenda. Debo reconocer que mi madre era de las que menos participaban en este tipo de conversaciones. Sólo lo hacía cuando alguien le preguntaba de manera directa. Nunca fue mujer de cotilleos. Aunque siempre que iba a la peluquería se llevaba en el bolso la novela que estaba leyendo, allí era imposible concentrarse en la lectura, así que optaba por hojear el Hola o el Semana, y de vez en cuando, sólo de vez en cuando, seguir la charla que tenía la de al lado. A mí me gustaba, sin que ella se diera cuenta, mirarla cuando se sentaba frente al espejo y la peluquera le iba domando el pelo tan rizado que tenía. Así, sin maquillar, con los ojos muy brillantes, mi madre se daba un aire a Conchita Velasco. Sin lunar.

Ahora que lo pienso puede que en esas peluquerías de mi infancia empezara a darme cuenta de que las fronteras entre la vida y la literatura son leves o, mejor, inexistentes. Aunque no llevara libreta, en aquellas mañanas de sábado, porque casi siempre eran sábados, empecé la tarea de ir anotando personajes, historias y deseos. En espacios como el de la peluquería de mi pueblo fui descubriendo en qué consiste el arte de narrar y de qué manera tan distinta nos contábamos los hombres y las mujeres. Lo fui descubriendo cuando me sentía cada vez más incómodo en los lugares a los que mi padre me pedía que le acompañara.

Cuando fui creciendo, pasé por otras muchas peluquerías, de caballeros y luego, cuando ya era un adolescente, unisex, que es en lo que prácticamente acabaron convirtiéndose todas en aquellos años 80 en que hasta mi pueblo parecía abrirse a otras experiencias. A medida que fui cumpliendo años, y que las peluquerías a las que iba se volvían más sofisticadas, las conversaciones fueron desapareciendo, o dejaron de parecerse a las que yo recordaba de niño. Se imponía una música de fondo que acaba imposibilitando la comunicación y los y las profesionales de la tijera parecían adiestrados para ser educados pero distantes. Aunque en ocasiones agradecía ese anonimato, la mayoría de las veces echaba de menos la peluquería de mi pueblo que tanto se parecía a la de *Magnolias de acero*.

Cuando ya había perdido toda esperanza de recuperar un espacio que de alguna manera me reconciliara con ese recuerdo, y sobre todo muy harto de grandes superficies con luces que me deslumbraban y con chicos y chicas pluscuamperfectos que me recordaban más a un sanitario que a un peluquero, muy cerca de mi casa pude reconciliarme con las tijeras y con ese indescriptible olor que ahora me parecía menos dulzón que como yo lo recordaba. Tengo la gran suerte de vivir en una zona de Córdoba que, pese a no estar distante del centro, ni tampoco de las calles que invaden los turistas, todavía conserva ese aire de barrio en el que es posible reconocer al vecindario, ir a una tienda pequeñita para comprar eso que sabes que solo encontrarás allí, pararte a la salida de la frutería con el amigo que existe más allá de Facebook o mirar con curiosidad, a la puerta de la iglesia, quién se casa, de quién es el entierro o qué Virgen sale en procesión. En este trocito que yo vivo es posible aún reconocer los olores de los guisos que salen por las ventanas, se escucha de vez en cuando el silbato de un afilador o es posible constatar cómo las mujeres, habitualmente mujeres, con la bolsa de la compra, son las que realmente controlan las situaciones. Por mucho que sus maridos, sus padres o sus novios crean que son los reyes de la casa.

En este barrio, en el que también parece en ocasiones haber un tiempo que poco tiene que ver con el que mueve los relojes un par de calles más arriba, abrió hace un par de años una barbería. Prácticamente todos los días pasaba por su puerta. Fui comprobando cómo poco a poco fue llenándose de clientes. Justo coincidió con la época en que volvió a ponerse de moda tener barba y en la que los hombres pareciera que descubrimos una parte de nosotros a la que cuidar y atender como si tuviera vida propia. Yo mismo, después de mucho tiempo dándole vueltas, caí en la moda y, tras un verano de dejadez, volví a Córdoba necesitado de ayuda. A pesar de tener una barba muy cerrada, y de la incomodidad que me generaba afeitarme cada día para quedarme como a medio rasurar, siempre me había resistido a ver mi cara cubierta de pelo. Supongo que la mirada censora de mi madre, a quien nunca le gustaron las barbas, pesaba mucho. Ay, ese juicio de mi madre como una soga que parece un lazo.

Recuerdo que el primer día que entré en la barbería de mi barrio, después de un mes de agosto en el que había decidido no mirarme en el espejo, estaba nervioso y confundido. Realmente no sabía muy bien si quería tener barba o no, de qué tamaño, si aquello se iba a convertir en una rutina insoportable, incluso peor que afeitarse. Menos mal que Juan, el hombre que desde aquel día se convirtió en uno de esos cuidadores sin los que yo no podría pasar, hizo que inmediatamente desaparecieran mis miedos y hasta mis dudas. Me trató con tanta ternura, y además sin atisbo de esa falsa simpatía que a veces derrochan quienes trabajan en un negocio abierto al público, que no me atreví a decir que no a casi nada de lo que me propuso. Aunque no soy dado a generar mucha confianza de manera inmediata, fue lo suficientemente hábil como para que me sintiera a gusto, sin ningún tipo de avasallamiento por su parte, y para que, en aquel sillón, con vistas al barrio en el que ya llevo tres décadas viviendo, me relajara y me sintiera como en la lejana peluquería de mi pueblo.

Como ahora la conexión a través de las redes nos facilita en muchos casos el conocimiento más exhaustivo de cualquier persona, mi barbero y yo apenas tuvimos que hablar de muchas cosas que ambos fuimos descubriendo, el uno del otro, a través de Facebook o Instagram. De alguna manera, nuestras conversaciones no acababan cuando él finalizaba su trabajo, sino que seguían virtualmente y, un par de semanas después, tenían su continuidad en aquella esquina de mi barrio. En un espacio tan masculino, donde siempre suena música "muy de hombres" y cuya estética obedece a la de un lugar en el que a cualquier varón le resultaría fácil reconocerse, las conversaciones, sin embargo, poco tenían que ver con las se podían esperar, las que yo mismo podía esperar, en un contexto de tipos barbados, tatuados con frecuencia y aparentemente tan lejanos de lo que podría ser una masculinidad alternativa. Pronto fui escapando de mis propios prejuicios y empecé a darme cuenta de que allí también entraban niños, adolescentes algo perdidos, hombres a punto de casarse, divorciados sin rumbo, mayores sin reparos en lucir su blanca cabellera o padres con más dudas que respuestas.

Nunca habría imaginado que en un espacio que, desde afuera, podría recordarnos al de una película de Clint Eastwood, las conversaciones serían sobre el 8M, el feminismo o las series de televisión en las que, al fin, las mujeres no aparecían como meras comparsas. Podría parecer hasta contradictorio que un lugar dedicado a perfilar estéticamente al hombre más hombre o no, porque a estas alturas hasta esto he dejado de tenerlo claro, el ambiente esté lleno de conceptos que chocan con el olor de Floid o que vienen a romper en mil pedazos el botellín de cerveza que un cowboy, el puto Jack Twist, por ejemplo, bebe en el mostrador mientras espera su turno.

Así que llevo ya varios años, no sé si muy convencido todavía de la barba que me acompaña, pero sí feliz de entrar cada dos semanas en un espacio donde Juan, ese hombre también disidente, me pidió que dejara junto a las revistas y periódicos un ejemplar de mi libro *El hombre que no deberíamos ser*. Yo lo dediqué a los clientes que tuvieran la curiosidad de leerlo y, a ser posible, ponerlo en práctica. Me alegra saber que el librito anda de mano en mano, en las mesillas de noche de hombres hechos y derechos, y en la mochila de algún jovencito al que Juan le corta el pelo como a una estrella del rap. Todo ello mientras mi barbero, padre amoroso de un niño y una niña, y al que le gusta tanto la Navidad como a mí un dulce de crema, me recuerda que la revolución empieza por entender que las manos de un hombre en tu cabeza pueden ser cuidadoras.

"¿No has echado de menos a ningún personaje en la segunda temporada de *Sex Education*?", me pregunta Juan mientras me acaricia los pómulos. Yo me veo en el espejo que tengo en frente con la cara entre pensativa y juguetona, como en esos momentos que, cuando hablaba con mi hijo pequeño, aunque supiera una respuesta me la callaba para darle a él protagonismo. Pero en este caso, debo confesar que yo no había echado de menos a ningún personaje y no sabía a quién se refería el hombre que mejor acaricia mis pómulos. Juan para por un momento su trabajo y me mira con esos ojos pequeños pero inquietos que tiene, como si estuviera a punto de echarme una regañina, pero de las dulces: "Jo, nadie ha echado de menos al padre del negrito… Ese hombre que sufre una evolución tan fantástica y que acaba reconociendo al hijo tal y como es…".

PABLO, I

"Me aburro, tío, me aburro de estar una semana y otra con la misma rutina. Tú te lo has montado muy bien, porque no paras de viajar, de tener vidilla fuera, pero yo estoy encerrado en este día a día". Me lo dice con ese rostro, al que ya le tengo bien cogido el punto, que está a medias entre el niño bueno que pide excusas por haber roto un plato y el cínico que cree, sólo a medias, que el auditorio no es consciente de su doble juego. Su físico ha ido convirtiéndose con el tiempo en una especie de coraza, aparentemente bonachona, con la que se presenta ante el público. Por más que haya ido al gimnasio, que haya tenido incluso un entrenador personal, su barriga no ha dejado de crecer. Ese cinturón de grasa, que es ya como una marca de la casa, delata que no es un jovencito y sus ojos, a pesar de alguna actitud con la que pretende demostrar que los años son cuestión de talante, demuestran lo mucho que ha comido, bebido y follado. Aunque en ocasiones trata de escapar del protocolo, y vuelve a los vaqueros, y a las camisas por fuera, como realmente parece sentirse cómodo es con su traje azul oscuro y con una corbata. En aquellos años en los que tuvimos una amistad más estrecha, recuerdo haberle regalado alguna, de las que a mí me gustan, con colores, con flores, con dibujitos. Una horterada, pensaría su mujer; o mejor aún, una mariconada. Hoy, sentado tras la mesa de su despacho, con el nudo de la corbata casi deshecho, una de esas corbatas que parecen las que llevan los vendedores de El Corte Inglés, lo descubro más acelerado que en las últimas ocasiones, en las que me dio la sensación de que estaba a punto de tirar la toalla. De darse, al fin, por fracasado.

Trató durante un tiempo de dar una imagen de hombre aburguesado pero progresista, sibarita pero constructor de discursos que, en algún momento, llegó a comprarle la izquierda más cauta. No en vano llegó a estar en una candidatura, en el peor momento de un partido en el que él siempre estuvo como quien no quiere la cosa, aunque eso sí, muy pegadito al poder. Redactó informes a las órdenes de las instituciones, tuvo carné, lo rompió, volvió con el aura un tanto hipócrita de los independientes y, lamentablemente, se situó en la fotografía justo cuando no debió salir. Supongo que al resto de los mortales podía llegar a engañarlos con su doble juego. A mí no. Y él lo sabe. Justamente eso ha hecho que su relación conmigo siempre haya sido (in)tensa. Una especie de amor-odio nos tiene inevitablemente unidos, como a los matrimonios del Derecho Canónico de antes. Y como buena esposa, porque yo en todo caso habría asumido el papel de la señora. Conozco bien sus debilidades: le he escuchado roncar por las noches, he descubierto secretos inconfesables en su correo y hasta he sido paño de lágrimas en sus momentos de masculinidad herida. Incluso una noche, de esas en que él acababa muy alegre, estuvimos a punto de hacernos una paja juntos. A mí no me engaña. Aunque a veces pienso que él cree que lo hace. Supongo que eso de verse en mí como si fuera un espejo que lo devuelve no sé si más pequeño, pero como mínimo del tamaño que realmente es, no debe ser un plato de buen gusto. Por eso me quiere y me odia. Ni siquiera estoy seguro de si llegado el caso sería capaz de ponerme alguna zancadilla, si no me la ha puesto ya sin yo saberlo.

Estuve en su boda, asistí a los partos, bautizos y comuniones de sus hijos. Fui parte de sus ceremonias hasta que la tensión entre nosotros se tradujo en una progresiva distancia que nos mantiene alerta. Conozco al dedillo sus vicios y virtudes, casi como si hubiera sido un novio mío. O mejor, porque he conseguido una distancia emocional que no sé si de haber habido pasiones de por medio habría sido capaz de mantenerla. Hemos hecho viajes juntos, hemos asistido a congresos, hemos bailado en fiestas de aquellos años en que el dinero público parecía salir de una fuente en mitad de la plaza del pueblo. Sus fotos de familia fueron siempre pluscuamperfectas. Descendientes de todos los sexos, una mujer fiel y complicada (como dios manda), una casa con piscina de esas que no llegan a los mínimos de una portada del *Hola*, pero que para ciudad de provincias no está mal. Casi nadie recuerda su primera boda, a la que también asistí. Es como si esa parte de su vida, para mí sin duda la mejor, se hubiera borrado del disco duro y no quedara ni un disquete de esos en los que guardábamos antes las copias de nuestros archivos. Aquella boda, en la que éramos en todos los sentidos unos becarios, fue una celebración discreta, sin grandes excesos. Así era el vestido de la novia: casi como un hábito de monja apenas adornado con una flor. Ella, que era una de esas mujeres que parecen maquilladas siempre por la luz del sol, era un ser intrépido, enérgico, mucho más valiente que él. De esas señoras que pisan fuerte y a la que por tanto muchos veían con cierto reparo. Ella, a diferencia de lo que ya entonces le pasaba a él, sí que era capaz de situarse fuera de las cosas, analizarlo todo con precisión y ser crítica con todo aquello que le molestaba, que le parecía injusto o que no se acomodaba a su manera de vivir. No he olvidado el primer pisito en el que vivieron. Tan pequeño y tan ellos. Como mínimo, tan ella. Con láminas de muchos colores en las paredes, con cerámicas de aquí y de allá, con aquellas telas marroquíes sobre el sofá. Lo que no entiendo es por qué no logro recordar el nombre de ella, de su primera mujer, a la que siempre recuerdo en vaqueros y con el pelo húmedo, como si estuviera recién salida de la ducha. Y cantando. Siempre cantaba. Ahora me la imagino viviendo en un pueblecito de la sierra, en una casa sin paredes y con muchos animales a los que cuidar.

Él me cuenta ahora que está pensando en presentarse a las próximas elecciones, dentro de un par de años. Que se siente asfixiado por la rutina y que, además, me confiesa, se ha acostumbrado ya un determinado nivel de vida que necesita sumarle a su sueldo todo lo que pueda. Su mujer también trabaja y tiene un buen puesto en una Dirección General, a la que todos suponemos que accedió gracias a los hilos que siempre movió su marido, pero él no ha logrado desprenderse de esa máscara de proveedor principal que permanentemente le asoma tras las orejas. Como si la tuviera atada con unas gomillas transparentes y echada hacia atrás. A ese papel ha sumado en los últimos años el de papá pluscuamperfecto. Se ha dado cuenta de que ahora empieza también a cotizar en lo público aparecer como un padre presente. "Ya sabes a cuántas cosas he renunciado por estar pendiente de mis hijos. Pero ahora necesito más tiempo para mí. Me estoy volviendo loco, como si estuviera en una jaula. Necesito un chute de emoción". Cuando me dice cosas así se queda tan tranquilo, como si yo fuera un recién llegado capaz de tragarse todas sus trolas. Esta vez lo ha hecho adelantándose sobre su mesa desordenada, como quien parece querer engullir al adversario. No tiene la chaqueta puesta, está en mangas de camisa, como un chaval que estuviera en el departamento haciendo fotocopias y méritos. Su calva le brilla y parece que lo hace más cada vez que me cuenta una de sus mentiras. El pliegue que se le forma sobre los cejas me avisa de cuándo acelera y está a punto de derrapar.

Durante unos años estuvo muy obsesionado con la pérdida de pelo. Cuando todavía no estaban de moda los viajes a Turquía, intentó hacerse un implante que resultó un fracaso. El poco pelo que le consiguió agarrar se le cayó al poco tiempo. De manera insistente, casi enfermiza diría yo, se fijaba siempre en el pelazo que tenían otros de su edad y hasta mayores. No sé si en algún momento tuvo problemas de erección, nunca me lo confesó, pero yo creo que lo del pelo era para él algo similar a lo que muchos varones sienten con sus penes flácidos. Por supuesto se echó ampollas de todos los colores, le hicieron masajes gurús orientales y no dudó en tomarse cualquier pastilla que veía anunciada en los dominicales. Afortunadamente esa presión se le fue pasando y llegó un momento en que asumió su calva. Se dejó barba, tal vez para compensar el pelo que le faltaba arriba, y hasta empezó a bromear sobre ello. Algún comentario que le escuché entonces me llevó a pensar que incluso había asumido que su cráneo liso se correspondía con una potencia sexual que para él siempre había sido tan importante. Hacer un recuento aquí de las aventuras que tuvo en los años en que yo seguía muy de cerca sus pasos requeriría todo un culebrón. Ojalá la esposa sufriente, que acababa enterándose de la mayoría, fuera capaz de escribir ese relato. Lo que no tengo claro es si el número de infidelidades, de polvos apresurados en cualquier lugar, incluido el baño del AVE, creció cuando él asumió con tranquilidad que lo de ser calvo era un plus. Y que su erótica, en todo caso, residía en otro sitio. Un día me enseñó su polla y trató de convencerme de que el tamaño no importa. Nunca llegó a confesarme que tomara viagra ni tampoco si llegó a depilarse los huevos.

"Mis hijos ya no son tan pequeños. Carmen tiene un puesto muy cómodo para ocuparse de ellos. Yo creo que es el momento de que dé ese salto, porque los años se pasan y no creo que tenga muchas más oportunidades". Lo escucho contarme la película. Lo hace con el convencimiento de quién le ha dado muchas vueltas y no encuentra argumentos en contra. No sé si me lo echa a la cara para que yo haga de rebote y le plantee alguna quiebra. De cualquier manera, hace tiempo que decidí no ser con él explícito en mis posiciones. O sea, reproducir lo que él siempre ha hecho: nadar y guardar la ropa. Intento poner ojitos tiernos, entre asombrados y comprensivos, y le suelto cualquier obviedad. Me siento Coelho por unos minutos. Un par de frases hechas siempre quedan bien cuando el otro no espera una respuesta sino la confirmación de lo que él aparentemente te ha lanzado como pregunta. Pongo una excusa tonta para salir huyendo. Me levanto de la silla como el alumno que, al fin, ha terminado el examen oral y piensa que como mínimo estará aprobado. Coloco bien las mangas de mi jersey amarillo y miro el reloj como lo haría un actor sobre un escenario. Me despido con cierta frialdad. Lo dejo frente al ordenador, rodeado de expedientes, de actas, de carpetas de reuniones que sólo él sabe si atienden al orden del día. Al lado de la pantalla una foto de familia: los hijos muy pequeños y Carmen con el pelo muy largo y negro, como lo tenía cuando bailaba sevillanas en la feria como si le fuera la vida en ello. Suena el móvil cuando apenas ha empezado a hablar por el fijo. Cierro la puerta y salgo al pasillo con cierto agobio. Como cuando me siento rodeado por una multitud que me lleva hacia la dirección que yo no he elegido. Respiro. Sonrío. Me toco la cintura y detecto un michelín que antes no tenía. Ay, los pasteles.

HOMBRES DEPILADOS

Mi hijo me envía una foto que se ha hecho cuando está dispuesto a que por primera vez le depilen con cera las piernas. Tumbado en una camilla, en uno de esos lugares en los que huele más a farmacia que a perfumería. Supongo que la subirá luego a Instagram y esperará ansioso los likes. Ojalá yo con esa edad me hubiera sentido tan libre para hacerme la cera y quitarme todos los pelos que me hacían sentirme incómodo cuando iba en bañador o en pantalón corto. En aquellos años era impensable que un hombre pasara por esos sacrificios, o en todo caso era excepcional. Me puedo imaginar lo que mis compañeros de clase habrían opinado si un día hubiera aparecido en las clases de gimnasia con las piernas depiladas. Por supuesto tampoco se me ocurrió planteárselo a mi madre ni mucho menos a mi padre. Imagino su cara si me hubiera visto en el cuarto de baño quitándome pelos con una maquinilla. Aunque es cierto que poco tiempo después mi hermano sí que lo hizo: él lo justificaba con razones deportivas. Había en ese caso como un argumento que servía a un fin, que además tenía que ver con el anhelo de un podio. En el caso de mi hermano, su depilación estaba destinada a ofrecerle mayores posibilidades de triunfo en una competición que, ganada, le daría gloria y aumentaría su estatus. Copas, medallas, diplomas. Yo, que entonces era más bien gordito y poca cosa, y que incluso suspendía la asignatura de Educación Física, donde era literalmente maltratado por un ogro fascista que incluso me hacía vomitar con sus vejaciones, no encontraba ninguna razón que pudiera dar sentido a mis deseos de no ser tan oso como entonces era. De la misma manera que trataba de buscar razones que avalaran mis gustos por los colores prohibidos o por determinadas ropas que no encajaban en lo que se esperaba de un chico. Supongo que fui, sin saberlo, o sin querer saber, eso que Alberto Mira llama un niño queer, aunque debo confesar que, aunque leí hace años todos y cada uno de los libros de Terenci Moix no tengo claro lo que significa la etiqueta.

A los pocos días de recibir la foto de mi hijo, soy yo el que se tumba en una camilla para que una chica simpática, pizpireta diría algún cronista cordobés, me deje parte del cuerpo liso y sin un pelo. Me coloco las gafas, me pongo los auriculares en los oídos y trato de relajarme, aunque al principio esté tan tenso como si acabara de entrar en un quirófano. Voy sintiendo las leves punzadas de calor en las piernas, en los glúteos, en el dedo gordo del pie. Donde más me molesta es en la rodilla y en la parte más interna de los muslos. Pero es un dolor distinto. Mientras que el primero es como un rasguño, el segundo es como si acercara la piel al filo de una olla hirviendo. Cuando me repasa la parte más tierna del ano, es como si un mordisco me arrancara un pequeñito trozo de piel y carne. Siento cómo los dedos de mis pies se encogen con cada sacudida. Mi hombría electrocutada. Como aquella madrugada de diciembre que Rafa, un amante de sólo una noche, también hizo que los dedos de mis pies parecieran conectados a mi culo.

Siento escalofríos cuando la chica me llena la piel de una crema fría y peguntosa. Son como caricias que preceden al sacrificio. "Ya que estás deberías hacerte el tórax y los brazos. Vas a quedarte con esas partes llenas de pelo. Piénsatelo". Tumbado en la camilla prefiero no pensar. El sonido de la máquina, y la música hortera que se oye de fondo, a pesar de que he intentado aislarme con los auriculares, me provocan una cierta modorra. Siempre me relajo cuando me tocan, y he descubierto que incluso cuando lo que me toca no es una caricia. Los pinchazos de calor que siento, como si fueran eso que mi madre llamaba pellizcos de monja, hacen que pierda el sentido del tiempo. Abro un paréntesis. Como si estuviera en una cápsula especial, ridículamente vestido con un tanga desechable y dejando mi cuerpo en manos de la mujer que procura que nada de lo que va haciendo me duela. Me molesta que con tanta insistencia esté pendiente de mí. "¿Todo bien? ¿Te ha dolido? Ya queda menos". He echado en falta que al final de esa frase me llame campeón. La chica jovencita que tiene el pelo muy rizado y la cara rellenita recoge los restos con la pulcritud de una perfecta profesional y no deja de sonreír. No sé por qué hoy me ha recordado a una de esas mujeres tan luminosas que conocí en Colombia. Me pide que con mis manos abra bien el culo para que no quede ni un pelo. Veo la cara de mi padre, como si estuviera agazapado bajo la camilla, donde he dejado mis vaqueros y la camiseta. El niño rarito se ha convertido en un mariconazo.

Aún no ha llegado al extremo de hacerme una foto para subirla al Instagram. Pero todo se andará. Me he dado cuenta de que son ese tipo de instantáneas las que gustan más y provocan que suban tus (per)seguidores. Mi relajación llega al límite cuando la chica, que no ha perdido la sonrisa ni un instante (tiene sin duda un diploma en la ley del agrado), me acaricia todo el cuerpo con una crema que no está tan fría como la anterior y que tiene un olor que no consigo definir. Desde mi posición horizontal trato de mirar mis piernas y me parecen raras así, tan lisas, tan de niño pequeño, delgadas y morenas, sin un pelo. Piernas de ciclista, que diría mi hermano. O del atleta que nunca fui. Cuando pago la sesión con mi tarjeta de crédito, es como si sellara un pasaporte. El problema es que no sé muy bien hacia dónde. Supongo que he cumplido con el ritual, con una especie de venganza que llevaba décadas persiguiéndome, con el corte de mangas que de forma tan cobarde le he hecho a todo lo que me habitó.

Cuando vuelvo andando a casa, sintiendo cómo los vaqueros acarician de manera distinta mis piernas, me debato entre el arrepentimiento y la tranquilidad que me da saber que hasta dentro de tres meses no volveré a sentir ni la crema fría ni las punzadas. No tengo claro que mi vientre sin pelo sea más apetecible. A mí me gustó siempre el pelo, pero en los demás. Cuando me ducho para quitarme los restos de crema, y porque tengo la necesidad de sentir que la piel se refresca con el agua, me cuesta reconocerme en el cuerpo impoluto que se me ha quedado. Un rostro de hombre maduro con un cuerpo que pretende ser el de un adolescente. Sobran algo de michelín, las tetas algo caídas y la calva que no se ve tanto de frente. Soy un hombre nuevo necesitado de manos que toquen sus muslos suaves. La revolución de los hombres sin vello frente a las mujeres que reivindican la belleza de sus pelos. Siempre vamos en direcciones contrarias, aunque me temo que nosotros, para variar, seguimos yendo por una autopista y ellas por carreteras secundarias. Es lo que pasa por tener huevos, por echarle huevos, incluso cuando se trata de convertirlos en acariciables bolas recubiertas de piel con olor a aloe vera que, de no ser por la censura, triunfarían en Instagram.

INSTAGRAMERS

Mientras mi abuela y mi madre terminaban de recoger los platos de la cena, y mi hermano y yo nos limpiábamos los dientes, mi padre lo preparaba todo en el llanete que había justo delante de la entrada del cortijo en el que pasábamos los veranos. Dentro de la casa se apagaban todas las luces, una vez que la cocina estaba bien limpia y que mi madre se había encargado de echar insecticida en las habitaciones para que luego, cuando nos acostáramos, no nos atacaran los mosquitos. Ese es uno de los olores que más me recuerdan al verano: el de ese líquido que flotaba unos minutos en el aire y luego se iba depositando sobre las sábanas y sobre las paredes. A mí casi nunca me picaban los mosquitos, tampoco ahora lo hacen, pero a mi hermano sí. Ni siquiera la malla colocada en la ventana lo libraba de amanecer muchos días con el cuerpo lleno de ronchas. A él siempre le atacaban mucho más fuerte que a mí no sólo los insectos sino también las enfermedades. Cuando ambos pasamos el sarampión, su cuerpo fue un campo de batalla y el mío casi no se dio cuenta. Lo mismo pasó con la varicela y con las paperas. Todavía hoy él sigue siendo el objetivo preferido de todos los virus y enfermedades raras. Como si de pequeño alguien le hubiera echado mal de ojo y no hubiera habido santón capaz de liberarlo.

Acababa de hacerse de noche y el silencio era dulce. Esta es una de las sensaciones que mejor recuerdo de aquellos veranos, el silencio de las noches, en el que aprendí a distinguir el canto de los pájaros que estaban despiertos o el rumor de animalillos que no dejaban de moverse. No, no era un silencio realmente, sino más bien una banda sonora mínima, a media voz, como si a lo lejos hubiera un músico tocando un instrumento que no sabía identificar y que dejaba en el aire notas raras. Creo que nunca más he vuelto a escuchar un silencio parecido, ni a ver un cielo tan limpio. Allí es donde aprendí a perderle el miedo a las noches solitarias. También fue allí donde empecé a escribir. Y a masturbarme.

La pared encalada hacía las veces de pantalla gigante. Mi padre colocaba el proyector sobre la misma mesa en la que habíamos cenado, y en la que por la mañana hacíamos tareas durante un par de horas, para que no se nos olvidara lo estudiado durante el curso. Mi padre nos preparaba todos los días una página de problemas y operaciones matemáticas, también completábamos cuadernos de ortografía y recuerdo que un verano aprendí por mi cuenta a escribir a máquina. Lo hice con una máquina enorme, metálica, muy pesada, en la que colocaba una cinta que permitía escribir en azul o en rojo. Aquello me parecía un milagro. Me hice con un viejo manual que tenía mi padre de cuando él había asistido a una academia del pueblo, allá por finales de los 50, y sin apenas indicaciones, seguí todas las instrucciones y repetí cada día signos, palabras, más tarde algunas frases. Sobre una de las silla viejas que mi abuelo carpintero arreglaba para que durasen un verano más iba colocando los folios escritos. Para mí eran como un tesoro. Era como jugar a manejar lo que, todavía sin saberlo, se acabaría convirtiendo en uno de los sostenes de mi vida. Para ahorrar papel, los folios los escribía por delante y por detrás, de tal manera que cuando los mirabas parecían cubiertos por una especie de jeroglífico continuo. Una novela escrita en una lengua desconocida. El ruido de las teclas cuando las presionaba para que dejaran su marca en el papel es de esos sonidos que me acompañan todavía, como la banda sonora del cielo nocturno de mis veranos, un martilleo suave que siempre me advierte que, como bien decía María Zambrano, el corazón es el centro porque es el único órgano del cuerpo que tiene un sonido. Tardaría un tiempo todavía en encontrar el vínculo entre las teclas de la máquina, mi corazón y lo que yo imaginaba escribir. Y más todavía en descubrir quién era la Zambrano.

Mi padre preparaba las diapositivas lentamente, con esa minuciosidad con la que siempre afrontaba las tareas manuales, quizás para suplir la torpeza que siempre tuvo, a diferencia de mi madre que siempre ha sido una maga con todo lo que suponga usar las manos. Ella siempre me ayudaba con los trabajos manuales que tenía que llevar al colegio y arreglaba cualquier entuerto que yo hubiera provocado con las tijeras o los rotuladores. Los dos eran y son, eso sí, igual de ordenados, aunque cada uno a su manera, y creo que yo soy el resultado un tanto raro de esa mezcla. En ocasiones, me reconozco mucho más en mi madre, y en su lógica más libre, menos sujeta a reglas. Otras, sin embargo, me veo reproduciendo los apuntes que mi padre dictaba en clase. Él parecía siempre obedecer a una especie de fórmula matemática, algo que sólo empezaría a abandonar cuando se jubiló y dejó de mancharse los dedos con tiza, en un proceso en el que convertirse en abuelo le provocó dejarse llevar por esas olas que antes se había limitado a mirar desde la orilla, a una distancia prudente, para que nunca le salpicaran.

Con ese rigor casi matemático que aplicaba a sus acciones, mi padre buscaba cada noche las diapositivas en los álbumes azules donde las tenía perfectamente ordenadas por fechas y acontecimientos. Una especie de índice nos permitía encontrar el primer cumpleaños, el viaje a Barcelona, donde entonces vivían mis abuelos maternos, o la feria de nuestro pueblo. Aunque mi hermano y yo intentábamos siempre entrometernos en su tarea, mi padre siempre nos echaba a un lado, ponía orden enseguida, como si estuviera en una de sus clases. Cuando ya lo tenía todo bien montado, daba el aviso con su voz fuerte de maestro. Su voz allí, casi en mitad del campo, parecía una de esas que se escuchan en los teatros antes de empezar la función. "Venga, esto ya está preparado. Apago la luz y empezamos. Sentaos de una vez". Cada uno cogía su silla de anea y se sentaba donde podía. Mi hermano y yo lo hacíamos en primera fila, muy cerquita de la pared blanca. "Pero retiraos un poco, tan cerca no lo veréis bien". Los dos estábamos ya con el pijama puesto, duchados y muy bien peinados, como si estuviéramos preparados para salir a dar un paseo. Era mi madre, por supuesto, la que nos hacía aquellos pijamas con telas de algodón, muy fresquitas, de pantalón corto y botones blancos muy grandes. Mi hermano tenía entonces el pelo muy rubio, casi blanco, y largo. Yo siempre envidié ese pelo, sobre todo cuando en el espejo miraba el mío tan negro y rizado. En verano, además, me ponía muy moreno y parecía un niño venido del sur que estaba más abajo del nuestro. Un morito, decía mi abuela.

Cuando mi padre nos hacía esta advertencia, nos retirábamos apenas unos centímetros. Mi madre solía sentarse al lado de mi padre, mi abuelo algo más lejos y mi abuela de medio lado, pegando a la puerta del cortijo, por si de repente tenía que levantarse para coger un vaso de agua o por alguna cosa que le pidiera mi abuelo. Ella siempre estaba vestida con una especie de bata amplia, de color oscuro, y con su pelo grisáceo, ya escaso, recogido en un moño bajo, que nunca se deshacía pese a su aparente fragilidad. Ahora que lo pienso casi nunca la vi con alguna joya encima, ni con collares, ni pulseras. Solo una medalla y algún broche que se ponía en la solapa cuando iba a alguna celebración. Ni siquiera cuando se arreglaba para algún evento familiar hacía ostentación de nada. Siempre tan discreta, sin querer llamar la atención, con vestidos lisos y zapatos sin apenas tacón. Cada año que pasaba la veía más pequeñita, y eso que había sido una mujer alta, grande, al menos así la veía yo en las pocas fotos que ella guardaba sin darles mucha importancia. A mi abuelo siempre lo recuerdo con unos pantalones muy anchos y una camisa que en verano se la dejaba siempre abierta para estar más fresquito. A su lado siempre tenía un botijo, uno sólo para él, del que bebía todo el día. Yo nunca supe beber bien de los botijos y cada vez que lo hacía me ponía perdido. Alguna vez el gato que solía andar por la casa medio salvaje se colocaba a nuestro lado, apoyado en sus piernas traseras y parecía también mirar la pantalla con interés. Eso hasta que mi hermano lo asustaba con uno de sus gritos y escapaba atemorizado, buscando refugio en la oscuridad cercana desde la que luego, lentamente, iba acercándose, con sus ojos haciendo de linternas.

Cada noche la sesión respondía a una temática, aunque a decir verdad la mayoría de las fotografías no eran más que capítulos de nuestra infancia. Mi hermano y yo nos reíamos al vernos tan pequeños, o cuando al hilo de alguna foto, mi madre recordaba alguna anécdota. En aquellos años yo todavía no tenía la sensación tan honda del paso del tiempo. Aunque estuviéramos viendo imágenes de hacía dos, tres o hasta cinco años, nos parecían muy cercanas, hechas antes de ayer, o en el curso previo, como si todo fuera un presente prolongado. Además, en aquellos veranos de campo y estanque, el tiempo siempre parecía detenido. Sólo nos dábamos cuenta de su ritmo cuando a finales de agosto mi madre y mi abuela empezaban a recoger para volver al pueblo. Pero como tras ese final siempre nos quedaba la feria de septiembre era como si no hubiese todavía un fin del verano.

"Mira, esas camisas os la hice yo para la semana santa de aquel año. Estabais muy guapos los dos vestidos iguales". Mi madre siempre parecía ubicarse en el tiempo gracias a la ropa que llevábamos y que habitualmente ella nos había cosido. Se ponía a ver las diapositivas con su camisón ligeramente estampado de flores y con el pelo lleno de pinzas con las que dormía, me imagino que muy incómoda, y con las que procuraba que el pelo se le mantuviera medio bien peinado. Algo que era casi imposible en verano, con el calor, porque ella tiene el pelo rizado como yo y enseguida empezaban a hacérsele caracolillos. Me gustaba mirarla en aquellos días en que, lejos del pueblo, se volvía más descuidada, como si no le importara tanto la ropa conjuntada o el peinado impecable. Había algo salvaje, auténtico, en aquella madre de verano que luego no he vuelvo a recuperar.

Mi abuela solía permanecer en silencio. Siempre fue una mujer callada, salvo cuando había que decir cuatro verdades y ella, sin remilgo alguno, las soltaba con firmeza. Alguna vez, cuando nos veía más pequeños en la proyección, esbozaba una sonrisa. Era raro escucharla decir algún piropo, como esas abuelas que de tan exageradas dan hasta pudor escucharlas. Mi abuela Carmen nunca fue de excesos en la expresión de sus sentimientos, ni tampoco fue, afortunadamente, de esas mujeres besuconas que cuando era niño me cogían la cara y me la dejaban llena de marcas de carmín. Algo que me desagradaba muchísimo y que incluso me daba asco. Mi abuela refunfuñaba siempre que era ella la que aparecía en la pantalla. Nunca le gustó verse en las fotografías y decía que salía muy mal. En las reuniones familiares había que convencerla para que se sumara al grupo. De hecho, son muy pocas las fotos que conservo en las que esté con ella. Solo alguna en la que estamos toda la familia y en las que se le notaba de mal humor, como cuando a un niño se le obliga a saludar amable a un adulto que no soporta.

Mi abuelo sí que hacía algún comentario, de esos tan habituales en él y que uno no sabía si eran en serio o en broma. A él sí que le gustaba salir en las fotos. Siempre estaba dispuesto. Además, posaba para salir siempre favorecido, muy derecho, de medio perfil y con cara sonriente. Como en aquella foto de los años de la guerra, y que recuerdo vagamente, en la que, con su uniforme militar, de vencedor, claro, parecía un sucedáneo de Errol Flynn. Aquella imagen en blanco y negro siempre me pareció el fotograma de una película de esas que cuando yo era niño ponían los sábados por la tarde en la tele, justo antes de empezar el programa de los payasos. Mi abuelo paterno vivía con frecuencia en un mundo paralelo, en el que no dejaba de recitar versos y de caminar entre los olivos. Cada mañana muy temprano, antes incluso de que nos levantáramos y tomáramos el desayuno, él ya se había ido a hacer su ronda diaria en la que yo nunca supe bien qué era lo que hacía. Volvía cerca del mediodía, cuando pasaba delante del cortijo un tren en el que siempre había alguien que nos saludaba. Con frecuencia hablaba solo, como si se estuviera increpando a sí mismo o a un adversario imaginario. También cuando veíamos las diapositivas se les escuchaba a veces mantener un diálogo imposible de descifrar. Cuando en los últimos meses de su vida pareció perder la cordura, fue como si esos susurros se convirtieran en la regla y ya no fuera posible establecer ningún tipo de conversación coherente con él. Mucho antes de morirse, mi abuelo se había trasladado de manera definitiva a otro mundo. Con frecuencia pienso que él era el más feliz de la familia. Sólo los olivos y los álamos cercanos al arroyo sabían de sus secretos.

Mientras que mi madre se fijaba en los pequeños detalles, mi padre solía contarnos el trasfondo. El contexto de cada foto. Daba fechas precisas, hasta horarios en los que fueron tomadas, pero nunca solía recordar lo que pasó cuando nos bajamos del Seat 124 o de qué eran los bocatas que llevábamos. Mi madre sí que recordaba hasta la curva en que mi hermano vomitó porque de pequeño él siempre se mareaba. "Esas fotos las hicimos un sábado que fuimos con los abuelos al zoológico de Córdoba". A mí nunca me gustaron los zoológicos, así que cuando llegábamos a este capítulo yo apretaba con fuerza los ojos, como cuando veía en la tele algo que me daba miedo, con la intención de hacer presión en el universo para que mi padre pasara las diapositivas cuanto antes. A veces, sólo a veces, nos dejaba el mando con el que las ponía en movimiento. Todavía recuerdo el sonido tan peculiar que hacía la máquina al pasar de una diapositiva a otra, como una puerta que se abría, como un cajón que de repente descubriera sus secretos. Con un principio y un final. Ahora que lo pienso el sonido de la máquina de escribir y el del proyector eran muy similares, ambos como si fueran una danza metálica, los dos generadores de movimiento, contando historias con lenguajes diferentes. Lo más divertido era cuando mi padre se equivocaba a colocar alguna diapositiva, ya que había que encajarlas en el proyector en el sentido contrario al que debían verse, y mi hermano y yo nos veíamos en la pared boca abajo, con nuestras cabezas flotando y los pies apoyados en un suelo que se había convertido en techo. A mi madre las fotos que más le gustaban eran las de nuestros cumpleaños, con aquellas tartas siempre iguales, rebosantes de merengue, con una flores muy horteras alrededor del feliz cumpleaños escrito con caramelo, y las medianoches untadas con foie gras y mantequilla. Recuerdo el sabor del salchichón en las medianoches. La pechuga de pavo todavía no había llegado a mi vida. Mis tías y mis tíos con unas camisas de cuellos imposibles y unos horribles pantalones de campana, mis amigos y mis amigas del vecindario con esa cara algo sorprendida con la que solían salir en aquella época en la que solo se hacían fotos en los grandes momentos, la mesa grande del salón abierta como sólo se hacía dos o tres veces al año. Y botellas grandes, de dos litros, de refresco de cola.

Siempre que terminaba la sesión, mi hermano y yo pedíamos a gritos más, como en los conciertos cuando se pide un bis al cantante. Casi siempre mi padre nos hacía caso y preparaba una tanda más de fotos. Eso sí, para la medianoche todo estaba recogido. Era la hora límite que, para mis padres, acostumbrados siempre a acostarse muy temprano, era como un exceso sólo tolerable porque estábamos en vacaciones. Mi abuela, la más rápida, como si tuviera un resorte pegado al culo que automáticamente la impulsara hacia arriba, se levantaba y entraba su silla, como si tuviera prisa por acostarse. Decía un buenas noches muy bajito y desaparecía en su cuarto. La primera. Luego le seguía mi abuelo, que casi siempre se entretenía algo más comprobando que todo estuviera bien cerrado y rellenando su botijo para ponerlo a los pies de la cama. Una enorme cama con un colchón gigantesco que mi abuela llenaba con lana. Él y mi padre, los hombres de la casa, se encargaban de cerrar la gran puerta de madera, pintada de verde, que entonces a mí me parecía como la de una fortaleza. Por dentro, tenía una complicada cerradura que ni mi hermano ni yo podíamos manejar. Recuerdo que, siendo muy pequeño, cuando se cerraba esa puerta y nos metíamos en nuestra habitación, con las luces apagadas, y con los sonidos de la noche entrando por la ventana, sentía algo de miedo. Era como si estuviera encerrado en uno de esos castillos de los cuentos que leía. Por eso me ponía a hablar con mi hermano, hasta que él se dormía. Yo entonces metía la cabeza debajo de las sábanas, aunque hiciera calor, e intentaba pensar en cosas que me gustaban, tratando de no escuchar a los pájaros que, tan lúgubres, no dejaban la noche en paz. Creo que fue entonces cuando me acostumbré a dormir así, y todavía hoy lo hago, escondido y abrazado a la almohada. Como si temiera tener que mirar a los ojos al fantasma que a veces tiraba de mis pies.

En este largo agosto, en el que casi por arte de magia he conseguido estirar los días para que las horas me sepan a más, me he dado cuenta de que esa pared que servía de pantalla, esa sucesión de imágenes quietas, pero a las que el proyector les daba un cierto movimiento, esa necesidad de atrapar la vida y el tiempo, sigue viva, aunque con dimensiones mayores y hasta cierto punto descontroladas. Cuando muchas noches, antes de dormir, hago un repaso rápido de las fotos colgadas en Instagram, siento que los dedos que pulsan mi móvil son lo más parecido al viejo proyector de diapositivas de mi padre. Yo también siento la necesidad de mirar y de que me miren. Estoy solo y lleno de miedos. Le tengo miedo a la rapidez con que pasan los días. Por eso hago fotos y las subo a mis redes. Vanidoso y solitario. Aunque ya no haya medianoches que fotografiar, ni cuellos enormes de los que avergonzarse ni tartas con un merengue que siempre se quedaba en el filo de los platos de plástico.

Después de mi repaso diario de fotografías, con frecuencia de personas que sólo conozco a través de otras, o que han llegado a mí por algún interés común o porque despistado le di a la tecla de seguir, me meto bajo las sábanas, me tapo la cabeza y me pongo tapones en los oídos si hay demasiado ruido. Hay noches en que sigo sintiendo miedo, como cuando era pequeño, cuando estaba en el cortijo de mis abuelos. Y trato de pensar, para conciliar el sueño, en las cosas que me gustan. A veces el sueño me lleva a la puerta grande, de madera, pintada de verde, que hacía que me sintiera como prisionero en una fortaleza. Cauto y silencioso. El niño que en vez de hablar golpeaba con genio las teclas de la vieja máquina de escribir. Y descubro en la noche los ojos linterna del gato que mi hermano asustaba con sus gritos revoltosos.

NICO, II

Siempre que quedo con Nico puedo adivinar lo que me va a contar. Se ha convertido en un hombre previsible, al que tengo mucho cariño, pero para el que la vida parece no avanzar. Y mira que es un tipo inteligente, con inquietudes, curioso, pero no sé lo que le pasa con su propia vida. Es como si siempre estuviera fijado a la tierra, con unos pesados zapatos que le impidieran andar con brío, o a veces incluso empezar a hacerlo. Tiene, en teoría, todos los elementos para hacerse un futuro a medida, pero luego, en la práctica, no sé si la cobardía, la inseguridad o qué se yo le hacen detenerse, o ir a medio gas. Como un coche viejo al que, por bien que conserve el motor, es imposible poner a una velocidad excesiva. Es cierto que una puñetera historia de amor lo dejó bien tocado, y me da la impresión de que aún no se ha recuperado, pero de eso hace ya algunos años y creo que Nico se aferra a esa herida para no lanzarse a la aventura. No para de viajar, huye de la ciudad y busca cualquier pretexto para no caer en la monotonía, pero siempre acaba en su sofá y con la duda ante la puerta de un frigorífico lleno de fiambreras.

"El otro día conocí a un chico, en Málaga. Nos enrollamos, pero como estábamos tan borrachos los dos, al final no pasó nada. Nos dimos los teléfonos, pero hasta hoy nada. Yo le he enviado un par de mensajes, pero no me ha contestado. Salen las barritas azules, pero nada, ni mu. Qué hartura. Es que no hay manera. Estoy harto de aplicaciones, de quedar con tíos que luego pasan de mí, de que todos vayan a lo mismo". Nico, que ya pasa los cuarenta, sigue enredado en el mundo de Tinder, Grinder y no sé cuántas aplicaciones más. Y eso que le cuesta hacerse fotos y colocarse en las estanterías. Por más que lo intenta no consigue recuperar al adolescente que un día fue. Nico ha vivido todas las fases posibles, después de aquel noviazgo fallido que lo dejó más muerto que vivo. Se descargó las aplicaciones, las usó con muchos miedos, se negó a poner una foto en la que se viera su físico, luego las eliminó del móvil, después de un par de malas experiencias con jovencitos que le tomaron el pelo. Estuvo una temporada en que prácticamente todos los fines de semana viajaba a Madrid. Se le veía algo desesperado. Yo nunca supe qué es lo que buscaba. Si un rollo, si un polvo, si un novio, o tal vez simplemente quitarse la mancha que le dejó aquel tío que lo tuvo embobado durante algunos años y que a mí siempre me pareció un chulo de mierda.

"Yo creo que lo primero que tendrías que hacer es aclararte. Qué es lo que quieres. Porque si no estás dando bandazos, que tampoco tiene que estar mal, pero no sé si es lo que ahora mismo a ti te hace feliz". Nico se ha levantado y ha ido a la cocina. Ya huele a café recién hecho. Lo echa en un par de tazas de cristal y saca del frigo una bandeja de dulces. Sabe lo goloso que soy. Lleva puestos unos vaqueros raídos y una camiseta de manga larga y que le queda muy ancha, supongo que para disimular su tripita. Sus zapatillas de estar en casa, de cuadros azules y negros, me recuerdan a las que yo usaba cuando todavía vivía en casa de mis padres. Me fijo en que se ha cortado el pelo muy cortito. "Oye, te queda muy bien el pelo así de rapadito. Pareces más joven. Te da un aire más informal que te favorece". Él sonríe, se pone algo colorado, no se acostumbra a que le puedan decir algo positivo de su físico. Nunca se cree cuando alguien le dice que su pelo está bien así, o que un pantalón le queda bien, o que debería usar más camisetas, más colores, menos camisas con los puños cerrados, como si los bloqueara con una llave para impedir que por allí se le pudiera escapar alguna impertinencia. Porque Nico siempre ha sido un chico extremadamente educado, formal, el perfecto yerno, el niño 10, el que nunca rompió un plato.

"Qué ricos, por dios, me parece que tendré que probarlos todos". Miro con glotonería la bandeja de dulces. No sé por dónde empezar. Me gustan los hojaldres con crema, los piononos, las tartaletas de piñones. Como un niño pequeño me muestro completamente indeciso porque me gustaría comérmelos todos. "Me los he traído hoy del pueblo, de una confitería nueva que han abierto". Al hablar de su pueblo, noto que sonríe ligeramente, como si por un momento se sintiera mecido por un aire que le hace sentirse cómodo. Una especie de nube algodonosa en la que posarse y no preocuparse por nada. "Mira, tráete un cuchillo y los dividimos en trocitos, y así probamos los dos de todos, ¿te parece?". Nico no contesta. Se levanta obediente y vuelve con el cuchillo.

Anda despacio, como si tuviera vecinos en el piso de abajo a los que no querría molestar. Mientras que yo voy cortando los dulces en pedacitos, él me sigue hablado. Parece que se explaya mucho más cuando no lo miro. Como si le diera vergüenza, a estas alturas, contarme cosas íntimas mirándome la cara. Así, mientras divido los pasteles en trocitos más pequeños, él me cuenta lo mucho que le gustó el tipo de Málaga y cuánto se arrepiente de no haber terminado la noche con él. Aunque después, casi inmediatamente, parece arrepentirse de lo que acaba de decir. "Pero, bueno, sería como todos, mejor no ilusionarme para que luego pasara de mí". "Qué rico este dulce de hojaldre. Me encanta el hojaldre… Oye, que te he escuchado eh, no creas que estoy aquí loco con los dulces, sin hacerte caso". Me termino el trozo que tengo en la boca, me limpio con la servilleta de papel y me echo para atrás en el sofá donde los dos estamos sentados. Siento que me hundo sobre un cojín que necesitaría algo más de relleno. Trato de no mirarlo con cara de juez, para que no sienta que estoy culpabilizándolo de nada. A él le cuesta mantener la mirada frente a la mía cuando hablamos de estos temas. Se pone muy nervioso. No deja de moverse, de tocarse la cabeza, se levanta incluso con cualquier pretexto. "Es que, vamos a ver, lo que no me queda claro es lo que quieres o lo que buscas. No creo que puedas estar en misa y repicando. O sí, pero no sé, lo mismo para ti eso es una carga muy pesada. Yo que tú no desaprovecharía ninguna ocasión. Ya sabes que si no nos arriesgamos al final no conseguimos nada que merezca la pena, ¿no te parece?".

Él me mira con esa cara que tiene de niño que siempre ha sacado matrícula de honor y guarda silencio, como asintiendo, pero sin que apenas se note un ligero movimiento de los músculos de su cara, o de los ojos. "No sé, yo lo que estoy harto es de estar solo. Me agobia estar solo en esta ciudad. Sí, salgo, entro, viajo, pero luego, en el día a día, se me hace muy largo estar siempre aquí solo, y no tener planes de nada con nadie, yo qué sé". "O sea, que tú lo que quieres es un novio, de los de toda la vida". "Pues sí, supongo que sí." El supongo se dibuja en su frente que de repente se arruga levemente, para inmediatamente ponerse tersa. Luego hay un ligero silencio, algo incómodo, si no fuera porque ya me conozco esa especie de paréntesis que nada tiene que ver con el paso de un ángel.

Nico va a la cocina a por un vaso de agua. En cuanto vuelve al salón, cambia de tema. Empieza a hablar del partido, de política, de lo mal que está todo. Estoy a punto de llamarle la atención, pero me callo. Siempre hace lo mismo, le da un giro a la conversación y ya no hay manera de retomarla. Y enseguida se relaja, cuando al fin escapa de lo íntimo y pega un salto al ruedo. Como si en esas condiciones ya no le importara enfrentarse a cualquier animal. Con prudencia, eso sí, que Nico siempre ha sido extremadamente prudente.

Yo decido tomarme un trozo de la tartaleta de piñones. Mientras me la voy comiendo despacio, para sacarle todo su jugo y disfrutar al máximo de su sabor, él vuelve a contarme por enésima vez batallitas del partido. No es que discutamos por cuestiones políticas, pero sí que es habitual que tengamos puntos de vista diferentes sobre la mejor manera de acabar con la mierda que nos invade. Se nos va más de una hora hablando acaloradamente del PSOE, de Unidas Podemos y de las próximas elecciones. Lo hemos hecho otra vez. Ambos hemos escurrido el bulto y hemos evitado entrar a fondo en lo que nos pasa por dentro. A él, desde su solitaria desazón, y a mí, desde mi cómoda y burguesa felicidad. Los dos somos especialistas en quedarnos en la calle y agobiarnos en la mesa camilla. Nos quedamos un buen rato en silencio, sin saber qué decir, torpes y bobos. Miramos los dulces en la bandeja en vez de mirarnos a nosotros. Y fingimos que escuchamos la tele, que está puesta de fondo, como suele pasar en las casas de quienes están acostumbrados a vivir solos. Estoy seguro de que en cuanto salga por la puerta, él se quedará dándole vueltas a lo que habría querido contarme. Y yo iré camino de mi casa repasando mentalmente todo lo que le debía haber dicho y me callé, por no herirlo, por no molestarlo, por no hacerle sentir incómodo. O tal vez por no sentirme incómodo yo mismo. Algo de lo que solo me daré cuenta cuando, recorriendo las calles paralelas al río, busque y rebusque excusas con las que quitarme el peso de encima.

"Madre mía, son ya casi las 10. Tengo que irme. Mañana es lunes y hay que madrugar. Muchas gracias por el café y por los dulces. No dejes de invitarme cada vez que traigas estos dulces del pueblo. Es de lo poco bueno que va quedando en él". Le guiño un ojo y me levanto, como quien ha hecho un gran esfuerzo, del sofá deshilachado y me pongo la cazadora vaquera que dejé en el perchero de la entrada. La tele sigue sonando y, como el piso es tan pequeño, parece un hilo musical que recorre toda la casa. "Una borrasca recorrerá mañana toda la península, de oeste a este". Resulta raro escuchar la predicción meteorológica cerca de la puerta. "Nos vemos pronto, querido". Él siempre me dice *querido*. Con un punto de amaneramiento que lo hace más tierno si cabe. Le doy un par de besos en las mejillas y siento su rostro casi imberbe. Noto fresco al salir. Abrocho los botones de la cazadora y me aprieto el pañuelo alrededor del cuello. Como es domingo, y es tarde, las calles están vacías. Así es como más me gustan las calles de mi ciudad.

EL PADRE PRESENTE

Al poco rato de subir las persianas de mi habitación y de abrir las ventanas, mi casa es invadida por un murmullo constante, en el que no es fácil distinguir ni voces ni palabras. Es incluso más potente que el ruido de los coches o de las motos que a veces pasan debajo de mi balcón. Empieza siendo tímido, luego crece, como el goteo de una tubería que poco a poco se va resquebrajando, hasta que finalmente el agua se desborda. Cuando salgo a la calle, con ese ímpetu que siempre tengo a primera hora de la mañana, me la encuentro prácticamente invadida. A veces casi me cuesta abrir la puerta del portal y hacerme un hueco en la acera. Es una invasión pacífica y alegre. No veo banderas, ni cañones, ni capitanes. Sólo me encuentro con niños y niñas de todas las edades, nerviosos algunos, inquietas otras, medio dormidos a veces. Tiran como pueden de sus mochilas pesadísimas y grandísimas –me pregunto a veces qué llevarán dentro– y la mayoría, sobre todo los más pequeños, no dejan de hablar, de preguntar, de gritar incluso. Ellos suelen llevar mochilas de colores oscuros con algún superhéroe o con alguna referencia a su equipo de fútbol favorito; en las de ellas no faltan los tonos rosados, las flores y las princesas. Los más mayores van solos, por su cuenta, en pandilla. Los niños con los niños y las niñas con las niñas. Los más pequeños sí que van sus madres. La mayoría con sus madres, aunque ya empiezan a verse a algunos padres que los llevan en brazos, de la mano o incluso a cuestas.

Así es como muchos días me encuentro a Juan, con su hijo sobre los hombros, sonriente como si acabar de bajarse de una atracción de feria, con la cara tan iluminada que a veces me dan ganas de pararme a su lado para que me contagie parte de su alegría. Se le nota tan feliz que pareciera querer compartir con todo el mundo lo contento que está. Que le quede claro al personal que lo suyo es devoción y que nunca imaginó que el de padre iba a ser para él el mejor estado que nunca pudo soñar. "Aunque no sé si es un tarea, un trabajo... A veces es tan complicado... Pero yo lo disfruto mucho y hago todo lo posible para que mi niño y mi niña me sientan siempre con ellos, dedicándoles tiempo", me cuenta Juan cuando, casi tumbado en el sillón de su barbería, me enumera todo lo que ha hecho el fin de semana, o lo que tiene preparado para las próximas vacaciones o, mirando el reloj, cuando es la última hora de la tarde, acelera para llegar cuanto antes a su casa. "Es que me gusta estar con ellos un rato cuando llego. Se duermen pronto y si me retraso, me lo pierdo".

El hijo de Juan, que va sentado en sus hombros, y que me imagino que estará pensando que ir al cole es embarcarse en una aventura de esas que su padre le cuenta con tantas ganas que las hace reales, siempre mira al frente, muy derecho y seguro de sí mismo. Se le ve tan contento que ni siquiera le hace falta sonreír. Su mochila no es tan grande ni pesada como la de los demás niños. La hermana, la pequeña de la casa, duerme todavía.

La madre, que se llama Rocío, se ha levantado temprano para poner al día las cuentas. Ella es la mitad pensante del negocio, la que urde todas las tramas y la que, de los dos, tiene las ideas más claras. Cuando hablas con ella es fácil comprobar cómo si el proyecto, personal y profesional de estos dos funciona es en gran medida porque ella los tiene bien puestos. Los ovarios, claro. Ella es la que diseña, programa y decide en la mayoría de las ocasiones, lo cual no quiere decir que no le dé ni espacio ni voz a Juan, pero éste, casi siempre, acaba confiando en ella. "Ella es la jefa".

Juan pasa por mi lado y me llama la atención con un "buenos días" tan espléndido que es como si le saliera espuma de café por las orejas. Como ha acelerado para llegar puntual a la puerta del cole, casi no puedo contestarle, le respondo, pero mi saludo se queda en el aire. Él y su hijo ya se encuentran a varios metros de distancia. Miro hacia atrás y veo su cuerpo de cowboy debilucho y, encima de él, la espalda pequeñita de un niño que parece subido en el mástil de un velero. Cuando llegan a la puerta del colegio, el padre baja al niño con mucho cuidado, le da un beso y un buen achuchón y le desea que lo pase muy bien. Cantando por lo bajo una canción de la peli de dibujos animados que vieron juntos hace unos días, Juan se dirige a su negocio, con tantas ganas que, si fuera por él, subiría las persianas de todos los locales del barrio. Cuando llega al suyo, lo primero que hace es encender todas las luces, poner música y así, sin que le dé vergüenza que desde la calle lo vean bailar, prepara las tijeras, las cremas y las cuchillas. A las nueve en punto, el primer hombre del día, un barbudo de esos que parecen, al menos desde afuera, que nunca ha derramado una lágrima, interrumpe su baile. Antes de ponerse manos a la obra, le envía un mensaje a Rocío para ver si la pequeña se ha despertado. El barbudo no tiene muchas ganas de conversación así que Juan lo deja en paz. Apenas susurra la letra de la canción que suena de fondo mientras masajea el rostro de quien nunca pensó que iba a sentir tanto gustito al ser tocado por otro hombre.

ENRIC, I

Enric acude con tiempo a la cita, y eso que él nunca ha sido muy puntual. Últimamente va como atropellado a todos sitios. Le faltan horas del día para atender tantos compromisos. Al vivir en un pueblo pequeño de los alrededores de Barcelona, tiene además que hacer el esfuerzo de coger varios medios de transporte para poder estar en los sitios que le reclaman. Está, pues, sujeto a los caprichos de horarios que no siempre encajan. Eso le genera mucho estrés, y eso que él es un tipo muy tranquilote, casi zen. El viaje de hoy es rápido. Volverá por la tarde a casa. Con suerte llegará con tiempo para recoger a Arnau de las actividades extraescolares. Si con tres niños estaban hasta arriba, la llegada del cuarto ha convertido su vida en un auténtico ejercicio de malabarismo. Maite, su mujer, empieza a estar muy harta de ser la que siempre atiende los imprevistos, resuelve los entuertos y está al pie del cañón. Él trata de compensarlo estando a tope con los niños cuando está en casa, las noches, los fines de semana, pero sí que es cierto que es ella la que lleva a la carga principal. Las crisis cada vez han sido más frecuentes. Las han resuelto bien, o medianamente bien, pero sin duda porque ella es extremadamente generosa y comprensiva. Y porque él, en el fondo, no deja de ser algo embaucador. Solo así se explica que pudiera resolver el ultimátum que ella le dio al haber parido al tercero.

Llega con el tiempo tan justo a Barajas que no se atreve a coger el cercanías. Un taxi lo deja en la puerta del hotel donde se ha citado con la periodista. Cristina, que así se llama la chica que lo llamó hace unas semanas para concertar la cita, lo espera en la cafetería, tomándose un agua con gas y consultando sin parar el móvil. "Perdona el retraso. Decidí coger un taxi y el tráfico por el centro estaba horrible". "No te preocupes, he aprovechado para ir contestando correos. Si te parece, empezamos, porque en media hora he quedado con el siguiente padre y tenemos el tiempo ajustadísimo". Cristina parece tan segura de sí misma que, en un primer momento, puede generar hasta cierto rechazo. No es la jovencita amable y dulzona que sonríe porque sí ya que supone que esa actitud es la que le puede generar más dividendos en un mundo que no está hecho a imagen y semejanza de ella. Cristina muestra una cierta dureza cuando habla y gesticula. Lleva su melena recogida atrás en una coleta, sujeta con una de esas cintas que se suelen usar para hacer deporte. Cuando se sienta rebusca en su mochila, algo sucia y muy usada, la pequeña libreta en la que siempre anota o a veces dibuja, confiando en que la grabadora no falle. Enric se sienta en frente de ella, pide un café. Se quita la chaqueta. Respira hondo. Lleva unos días tan acelerado que, cada vez que se sienta, es como si tuviera que poner la máquina a menos revoluciones. Durante unos minutos, le resulta inevitable golpear la mesa con los dedos, como si estuviera tocando un tambor. Respira hondo como cuando termina de hacer flexiones en el gimnasio. "Bueno, como te conté hace unos días, la idea del Semanal es sacar un reportaje para el 19 de marzo con ejemplos de nuevos padres. Al principio pensamos en hacer fotos con los niños, pero al ser menores se nos complicaba mucho el asunto. Así que lo que vamos a hacer es una especie de collage con vuestras imágenes, para la portada. Y luego si quieres pasarme alguna foto tuya en tu casa, haciendo alguna tarea, pero claro, siempre que no aparezcan los niños, o que no se les vea la cara".

Cristina, que es delgada, muy delgada, y morena, habla rápido, como si disparara las palabras. Parece tener una coraza puesta que le impide mostrarse simpática. Aunque lleva años en el periódico, sigue teniendo un puesto precario, un sueldo de miseria y está harta de aguantar a jefazos machistas. Ni siquiera ahora que tiene una jefa las cosas han cambiado demasiado. Sigue aguantando los mismos desplantes, similares malos modos y un escasísimo respeto a su trabajo. Es decir, sigue siendo el último mono en una redacción ocupada mayoritariamente por mujeres, donde ellas, aunque aparentemente pueda parecer lo contrario, apenas tienen voz ni voto. Por eso a Cristina le jode tanto que, además, tenga que currarse todas las noticias que directa o indirectamente tienen que ver con mujeres y feminismo, porque le parece tal ejercicio de cinismo que no puede con él. Durante una larga temporada pensó que podría ser una buena manera de lanzar mensajes, es decir, creyó que ese espacio podría justificar todas las penurias que pasaba. Ahora, sin embargo, está tan quemada que va dejando de encontrarle sentido a lo que escribe. La idea del reportaje de los padres no fue de ella, sino de la directora de los suplementos. Y no está muy convencida del conjunto, porque se teme que será imposible introducir cualquier mensaje crítico. Todo acabará dulcificado y bien empaquetado, para que llame la atención en los pocos kioscos que van quedando y sobre todo en las redes sociales.

"A ver, cuéntame. Explícame por qué la paternidad te ha cambiado". Enric, que se ha sentido algo descolocado, y como si temiera recibir una reprimenda, de esas que con frecuencia le llegan de mujeres que lo consideran un aprovechado, empieza a hablar despacio. Es entonces cuando menos se le nota el acento catalán, como si estuviera haciendo un esfuerzo por parecer neutral. Con un tono próximo al de un gurú que imparte un taller para no iniciados, le cuenta a la periodista lo que cuenta en sus charlas, en sus talleres, en sus escritos. Cristina lo mira con una cierta desconfianza, como quien no se cree del todo la película que le cuentan. "Perfecto. Eso ya me lo sé". La periodista hace ya tiempo que se dejó en casa la regla que dice que una mujer no ha de ser borde ni airada. "Lo que quiero que me cuentes es el día a día. Los tiempos, las tareas, cómo lo negociáis tú y tu pareja, quien se ocupa de cada cosa..." Enric se termina el café de un trago, tose ligeramente y trata de responder. Cristina evita mirarlo a la cara y hace garabatos en su libreta. Cuando lleva cinco minutos escuchando al padre perfecto está tan aburrida que desconecta. No se da cuenta de que Enric ha terminado su relato. "No sé si quieres saber algo más, que te cuente algún que otro detalle". Cristina se queda mirándolo fijamente, como si estuviera pensando algo muy profundo. "Una duda, si quieres responderla claro, ¿quién gana más, tu mujer o tú?". Enric se queda algo asombrado con la pregunta. "Bueno, ella trabaja en una multinacional y yo soy autónomo." La periodista curtida en mil batallas esperaba que cometiera el desliz, pero no lo hizo. Enric es un tipo listo, claro, y con experiencia en estas lides. "Vivo de la impartición de talleres, seminarios, colaboro con organizaciones, lo que va saliendo". "Imagino que eso te obligará a viajar mucho y a no tener un horario fijo, ¿no? Eso complicará la conciliación, ¿no?". "Sí, claro, es una dificultad añadida. Pero mi mujer siempre sabe organizarse muy bien y, además, tenemos una chica que nos ayuda. Es peruana. Un encanto. Y los abuelos, claro, aunque como viven en Barcelona lo tienen más complicado". Cristina ya ha escuchado bastante. Con un gesto rápido, y sin mediar palabra, apaga el móvil y cierra la libreta. "Mira, vamos a pasar aquí a la sala de al lado, que es donde el fotógrafo ha preparado un set para hacerte la foto que luego mezclaremos con la de los demás". Ambos se levantan. Enric la sigue, con la sensación incierta de haber metido la pata. "Qué chica más arisca, piensa". Cristina sale de la cafetería con unos andares que a Enric le recuerdan a aquella profesora que en el instituto siempre suspendía a más del setenta por ciento de la clase. ¿Cómo se llamaba? Enric recuerda perfectamente su imagen –sus chaquetas oscuras, su pelo cortado a lo garçon, sus zapatos planos, su bolso enorme– pero no su nombre.

Cuando entran en la sala Enric ve al fondo un enorme panel verde, como los que usan en las películas a las que luego añaden el fondo imaginado, y un montón de cámaras impresionantes apuntando hacia ese punto. Un chico joven, con pelo largo y rizado, con barbita de tres días, se acerca a él, le da dos besos y le pregunta si prefiere hacerse la foto con o sin chaqueta. Enric se lo piensa un instante y decide quitársela. Lleva debajo una camisa bien bonita. Cuando el fotógrafo empieza a disparar, Cristina sale sin mediar palabra. Hay otro padre esperándola. Cuando termina la sesión de fotos, Enric se acerca a la cafetería para despedirse. Desde la puerta le hace un gesto a la periodista. Cristina apenas le devuelve el saludo con una mueca que no se sabe muy bien si es de complicidad o de desagrado.

El Día del Padre, que este año coincide con domingo, Enric, que está en casa, aunque al mediodía tendrá que participar en un programa de radio, se levanta temprano y sale a correr un rato. Su mujer y los niños están dormidos. Aunque se acerca la primavera, esta mañana hace fresco. Corre con sus mallas negras y una de esas camisetas que mantienen el cuerpo a la temperatura adecuada. Es una suerte vivir en las afueras del pueblo y poder salir al campo, y respirar, y poder aislarse del ruido y de las prisas que le persiguen en sus tareas cotidianas. Antes de volver a casa, se acerca al kiosco que hay en la plaza mayor y compra el periódico. Saluda a una de las dos hermanas que llevan toda la vida en esa especie de caseta metálica vendiendo prensa y chucherías. Cuando se retira y se dirige hacia un banco de la plaza, ve que la otra hermana se acerca con dos cafés en vasos de plástico y un paquete de churros recién hechos. La saluda desde el banco. "Buenos días, Enric. ¿Te apetece un churro?". "No, gracias, Pilar. Que aproveche". Sentado en el banco donde ya puede disfrutar de un tímido sol, busca el semanal. Allí está la foto. Un collage, como le dijo Cristina, con algunos de los padres que parece ser están revolucionando el planeta. Los amorosos, cuidadosos y atractivos. Lee el reportaje y apenas reconoce las frases que la periodista ha destacado. Le resultan raras al verlas por escrito, pero sí, seguramente fueron las que dijo. Así, en negrita, suenan muy cursis, la perfecta diana para recibir todo tipo de dardos. Ya sabe que hoy debe abstenerse de mirar las redes sociales. "Ser padre me ha cambiado la vida. Me ha cambiado en la manera de ver las cosas, en la manera de sentirlas y, ante todo, en la manera de vivirlas". La ligera contradicción le dura apenas unos minutos porque, en seguida, se deja llevar por la emoción y le hace fotos a todo el reportaje para enviárselo a su madre por WhatsApp. "Buenos días, mamá, mira qué guapetón ha salido tu niño en portada". Antes de volver a casa, pasa por el bar de la esquina, en el que hay varios hombres solos tomándose el primer café del domingo, y pide una ración y media de churros.

EL PADRE ARREPENTIDO

He encendido bien temprano el ordenador y sólo al ver las primeras páginas de algunos periódicos he caído en la cuenta de que hoy es el Día del Padre. Mi hijo ya ha superado la edad en que llegaba del cole con una tarjeta pintada por él y con un mensaje dictado por la maestra. Ahora duerme en la cama que se le ha ido quedando corta. No sé a qué hora volvería anoche. Fer, como siempre, se ha quedado un rato más en la cama. Leo en la pantalla un reportaje sobre las nuevas paternidades y me cuesta reconocerme en él. Incluso me generan un cierto rechazo las fotos y las sentencias que ha destacado la autora del reportaje. Pido confesión y así lo hago en el cuaderno que sabe de todas mis debilidades. Aprovecho la tranquilidad de esas primeras horas del día para escribir como quien necesita anotar las pesadillas que ha tenido para así no olvidarlas, pero, sobre todo, para que no le pesen el resto del día como una sombra.

Con el tiempo he comprendido a la perfección todo eso que Orma Donath explica en su desgarrador libro sobre *Madres arrepentidas*. He tenido que leer mucho sobre maternidad, sobre los mitos creados, sobre las cargas sufridas por las madres, sobre todo eso que ha sido invisible. Sólo después de leer a muchas mujeres, y de escucharlas, he podido entender al fin algunas sombras que veía en los rostros de madres cercanas pero no sabía explicar. Esas tensiones que de repente estallaban y a mí me dejaban descompuesto. Lo viví algo desconcertado cuando la madre de mi hijo era mirada y observada, juzgada y recriminada, cuando intentaba seguir haciendo su vida, en la que nuestro hijo era un ingrediente más. Nunca olvidaré las lágrimas por la leche que no llegaba al pecho, por los juicios severos de las abuelas siempre tan rectas, por la permanente necesidad de justificarse ante el vecindario. Junto a la ventana del que fue nuestro dormitorio está grabada la imagen de ella sentada para que diera un poquito del sol de diciembre que en Córdoba es tan acariciador. Nuestro hijo enganchado a su teta y ella llorando, de esos llantos que se hacen en silencio, para que no sean escuchados por nadie. Tampoco quiero que se me borren sus dolores físicos, el cuerpo alterado, las angustias y los temores que ella sentía y que yo ni de lejos adivinaba. Nacidas para sufrir. Mientras que en nosotros las cicatrices son una señal de las batallas ganadas, en ellas el cuerpo está lleno de heridas sacrificadas y silenciosas. Así recuerdo su vagina medio rota, en los días posteriores al parto, en los que yo me encargué de hacerle las curas de la raja que le hicieron para que nuestro hijo saliera mejor. Una herida para la que ningún médico ni matrona le pidió consentimiento. Cada vez que la limpiaba con una gasa y le ponía un poco de Betadine, no podía evitar estremecerme ante ese cuerpo desgarrado, roto, manipulado por manos médicas y poco cuidadosas. El mismo cuerpo que vi maltratado cuando un año antes un aborto provocó que la madre de mi hijo se desgarrara por dentro y por fuera. Sólo entonces me di cuenta de que si fuéramos los hombres quienes pariésemos ya nos encargaríamos de gestionarlo y organizarlo todo para que nuestro sufrimiento fuera el mínimo y nuestras condecoraciones máximas. Ay, el derecho a ser padres.

Mi cuaderno me dice que vaya rezando un padrenuestro. Apenas recuerdo las primeras líneas que en el colegio recitábamos a coro.

Con el paso del tiempo, y sobre todo desde que me convertí en padre, he llegado a entender, aunque no lo comparta, el amor excesivo que he visto en mi madre y que en ocasiones la ha llevado a comportarse como una loba. Ahora sí que lo entiendo y también lo vivo. Esa carga excesiva, ese amor tan omnívoro, esa experiencia que sin mesura puede anular el resto. Y también he llegado a entender, claro, todo lo que cuentan las madres de Orma Donath. Porque yo también hay muchos días que me despierto como un padre arrepentido, aunque sé que mi carga nunca será como la de ellas. Yo soy otras muchas cosas. La paternidad para mí es un adjetivo, por mucho que haya intentado convertirla en un eje central de mi vida. Incluso una manera de transformarme en un héroe. Otra vez en héroe. Ese que al oído me dice permanentemente lo que tengo que ser.

Así lo hice desde que nació mi hijo y no he dejado de asumir responsabilidades, desarrollar habilidades y dedicar un tiempo sobre el que nadie me había hablado. Siempre con esa dolorosa incertidumbre que supone no tener un manual. He sido y soy el padre que más se equivoca, el que se más se arrepiente, aunque en el fondo sepa que el arrepentimiento sirve para bien poco. Como mucho, para rezar un avemaría y seguir pecando inmediatamente después.

He cometido mil barbaridades mientras que cada vez con más frecuencia veía en las revistas reportajes sobre padres pluscuamperfectos, papás blogueros que hacían comunidades que siempre rozaban el peligroso filo de lo identitario, libros con portadas que parecen sacadas del Hola. Una nueva mística en la que, una vez más, nos hemos convertido en los líderes. Los santos varones que pasean a los niños, que los bañan, que les cuentan cuentos y que hasta, para presumir ante algunos amigos, dicen aquello de "yo he sacrificado parte de mi carrera por estar con mis hijos". El poder de los padres, el poder de los niños, el poder que nos sobra y que no repartimos. Padres intencionales, padres comitentes, sin ningún tipo de reparo en alquilar una madre a la que luego le niegan el nombre. Ricky Martin on fire. "Estamos embarazados", dice el puertorriqueño cuando usurpa el útero de una madre alquilada que no vemos.

El cuaderno parece decirme que no tengo remedio. Ahora toca un Avemaría. Dios te salve, María, llena eres de gracia y bendito sea el fruto de tu vientre.

Ser padre me convierte en alguien que trata de reconciliarse todos los días con su fragilidad, con sus dudas y temores, con los vínculos que hacen posible que este planeta siga en pie. Es decir, justamente lo contrario a lo que siempre me enseñaron. De ahí la dureza del empeño. La permanente batalla con el machito que llevo dentro. La terrible paradoja de la paternidad es que hace que me sienta cada día como un ser empequeñecido, titubeante, sin brújula. Y en ese laberinto no siempre me sale la sonrisa.

Soy casi todos los días un padre arrepentido. Me duele pensarlo, sentirlo, y no digamos verbalizarlo. Con mucha frecuencia juego a imaginar cómo sería mi vida sin hijo, y aunque siempre tengo el temor de lo que ahora supondría perderlo, no me cuesta crearme una película en la que, en esa sí, vuelo con una capa de la que nadie me tira hacia abajo. Hay días, muchos días, que me gustaría dimitir de mi papel de padre. Porque me faltan fuerzas, porque se me nubla la mirada, porque me siento frente al ordenador y no me salen las palabras, porque de repente no sé cómo hablarle a un hijo adolescente que me esquiva y que parece hablar una lengua que no logro traducir.

Cuando otras mañanas hago lo que no estoy haciendo en este San José, es decir, salgo a pasear, muy temprano, cuando apenas hay gente por la calle, pienso con frecuencia en esa alternativa. Me regodeo en ella como si estuviera haciendo una travesura. Hasta miro alrededor con la inquietud de que alguien pueda descubrirme. Hay días que lo pienso con tanta fuerza que mi cerebro se vuelve transparente. El miedo de ser acusado hace que de repente las calles se llenen de gente, y yo me sienta observado, señalado con el dedo. Desde los balcones me arrojan todas las fotos que me he hecho con mi hijo, los dos sonrientes, abrazados. Perfect life.

Soy un mal padre, no creo que la paternidad me haya hecho mejor persona, ni siquiera creo que haya sido decisiva para convertirme en un tipo más igualitario. La mezcla es tan explosiva que no tengo claro hasta qué punto han tirado de mí extremos opuestos. Como hombre fiel a la exigencia de mi masculinidad, he procurado siempre obedecer los mandatos, cumplirlos rigurosamente, no desfallecer, estar siempre alerta. Como dios manda. Como las nuevas masculinidades mandan, un padre entregado, sonriente, de esos que merecen medallitas y ligan más en los parques cuando van con los cochecitos. Los que aún creen que su deseo de paternidad es un derecho. Me sepultan las flores y las caricias. Me rebelo contra las expectativas. Hay días que no entiendo cómo no hay más madres arrepentidas. Cómo no se manifiestan airadas frente a las ruedas de hombres que han tomado algunas plazas y que dicen ser aliados.

Una y una suman dos. Dos avemarías eran la condena con la que el cura de mi pueblo me daba a entender que mi pecado había pasado de castaño a oscuro.

Ahora que mi hijo no vive conmigo, hablo con él toda las noches. Nuestra conversación es, supongo, la propia de un hijo adolescente y un padre que no logra quitarse la máscara de la autoridad. Cuando apago el móvil, sin emoticonos que me salven, tengo la horrible sensación de haberla cagado. Mis palabras siempre son escasas y mal administradas. Tomo nota en mi diario para no volver a repetir los errores. Siempre fui un chico muy aplicado y tuve buena letra. Me duermo casi todas las noches tratando de aclarar si soy un mal padre o realmente un padre arrepentido. *#Wetoo*.

ALERCE, II

Me cuenta Alerce la relación que tiene con su padre, del que me dice que siempre ha sido un poco punki, aunque él no lo haya sabido, incluso algo *queer*, aunque es evidente que Pedro, que así se llama su padre, no tenga ni idea de lo que significa ese término. Me explica que cuando le contó que no era un chico como los demás, a su padre no se le ocurrió otra cosa que pensar lo mucho que habría sufrido. Ese abrazo de padre hizo a Alerce un tipo muy inconformista, el que ya habitaba en el niño que una noche hizo una pintada en los muros de la iglesia de su pueblo. Me da envidia cuando alguna mañana me envía un mensaje por WhatsApp para contarme que ha salido a dar un paseo con él. Y ya no tengo más mensajes suyos hasta horas después, y me dice lo bien que lo han pasado conversando. Un domingo me mandó fotos de la paella para dos que habían preparado y me invitó a irme con ellos. Ojalá pudiera haberme acercado. Sólo por el placer de ver a padre e hijo tan cómplices, como si entre los dos se las bastaran para arreglar si no el mundo, al menos sus vidas. Imagino quién de los dos troceó las verduras, quién preparó las dos copas para el vino, quién se olvidó de las servilletas al poner la mesa.

Cuando Alerce me habla de estas cosas, y lo hace con la naturalidad con que un chiquillo relata lo bien que lo pasado un fin de semana en el campo, hay algo que me duele por dentro y a lo que, aunque identificado, todavía me cuesta ponerle nombre. Supongo que porque sé que hasta que no tenga nombre no existirá del todo. O ese será el convencimiento que me permitirá seguir adelante como si tal cosa. Cuando me habla de su padre, pienso en el mío y en cómo en estos 50 años hemos sido incapaces de generar esa comunicación, esos espacios de encuentro. Sigue habiendo una muralla que, aunque ya no se alza más allá de lo debido, nos impide abrazarnos y ser compañeros. No es que yo me haya creído eso de que padre e hijo pueden ser amigos, o los mejores colegas del mundo, pero sí que siento que he fallado, supongo que hemos fallado los dos, en lo que podría haber sido otra manera de encontrarnos. Ahora empiezo a darme cuenta de que es demasiado tarde. Hay ocasiones en que lo pienso y hasta me da pereza. Otras lo intento, pero no me sale. Hay como una cadena larga que tira de mí y me va separando de él, sin aspavientos, poco a poco. Apenas recuerdo un paseo por la playa de Cádiz, los dos solos, hablando de política, o del Levante que soplaba o, en el mejor de los casos, de una película o una serie que habíamos visto en tiempos distintos.

No me gustaría entrar en una cadena de reproches, pero sí que cuando miro hacia atrás echo en falta una mayor oportunidad por su parte para que yo pudiera expresarme, ser quien sentía que era. Yo, que fui un niño peculiar, tímido y retraído, metido en mi mundo, pero eso sí, sobresaliente en sus deberes y en su comportamiento, nunca encontré en mi entorno familiar un puente por el que salir hacia el exterior. Lo que veía una y otra vez era como una etiqueta que me mantenía en el limbo de la excepcionalidad. Y allí, tan solo, yo fui criando telarañas y vicios. En la adolescencia, que para mí fue como una empinada cuesta que como niño gordito que era me costaba la misma vida subir, sólo encontré la mayoría de las veces sanciones morales y avisos. Todo, no lo dudo, hecho con la mejor intención, pero en mí provocó el efecto de alimentar soledades y rabia. Una mezcla perfecta para luego acabar convertido en un hombre con máscara. O con más de una. Solo así, supongo, lograba aplacar la ira.

Todos los días hablo por teléfono con mi madre. En la mayoría de las ocasiones le sigo el juego para que ella se sienta parte de mi vida, le cuento lo que sé que puede hacerla feliz, le dejo que ella me cuente. El libro que está leyendo, la última serie que ha visto, la película que dejó de ver la tarde anterior, el armario que hoy piensa poner en orden, lo que cocinará sin muchas ganas porque ella nunca fue mujer de fogones. No quiere decir esto que haya dejado de ser la madre araña que me quiso y me quiere obsesivamente, pero sí creo que hemos llegado a un punto en el que ambos somos capaces de nutrirnos sin herirnos. Se ha relajado la tensión, hay cosas de las que sé que con ella es mejor no hablar y sigo por una corriente que nos mantiene en un estado de armonía. No faltan ocasiones en las que vuelvo a sentir que me está examinando, o en que sus silencios son para mí como puñales porque me hablan de lo que ella no quiere ver, pero he conseguido situar todo eso en un lugar que me incomoda lo menos posible. Al mismo tiempo, y a medida que va cumpliendo años, también la voy notando menos enérgica, más blandita, menos férrea de lo que siempre fue. Porque mi madre fue una mujer de hierro, con un carácter, que en parte he heredado yo, muy complicado a veces. Absolutamente educada, abierta con los demás y muy simpática en su mundo de vínculos sociales, pero mucho más estricta en sus espacios íntimos. Yo creo que en ocasiones un mal entendimiento del amor la ha llevado a cometer excesos de los que, supongo, también ella en algún momento se habrá arrepentido. Quizás escriba de ello en sus cuadernos secretos. En esos diarios quemados puede que haya mucho de mí, porque yo también soy de esa pasta, ambos compartimos páginas que no queremos que nadie lea. Cuando cada 6 de enero miro cómo arden las páginas, entiendo algo más a mi madre y, de paso, a mí mismo. Pero también me da una cierta pena, porque mis años han estado llenos de diarios que nadie ha leído y no sé si eso me ha ayudado o, por el contrario, me ha dejado a mitad del pozo.

Con mi padre, sin embargo, casi nunca hablo por teléfono. Sólo cuando por casualidad lo coge él. "Es tu niño", es lo que suele decir cuando yo llamo y le indica a mi madre que coja el teléfono ella. Ese "tú" me suena casi siempre como un puñal. Es curioso como las pocas veces que hablamos, siempre lo hacemos de algo externo a nosotros, como si hubiera un escudo que nos impidiera acercar los pechos. Y sé que parte de la responsabilidad es mía, pero por más ahínco que pongo siempre me quedo en el zaguán de la casa. Es curioso, sin embargo, cómo ese grado de mayor complicidad mi padre sí que lo tiene con mi hijo. Con él, que de alguna manera fue el que le hizo convertirse en mejor hombre, siempre ha mantenido conversaciones que serían inimaginables conmigo. Y no sé si sabe, porque no sé si yo se lo he hecho saber adecuadamente, que todavía ando esperando que abra esa puerta tras la que siempre estuvo este niño torcido. Con el paso de los años, tal vez lo único que ha cambiado es que yo he ido sintiéndome también responsable de haber alzado una muralla.

Lo que más me agobia últimamente es que cada vez nos queda menos tiempo. Últimamente esta obsesión me persigue en dos direcciones que me llevan a ciudades distintas. Por un lado, mi hijo que ya es un hombre, tira de mí hacia el futuro. Por otro, mi madre y mi padre, que cada vez se vuelven más torpes y en algún momento hasta desmemoriados, me arrastran a una cierta melancolía. Como si ya no hubiera ni tiempo ni posibilidades, como si se hubieran agotado todas las opciones y ya sólo nos quedara vivir de la memoria y apurar el presente de las pequeñas cosas. Y en medio estoy yo, siempre ocupado, siempre viajando, siempre liado, siempre huyendo. A veces me pregunto si toda esta actividad frenética, ese ritmo endiablado, esa necesidad incluso de estar siempre fuera de mis habitaciones, no es sino una huida. Tal vez paradójicamente no hago sino cumplir fielmente lo mandatos de los que digo escapar.

Siento, cuando ya la película está llegando a sus últimos centímetros de metraje, que lo que más nos une a mi padre y a mí es que ambos hemos estado huyendo siempre. Que la puñetera masculinidad nos ha convertido en monstruos que, aunque ya no batallen, o aunque realmente nunca lo hicieran con todas sus consecuencias, parecen regodearse a solas en su cueva, cada uno en su guarida, como esperando a que el otro dé señales de vida. Algo, un bufido, una patada, un grito. Yo, en la mía, no dejo de darme cabezazos contra las paredes, como un macho inútil, en vez de salir afuera y quitarme toda la costra generada por años de sequía.

Alerce me envía una foto de la paella del domingo. Han hecho comida para un regimiento. Me imagino a los dos, a Pedro y a su hijo, comentando lo rica que está y hablando de lo negro que está el panorama político del país, o de la última ocurrencia del maestro para trabajar con sus alumnos, o del paisaje en el que fue tan feliz la madre que ya no está. El padre queer y el niño zurdo. Me dan ganas de salir corriendo para darles un abrazo. O mejor, para que ellos me lo den a mí.

LAS UÑAS DE MI PADRE

Le ayudo a que se siente en el filo de la bañera. Aunque todavía no tiene la rigidez insalvable de los años, le cuesta poner el pie sobre el bidé. Abro el grifo para que poco a poco el agua vaya saliendo templada. A través de la ventana que da al patio interior sólo se escucha el silencio. Recuerdo que en mi niñez siempre había sonidos: música, radio, gritos de madres enfadadas, llantos de bebés, alguna pelea familiar, canciones de adolescentes. Y olores, muchos olores. Los guisos, los bizcochos, las meriendas, la tortilla para la cena. Ahora no se escucha nada, ni apenas huele a nada. Los pisos se han ido quedando vacíos. Todos nos hicimos mayores. La viudez se ha apropiado de los rellanos. Una de las vecinas del primero se ha quedado viuda y su hijo vive fuera, la del piso de al lado murió muy mayor el año pasado, arriba solo vive la costurera que ya no cose. El piso que está justo encima del nuestro está vacío desde hace años. Hace un año los pocos vecinos se pusieron de acuerdo, al fin, para poner un pequeño ascensor. A mi madre ya le costaba subir hasta el segundo piso las bolsas del supermercado.

En esta tarde de verano adelantado, el silencio entra por la ventana del cuarto de baño y nos sacude. "Mete el pie en el agua, está templada". No hay réplica. El mismo guión, me temo, que siempre protagonizamos mi padre y yo. Una larga escalera de monólogos, planos, sin grandes cambios de tono, a ras del suelo. Y la ausencia de palabras como máscara. Un clásico. Esta tarde no nos salimos de la escaleta. El temor reverencial ante el que tenía la última palabra, al que siempre nos llevó por el camino de la rectitud, al que educaron para cumplir con las expectativas. El doble silencio que genera monstruos: el del padre que está sin estar y el del hijo que se esconde en su habitación.

Supero mi asco inicial y miro despacio el pie derecho de un hombre de ochenta años, que empieza a estar deformado, aunque, al tocarlo, detecto una suavidad que me recuerda a la de un niño. Será la vida que en círculo se abraza. "Déjalo ahí un ratín que se te ablanden". Observo que la pantorrilla se ha quedado lisa, sin vello, como si se hubiera depilado, algo que mi padre ni en sus peores pesadillas habría consentido. Es curioso comprobar cómo el tiempo nos acaba doblegando, aunque no queramos. La vertical masculinidad cae por su propio peso.

Quito el tapón del bidé para que corra el agua. El sonido que llena la tarde huele a tubería quejosa. Al fin se oye algo entre nosotros: el agua que se va. Agarro bien el pie de mi padre, para que no se escurra. En mi mano derecha tengo unas tijeras pequeñas, que creo que han estado en mi casa toda la vida. Son las mismas que mi madre usaba para cortarnos las uñas a mi hermano y a mí. Recuerdo aquel ceremonial, tras la ducha, antes de cenar, con el cuarto de baño ocupado por una niebla calentita. Una niebla que, al contrario de la que veía en las películas o leía en algunos libros, no me anunciaba asesinatos. Desde entonces he vivido el corte de las uñas como una especie de recordatorio de cómo irremediablemente estamos siempre en movimiento, aunque hay un hilo invisible que nos sigue manteniendo atados a la infancia. Cada vez que me las corto siento una mano ajena que me cuida. Y es como si cerca de mí sintiera ese olor indescriptible que desprendía mi madre: jabón, verduras, crema Nivea, colonia sin marca. Todavía hoy le corto las uñas a mi hijo ya mayor de edad. Sus dedos, cada vez más grandes, siguen teniendo el tacto fértil de la infancia. Sus uñas, a diferencia de las de mi padre, son fáciles de cortar. Siempre intento que entre nosotros haya la conversación que nunca tuve con su abuelo. No siempre lo logro. Me equivoco, tropiezo, me convierto en mi padre. No sé por qué recuerdo al presunto santo embalsamado de la parroquia de mi pueblo del que me decían, cuando yo era pequeño, que le crecían las uñas y había que cortárselas de vez en cuando.

Me inclino hacia el pie envejecido y adopto una postura a la que no estoy acostumbrado. Enciendo la luz porque tengo miedo a no ver bien y hacerle daño. Titubeo antes de empezar como quien se siente raro en su primer día de trabajo. Me doy cuenta de que hace semanas, meses incluso, que no le han cortado las uñas, de tal manera que han ido creciendo salvajes, como esa parte del cuerpo que se resiste a ir apagándose y pareciera retar al orden de las cosas. No sé por dónde empezar. Me acuerdo de que mi madre siempre lo hacía por el dedo más pequeño, el más difícil. Así lo hago. Los dedos de mi padre están agarrotados, parecen los de un pájaro que se agarra bien a las ramas. Están inertes. No siento el cosquilleo de risas que tanto le gustaba a mi hijo cuando era pequeño ni tampoco la saliva jugosa de aquel amante que me volvía loco jugando con ellos. Es curioso comprobar cómo una misma parte del cuerpo puede ser escenario de películas tan distintas. Me cuesta trabajo recortar la uña del dedo más pequeño, casi escondido: esa última parte de nuestra anatomía que parece siempre tan vergonzosa. Mi padre se queja levemente cuando trato de apurar bien las esquinas. "¿Te he hecho daño?". "No, no, sigue". Cada dedo tiene su propia geografía. Los miro atentamente y, en su semejanza, no se parecen en casi nada. Cada uno tiene su propia curvatura, su propio color, una uña distinta. Tras terminar con el segundo dedo, cojo carrerilla, como si hubiera estado haciendo esta tarea toda la vida. En el más gordo descubro unos vellos casi blanquecinos. Sin que mi padre se dé cuenta, los corto. Con mucho cuidado, paso la lima por cada uña recortada. Ahora mi padre sí que se queja más insistentemente del cosquilleo. Me parece escuchar incluso una ligera risa. Las cosquillas de mi hijo cuando le tocaba los pies, las mías cuando Fer me repasa las durezas del talón. Paso las yemas de mis dedos por encima de las uñas para comprobar que no ha quedado ningún saliente incómodo, ningún pizco que por las noches arañe las sábanas. Le bajo el pie con cuidado para que no le moleste la cadera y subo el izquierdo. Tras remojarlo en el agua templada, repito la operación, desde el dedo más pequeño hasta el más grande. El olor a sudor ha desaparecido y ahora sólo me llega el imposible del agua cálida. Cuando termino, contemplo durante unos segundos las uñas cortadas de mi padre en el bidé. Pedacitos sin forma, de todos los tamaños, de un color que no sabría describir. Los restos que se van por el agujero pero que volverán a aparecer en unos días. Más chulos que nadie.

Seco los pies con una toalla. Mi padre hace intención de levantarse. "Espera, no hemos terminado". Busco en el armarito la crema que mi madre siempre guardaba para estas ocasiones. Al abrir las puertas es como si volviera a una tarde de ducha de mis diez años. Me llegan los mismos olores, veo los mismos botes. La colonia sin marca, la Nivea que ahora es una marca blanca, las pastas de dientes acumuladas, como si mi madre presagiara una guerra, y muchos, muchos rollos de papel higiénico. Como si en lugar de dos personas allí viviera un colegio entero, o como si mi madre tuviera el presagio de un virus que nos confinaría durante meses. Al fin doy con la crema que buscaba. Con ella masajeo con cuidado los pies del abuelo de mi hijo, procuro que penetre entre los dedos, sobre la superficie de las uñas que ahora relucen. Miro de reojo a mi padre y lo veo relajado, casi dormido. Cuando termino le ayudo a levantarse. Hay apenas un minuto en que mi rostro se queda muy cerca del suyo. Casi pegados. Es solo un instante. En ese soplo él me las gracias. "Anda ya", contesto. Lo veo salir del baño con su andar torpe que pretende disimular sin mucho éxito. Me siento en el filo de la bañera y vuelvo a coger el bote de crema de mi madre. Me lo acerco a la nariz. Lo huelo y lo vuelvo a oler. Me parece que una de las vecinas está haciendo café.

DAVID, II

"Hola Octavio. ¿Estás en tu despacho? ¿Puedo pasar a verte?". Cuando suena el zumbido de los mensajes de WhatsApp, estoy preparándome las clases de aquella tarde. Hacía mucho tiempo que no sabía nada de David, salvo por lo que colgaba en Facebook muy de tarde en tarde. Me sorprende que quiera verme justo en este momento, sin que antes hubiésemos quedado. David es un tipo extremadamente educado y ordenado. Me quedo intrigado. No solía pasar por la facultad, porque este año había decido no seguir con los estudios. Había encontrado un trabajo. Me insistió y me prometió que no abandonaría el Derecho, que al año siguiente procuraría matricularse en la UNED. Cuando me contó este cambio de planes, ya me olí que lo que realmente andaba buscando era dejar de estudiar, que el Derecho no era lo suyo, o que al menos no lo era en aquel momento de su vida. Aunque no lo expresara de manera rotunda y clara, David estaba deseando escapar de todo. Y había empezado a hacerlo poco a poco, por partes, como si le faltaran fuerzas para dar un zapatazo radical. Y era lógico que de lo primero que quisiera desvincularse fuese de una Facultad que lo convertía en un ser cada vez más diminuto.

"Claro. Estoy aquí hasta el mediodía. Pásate". Me contesta con un emoticono de esos que lanzan besos. Continuo con mis apuntes, repasando cómo explicar de manera clara a mi alumnado lo que es un decreto ley. No habían pasado ni veinte minutos cuando llaman a la puerta de mi despacho. Aunque hacía tiempo que no pasaba por allí, puedo reconocer sus golpes. Tímidos, un, dos, tres, como quien no quiere molestar. Un niño siempre obediente, bien vestido, sin manchas, correctísimo. Allí estaba el David de siempre. Con sus vaqueros azules y su camisa recién planchada, oliendo como a jovencito recién salido de la ducha. Sin embargo, esta mañana, en cuanto lo he visto, me he dado cuenta de que algo no iba bien. No sonríe al darme dos besos, esquiva las miradas de frente, se me escurre como agua entre los dedos. Se sienta como si estuviera en la sala de espera de un centro de salud, con una mezcla rara de inquietud y deseos de que todo pase lo antes posible. Como cuando de pequeño mi madre me obligaba a tomar uno de aquellos jarabes que de tan dulzones acababan arañándome la garganta.

No hace falta que le pregunte. Está tan necesitado de contarme lo que le había pasado que empezó a hacerlo casi sin preámbulo. Lo hace, al principio, con relativa calma. "¿Te acuerdas de Álvaro?". Lo miro dudando, porque la verdad es que no sabía de quién me estaba hablando. "Sí, te lo conté, el chico que conocí hace unos meses, muy lindo, que está en Relaciones Laborales…". Al pronunciar el nombre de Álvaro se le ilumina levemente la mirada, como cuando abres una ventana y, antes de bajar la persiana, te deslumbra el sol que no esperas. "Sí, sí", le contesto, sin tener muy claro si me había hablado de él. "Llevamos un par de meses juntos. Alguna vez le he dicho que podíamos quedar contigo, pero siempre me dice que le da corte. Es muy tímido, muy reservado. Y como además no ha salido del armario, ni en su casa, ni con sus amigos, siempre está como a la defensiva, controlando dónde estamos, quién nos puede ver. Tiene muchos amigos aquí en Derecho, así que ni se le pasa por la cabeza venir conmigo a la Facultad". "¿Y cómo hacéis para veros? Esta ciudad no es tan grande". "Bueno, salimos con más gente, a veces se viene a casa, vamos al cine. Tampoco hacemos nada extraordinario, pero sí que es cierto que es muy incómodo porque vamos por la calle como con miedo".

A medida que va hablando, la voz de David se va haciendo más quebradiza. Tiene que pararse unos segundos, respirar y luego continúa con su relato. Procuro no poner ni cara ni pose de profe que escucha atento a un alumno con problemas, pero no sé si doy justamente con la actitud que él espera. Siempre ando demasiado ocupado con las sensaciones que mi cuerpo, mis miradas o mis palabras generan en los demás. Sí, sé que debería relajarme, estoy en ello, pero no lo he conseguido del todo. Y sé que esta actitud mía puede generar una muralla infranqueable que a quien está en frente puede provocarle hastío o desconfianza. La mesa, mi enorme mesa de catedrático, tampoco ayuda, por más desordenada que esté. Me levanto y me siento en la silla que está justo al lado de la que ocupa David. Lo hago con una pierna sobre la otra, me echo ligeramente hacia atrás y apoyo un brazo en el filo de la mesa. David permanece muy derecho, apenas se gira levemente para mirarme de frente. "Su familia es muy muy tradicional. No te puedes ni imaginar. Muy conservadores, más que de derechas. No sólo sus padres, también sus tíos, sus hermanos, todo su entorno. Ni se plantea decirles que es gay y mucho menos que está saliendo con un chico. Para que te hagas una idea de cómo es la cosa, él me indica cuando puedo llamarlo, y siempre me pide que no lo haga hasta que él me avise. Por supuesto no puedo acompañarlo hasta su casa, ni esperarlo en su portal. Siempre quedamos a una cierta distancia". "Qué te gustan los retos, David, ¿no había otro más facilito?". En cuanto hago esta pregunta me arrepiento de ella, pero David sonríe levemente y me tranquiliza. "Jejeje, pues no, ya sabes que soy muy cabezón. Y la verdad es que Álvaro es un tipo lindo, muy sensible, muy tierno. No es el típico chulo de esos que encuentras en Tinder. Y no sé, quizás yo ahora mismo necesite algo así. Tampoco yo soy muy distinto a él". "¿Cómo os conocisteis? Porque creo que eso no me lo has contado, o al menos no lo recuerdo". "Pues de una manera muy tonta, nada extraordinaria. Coincidimos en una fiesta con amigos comunes. Acabamos hablando mucho rato de la Facultad, de lo que estudiaba, de Derecho. Nos pasamos el teléfono. La verdad es que a mí me gustó. Espera, te enseño una foto". Busca en el móvil. Tarda unos minutos, supongo que hasta que da con la foto en la que aparece el Álvaro que a él más le gusta. Me acerca la pantalla. "Umm, es mono, se le ve muy jovencito". Álvaro parece todavía más niño que David, tiene el pelo ligeramente rizado, como uno de esos querubines tan gais de algunas estampas religiosas. Es blanquito de piel, delgado. En la foto lleva uno de esos polos de marca que a mí nunca me han gustado. Mira a cámara como asustado, no sonríe. Tiene unas manos muy grandes. Me fijo en sus manos grandes y en sus dedos delgados, como de pianista. "Sí, es un año más joven que yo, y tiene un aspecto muy aniñado. Te gustaría, seguro. A ver si algún día se atreve y quedamos. Aunque después de lo que ha pasado hoy, no sé..." El tono de David vuelve a cambiar. Retorna al del principio de nuestra conversación. "¿Qué ha pasado? Me tienes intrigado desde que me enviaste el mensaje. Sentí que tenías urgencia por verme. Cuéntame". "No sé por dónde empezar, la verdad. Estoy todavía tan nervioso... Y mira que me he ido tranquilizando al hablar contigo, pero todavía tengo el corazón que se me sale. Mira". Me agarra la mano y me la pone sobre el pecho, como quien pretende convencer al juez de su inocencia.

"Esta mañana habíamos quedado. Como ha terminado los parciales, estaba libre y yo me acerqué al centro. Él vive por allí. Cerca de San Miguel. Hemos ido a comprar unas cosas que necesitaba y luego nos hemos tomado un café juntos. No te puedes imaginar lo guapo que estaba. Se había puesto un polo azul claro que él sabe que a mí me gusta mucho". David me cuenta los detalles como la madre que está muy orgullosa de su hijo, como quien está compartiendo un preciado tesoro.

"Después del agobio de los exámenes, al fin hoy lo he visto relajado. Hace apenas media hora, salimos de la cafetería y a unos pocos metros nos hemos encontrado con su padre. No lo podíamos esperar, porque a esta hora se supone que está trabajando. Cuando nos ha visto, se ha acercado andando deprisa y no te puedes ni imaginar la que nos ha montado. Bueno, mejor dicho, la que le ha montado a Álvaro. Ahí, en plena calle, delante de todo el mundo. Y ni siquiera íbamos cogidos de la mano, ni nos habíamos dado un beso, nada, como dos amigos paseando, pero el padre se ha puesto hecho una furia. A Álvaro le ha dicho de todo. Eso sí, que yo recuerde, no ha pronunciado la palabra maricón. Pero supongo que habría sido menos hiriente que le hubiera dicho *maricón de mierda* antes que escuchar todo lo que le ha soltado. Que era un mal hijo, que no sabía lo que hacía, que lo sospechaba desde hace tiempo, que a quién creía que engañaba, que vaya decepción... Como si hubiera descubierto, no sé, una enfermedad, o un delito." "¿Y tú que has hecho, David?" "Yo estaba de piedra, al lado, no quería ni levantar la vista del suelo, avergonzado, porque toda la gente que pasaba se nos quedaba mirando. Cruzaba los dedos para que no pasara nadie conocido". A medida que avanza en su relato, David pierde algo la compostura, se mueve en la silla como si le molestara el respaldo, alza algo la voz y las palabras le salen más deprisa, como si tuviera dentro algo que le hiciera presión y las lanzara sobre una diana. "Quería desaparecer, salir corriendo, pero no podía, ni tampoco podía decir nada. Estaba, eso, paralizado. Me costaba creer que todo aquello fuera real, que no lo estaba imaginando. Solo después de soltarle a Álvaro todas esas barbaridades que te he dicho y más, se dirigió a mí. Se quedó unos segundos mirándome muy fijamente y luego dijo, como si dictara sentencia: *Y a ti, que no vuelva a verte con mi hijo, ¿me has entendido?, lo más lejos posible. Me lo estáis volviendo loco entre todos.* Eso fue lo que dijo. Me lo estáis volviendo loco entre todos. Después de decirme esto, se volvió a dirigir a Álvaro. *Vamos para casa*, le dijo, *tenemos que hablar con tu madre.* Álvaro, que había bajado la cabeza desde que nos encontramos con su padre, siguió así todo el rato. No se atrevía a mirarlo, y era como si persiguiera que nadie de quienes pasaban por donde estábamos lo pudieran reconocer.

Los vi alejarse mientras yo seguía paralizado. Me quedé así unos minutos, en mitad de la calle, mientras la gente caminaba a mi alrededor. No podía moverme. Tenía muchas ganas de llorar, pero no podía. Y lo único que se me ocurrió fue escribirte, por si estabas. Tenía que contárselo a alguien. No podía irme a mi casa y que mi madre me notara preocupado".

Tras concluir el relato, los dos permanecemos en silencio durante apenas unos segundos que mí me parecen minutos. David baja la cabeza, supongo que con el mismo movimiento que Álvaro había hecho en mitad de la calle. Es entonces cuando empieza a llorar. El suyo es un llanto apenas perceptible, como el quejido de un gato pequeño abandonado, como el murmullo de un niño que dormido empieza a tener una pesadilla. Me levanto y me agacho a su lado, para quedarme a su altura. Lo abrazo y lo noto más delgado que nunca. Está temblando. Ahora soy yo el que se queda sin palabras, el que tiene que respirar hondo y pensar en no meter la pata. "Bueno, ya está, lo has soltado. Ahora procura tranquilizarte. Puedo imaginar la situación tan violenta y no debes agobiarte. No podías hacer mucho más. No vayas tú ahora a sentirte culpable por lo que ha pasado". Pero yo sé que lo terrible no era tanto la situación en sí, sino lo que vendrá después, las dudas, los agobios, la culpa, las llamadas no contestadas, la tristeza, la humillación sostenida en el tiempo, como un reguero de pólvora que en cualquier momento puede estallar, como los cohetes en feria. Eso sería lo más difícil de gestionar. Yo no conozco a Álvaro, puedo entender su dolor, empatizar con él, pero hay una distancia que impide que su rabia me llegue a mí con toda su intensidad. Pero no es el caso de David, al que tengo tan cerca, y al que siempre he querido proteger, como si fuera un hermano pequeño, el alumno elegido, el niño de mis ojos. Tengo miedo de que el percance tan desagradable pueda ser un golpe brutal en la autoestima de David, en su tortuoso camino hacia la liberación, una piedra más que podría provocar que se volviera más hacia dentro. Y eso es lo peor que le podría pasar. Porque además los efectos dañinos se multiplicarían gracias al amor que elevado a la enésima potencia romántica nos convierte a todos en súbditos.

"Creo que lo mejor, David, es dejar que pase este mal rato, daros un tiempo, ver cómo responde Álvaro y, sobre todo, no creo que debas ni atosigarlo, ni exigirle nada. Hazle saber que estás ahí y ya está. Tampoco puedes hacer otra cosa. Ante un contexto tan jodido, es muy complicado pensar una estrategia. Supondría intervenir en la familia y eso sí que lo veo imposible. Es Álvaro, con ayuda externa, claro, el que tiene que revolverse". Me quedo a su lado, en cuclillas, como si quisiera tener la altura de un niño pequeño y que David me viera casi a ras del suelo, muy lejos de un púlpito. "Lo hemos hablado alguna vez, pero él siempre ha esquivado el tema, lo ha dejado pasar, no ha querido contarme apenas nada, pero yo intuía que su casa era un horror. Yo le comenté que tal vez le vendría bien irse fuera a estudiar, que se pidiera una beca Erasmus, pero él no ha querido hacerlo, o no lo han dejado, no sé. Alguna vez que ha llegado muy enfadado me ha llegado a decir *me voy de casa, no puedo más, no lo soporto*, pero al día siguiente estaba tal cual." "Supongo que ha tenido una educación religiosa, estricta, que viene de un cole privado y católico…". "Sí, sí, no te equivocas". "Que su familia es de esa Córdoba profunda que sigue viva, aunque nos parezca mentira en este siglo XXI". "Eso es. Lo que tantas veces hemos hablado. Álvaro es el ejemplo perfecto".

David parece más tranquilo. Sus ojos están empañados, pero ya no tiembla. Es como si la ira lo hubiera convertido en un individuo más firme, como si el enojo le estuviera sirviendo para elevarse sobre la miseria, para salvarse de ella. "Yo he llegado a decirle que se venga a casa. O hasta he pensado que como ahora estoy trabajando podría buscar un sitio y vivir juntos". Miro a David con cara, ahora sí, de profesor en sus horas de tutoría. "¿Crees que esa es la mejor idea? Yo creo que no, David. Saldría mal. Tendría un coste enorme para todos, y para ti el primero. Yo entiendo que estás enamorado, que sientes mucho lo que le pasa a tu chico, pero no cometas el error de pensar que montándote una película todos los problemas están resueltos. No creo que sea la mejor manera de ayudar a Álvaro. Lo único que puedes hacer es animarlo para que vaya teniendo autoestima, para que vaya rompiendo ataduras, pero no creo que sea buena idea que te conviertas en algo así como su salvador. Y mucho menos que construyas una historia que nunca se sabe en qué puede acabar. Calma, David, no te precipites. Comprendo tu rabia y tu impotencia. Pero no tomes ninguna decisión en caliente. Espera a que Álvaro dé señales de vida. Y a partir de ahí, en función de cómo lo veas, vas dando pasitos. Pero con cautela, sin precipitar nada. No le fuerces a hacer nada. Imagina cómo estará él en estos momentos". "Es verdad lo que dices, tampoco puedo hacer mucho más". "Y ya sabes que en cualquier momento podemos vernos los tres, o si quieres que Álvaro y yo quedemos, no sé, lo que se te ocurra yo estoy dispuesto. Pero yo no soy ningún experto, ¿eh? Sólo puedo escucharos y tratar de que entre todos veamos las cosas con más claridad".

David se levanta despacio, como si las piernas le pesaran más que cuando llegó. Mira el móvil, con ese gesto rápido que todos tenemos tan normalizado que ya apenas rompe el ritmo de una conversación. Comprueba que no tiene ningún mensaje. "No te agobies, ya te escribirá, ya verás, antes de lo que crees. Dale tiempo". "Gracias. Ahora estoy mucho mejor. No te puedes imaginar cómo he bajado desde el centro hasta aquí. Creo que nunca he andado más rápido. Tenía tanta rabia, tanto dentro que me iba a explotar, que menos mal que estabas… No podría haber estado sin contárselo a nadie". "Me alegro de haber estado aquí y de que me hayas buscado. Ahora tranquilízate tú también y me vas contado. No dudes en irme contando". "Lo haré, claro."

Antes de salir, David se acerca para darme dos besos. Aprovecho para volver a abrazarlo. Eso es algo que he tenido que ir aprendiendo. A dar abrazos con ternura y convicción, sin fuerza, sin marcar distancias, haciendo que mi pecho, pegado al pecho del otro, diga cosas y no permanezca como una especie de coraza. El corazón coraza del poema. No me ha resultado fácil el aprendizaje y todavía hay muchas ocasiones en que sigo fallando, en que me vuelvo al hombre lleno de sí mismo que aprieta en vez de abrazar. A David lo estrujo con cariño, como si fuera posible que en el encuentro algo de él germinara en mí y viceversa. Sin que mi brazo, al cruzar hacia su espalda, se convierta en un arma, haciendo una leve caricia de arriba abajo. Mi mano derecha le toca el cuello por detrás, con mis dedos trato de escribirle un verso, como si en las yemas tuviera una crema hidratante o, mejor, tinta con la que hacer un tatuaje. El chico delgado, con los movimientos de cadera que sólo muestra cuando los demás parecen no mirarlo, atraviesa con cierto desánimo el claustro de la Facultad, con la gafas de sol puestas, sin apenas mirar hacia los lados, pero no tanto con el objetivo de no ser reconocido, sino más bien para sentirse más firme, como quien, en ese momento, pese a su dolor, es capaz de elevarse, siquiera unos centímetros, por encima del suelo. Así, casi flotando, vuelve a la calle, camino de su casa. Su madre tendrá preparado el almuerzo. Un cocido, unas lentejas, un guiso de carne. Cuando llega, la mesa ya está puesta y su madre está terminando de poner la comida en los platos. Por el olor, David descubre que son unas ricas habichuelas. Como habitualmente no habla mucho durante los almuerzos, nadie nota que hoy está algo triste y preocupado. Ha dejado el móvil en silencio, guardado en su bolsillo derecho. "Muy ricas, mamá. Pero ya no puedo más. Me tomé un bocata a media mañana y ya no me caben más". Su madre le insiste cariñosa en que acabe el plato, pero David la convence con apenas una sonrisa. Se espera a que todos terminen y en cuanto su madre se levanta de la mesa, como siempre, la primera, él la sigue y le ayuda a llevar los platos a la cocina. Tras recoger el mantel y abrir un poco la ventana para que se vaya el olor a comida, David se va a su habitación. Aunque no es de dormir la siesta, necesita estar un rato solo. En cuanto se echa sobre la cama, vestido, sin los zapatos, devuelve el sonido al móvil y comprueba que no hay ningún mensaje. Abre el Instagram, al que casi nunca se atreve a subir una fotografía, y mucho menos de su vida más íntima. Lo intenta, pero no se atreve a presionar. Se mira en la pantalla del móvil que hace las veces de espejo. Nunca le gusta ver su cara reflejada en una superficie. Le cuesta reconocerse en ese rostro apenas masculino, pero que sigue siendo el de un hombre. Cierra la aplicación y se pone de medio lado en la cama, en posición fetal, como solía dormir cuando era pequeño, abrazado a la almohada. No tarda en dormirse. Cuando se despierta, apenas media hora después, no recuerda que ha soñado con monstruos.

MASCULINO Y FEMENINO

En el Colegio Mayor Fonseca de Salamanca los servicios no están divididos en hombres y mujeres. Cuando entro por primera vez, en un día de julio de mucho calor, deseando lavarme para la cara para ver si así consigo despertarme y seguir con atención el encuentro al que asisto, leo que en los carteles pone aseos masculinos y femeninos. Me quedo mirando los dos cartelitos y dudo unos minutos. No sé si soy, o me siento, o me pienso, masculino o femenino. Quizás sea una mezcla de ambos, o depende del día. Por lo tanto, me planteo en cuál debo entrar, porque si hubiera visto escrito el término *hombre* no habría tenido dudas de que biológicamente es lo que soy, lo que figura en mi DNI, aunque yo luego le haya ido poniendo adjetivos con los que trato de paliar la cárcel que para mí representa esa categoría.

No sé si esta mañana me he levantado más masculino que femenino, o al revés. Cuando me duché y me miré en el espejo del hotel, vi mi cuerpo de siempre –delgado, nada musculoso, con vello– y seguía viendo un hombre, biológicamente un hombre, pero al vestirme me fui olvidando de esa imagen y volví a mi estado de confusión habitual. Andrógino, queer, raro, no binario, género fluido. Me falta espacio para poner en fila todas las etiquetas que se me ocurren y que no me gustan. Escribiría páginas y páginas de cuadernos repitiendo, como los castigos que antes ponían en la escuela, los conceptos que pueden definirme. Pero la verdad es que ninguno dice exactamente lo que soy, en todo caso muchos lo que hablan es de cómo los demás me ven o de cómo yo trato de ajustarme a lo que los demás esperan de mí. Tengo la impresión de que cuando necesitamos dedicar tanto tiempo a expresar un concepto y, en consecuencia, a explicarnos a nosotros mismos, estamos cayendo en la trampa de quienes pretenden seguir clasificándonos en compartimentos separados.

Es decir, los de siempre. Quienes cuando hice la primera comunión pretendieron que me vistiera de almirante, cosa a la que me negué. Los mismos que cuando me casé provocaron que luciera un chaqué y que durante años me estuvieron diciendo al oído dónde estaban las fronteras entre lo masculino y lo femenino.

Entro en el aseo que pone masculino, no porque esté convencido de que es mi lugar, sino porque resultaría bastante incómodo que una compañera me encontrara en el suyo. La verdad es que nunca me he sentido a disgusto con mi ser biológico masculino, aunque por supuesto haya cosas de mi cuerpo que no me gusten, sino más bien con todo aquello con lo que he tenido que adornarlo desde que era un niño. Cómo me he tenido que vestir, cómo he tenido que mover las manos, cómo he tenido que usarlo en mis relaciones sexuales. Llevo toda la vida luchando contra las máscaras que me he ido poniendo para ajustarme a la norma. Cuando voy a unos grandes almacenes, me gusta mucho más la parte de chicas que de chicos. Me gustan mucho más los colores, las telas, la diversidad. Nunca encuentro en la parte de hombres sandalias que no sean marrones, ni trajes de fiesta que me diviertan, ni ropa interior que no pretenda hacer de mí el protagonista de una peli porno gay.

Sigo sin entender por qué nos separan en dos, por qué cuando me fijo en una camiseta con determinados estampados suele haber alguien que sigue diciendo que es de chicas, por qué cuando voy a comprar cosas de aseo ellas tienen una enorme variedad donde elegir y yo una escasez de opciones que responde siempre a los mismos patrones. Eso sí, no negaré el privilegio que disfruto porque a mí, hombre, me sale mucho más barato comprarme un desodorante o una maquinilla de afeitar.

Entro en el aseo masculino y, como siempre, después de limpiar la taza, me siento. Me gusta mear sentado. Por eso odio los servicios de hombres en los que sólo hay esos urinarios en los que, con frecuencia, los machos miramos de reojo para hacer comparaciones. Me gusta mear sentado como las chicas. Me dan ganas de vomitar esos baños en los que los chicos parecen haber jugado a hacer puntería y han fallado en la mayoría de las ocasiones. En esos instantes me gustaría no ser hombre, es decir, que no me identificaran con ese grupo que casi siempre mea fuera. Aunque también yo sea de los que, en el baño de mi casa, con frecuencia, se mea gustoso bajo la ducha.

Me lavo las manos, cosa que he observado que suelen no hacen mis colegas, y vuelvo a la sala en que varias compañeras han empezado a debatir sobre si las teorías queer constituyen o no un peligro para el feminismo. Hace tanto calor que me cuesta concentrarme en las ideas tan complejas que se están lanzando. Se me va la cabeza pensando en si lo de ser hombre o mujer es un sentimiento, una identidad o un proceso. Sólo tengo claro que quiero dejar de ser un hombre, pero no para convertirme en una mujer. No me queda más remedio que admitir que soy un monstruo.

ENRIC, II

Arnau con unas mallas negras, una camiseta de tirantes y esa sonrisa tan grande que hace que sus ojos parezcan diminutos. No sé si está más nervioso el padre o el hijo. Supongo que el pequeño no es del todo consciente. Enric, que siempre ha sido un hombre que lo ha vivido todo sin renunciar a las emociones, o al menos eso es lo que no deja de explicar en público, no se siente nervioso, pero sí inquieto. La inquietud del padre cuando sabe que el hijo empieza a perfilar su personalidad, a tomar decisiones y a situarse en determinados contextos que no necesariamente se lo van a poner fácil. Ahora bien, como él es un tipo positivo, me lo imagino disfrutando de ese instante, convirtiéndolo en un texto maravilloso de esos que parecen reclamar en sus márgenes flores y soles. Algo escribirá contando su experiencia, su emocionada experiencia. El padre maravilloso al que se le cae la baba con cada gestos de sus hijos, el progenitor presente hasta decir basta, el que, si por él fuera, seguiría teniendo descendencia hasta el infinito. Nunca le he preguntado si tiene envidia del útero de las mujeres y si no le gustaría quedarse embarazado y parir. O incluso si no tendría inconveniente en parir para otros.

A Arnau le dan un número, como en los programas de talentos de la tele, y espera en una enorme sala, sin estarse quieto, como es habitual en él. Alrededor solo hay mujeres, es decir, madres, y muchas niñas. Todas son niñas. Parecen preparadas para un baile fin de curso. La mayoría muy delgadas, esbeltas, algunas, las menos, más bajas y rellenitas. Todas con el pelo recogido, la cara recién lavada y muy correctas. Hablan sin estridencias, no ocupan mucho espacio, mantienen el orden. Modositas, como debe ser. Las madres hablan entre ellas. Se intercambian los números de teléfono. Hacen fotos de sus niñas y las pasan a sus grupos de WhatsApp. Enric está sentando en una esquina, casi pegado la puerta, prácticamente invisible. Observa y calla. Arnau no deja de moverse, de ir de un lado para otro, se acerca a una chica que puede tener más o menos su edad. Hablan entre ellos, se ríen. Ella en seguida se aburre y se vuelve hacia sus amigas. Arnau se sienta en las rodillas de su padre y le dice, entre orgulloso y algo asustado, "soy el único niño". "Pero eso no es ningún problema", le explica Enric, con esa manera que tiene de dirigirse a sus hijos como quien parece ser muy consciente del peso de lo que está diciendo en ese momento, con solemnidad y un cierto aire a Coelho. "Ellos se lo pierden. Seguro que vas a hacer nuevas y buenas amigas, que vas a pasártelo muy bien y que, en cuanto que lleves un par de días, se te va a olvidar que eres el único niño de la clase. Si te admiten, claro. Primero tienes que hacer la prueba". Arnau mira a su padre con cara de interrogante, algo serio, piensa unos cuantos minutos. Se mueve como si estuviera escuchando una música que sólo llegara a sus oídos. "Pero seguro que ellas llevan unas mallas más chulas que las mías, y seguro que bailan mucho mejor". "Pues así aprendes más, si ellas bailan mejor, ya sabes a quién tienes que mirar para mejorar tú. Y, oye, lo de las mallas, si te gustan las de ellas no tienes más que preguntarles donde se las han comprado y las buscamos". Esta última idea es la que parece haber satisfecho más al pequeño que, como suele hacer siempre que piensa algo detenidamente, no deja de tocarse el flequillo que le cae sobre la frente. Cuando lo llaman para entrar en el aula en la que se hacen las pruebas, pone cara de miedo, como aquel día que entró con sus primos mayores en la casa del terror. "Venga, te toca, baila todo lo que sabes".

Enric lo coge de la mano y lo acompaña hasta la puerta. Se queda fuera, pegado a la puerta de cristal, como si no quisiera perderse ni un detalle de lo que intuye está pasando al otro lado. Arnau, que siempre ha sido un niño muy extrovertido en las distancia cortas, tiende a replegarse, miedoso, cuando está en público, cuando hay ojos que no conoce observándolo. El padre está ahora más nervioso que él. Se escuchan voces que hablan, pero no lograr entender lo que dicen. Cree escuchar muy bajita la voz de su hijo. Luego empieza a escucharse la música, la que Arnau eligió después de las muchas dudas que tuvo la tarde anterior. Una pieza que Enric suele escuchar en el coche y que parece sacada de una banda sonora minimalista. Por momentos los sonidos no parecen música y recuerdan más a los de automóviles en una calle atascada. Es justo entonces cuando Arnau aprovecha para desplegar ese alma de fierecilla que quisiera callar los ruidos. Con las manos, con las piernas, con su pelo más largo de lo habitual. Todo su cuerpo entonces se convierte en un transmisor de energía. Imparable. Un animalillo desatado que parece haberse criado más cerca del bosque que de la civilización.

Cuando sale del aula, Arnau está sudando, más nervioso que cuando entró, entusiasmado, despide electricidad, como si hubiera pisado un cable y fuera incapaz de parar la alta tensión. A Enric le encanta verlo así. Supongo que porque reconoce el punto de frescura que a él le falta. "Papá, me ha salido muy bien. Me han felicitado. He hecho hasta la voltereta que ensayé ayer. Había una profe que me miraba con muy malas pulgas al principio, pero al final me ha sonreído". Enric lo levanta hacia arriba, lo apretuja como cuando era más pequeñín y se emociona. Otra vez. Enric, el hombre emocionado. "¿Cuándo nos dan las notas, papá?". "Aquí no dan notas, hijo. Nos enviarán un correo y nos dirán si te han admitido o no. Seguramente la semana que viene lo sabremos". Arnau se queda pensativo, apenas unos segundos, como si tratara de digerir un pensamiento complejo, aunque lo que hace es trasladar el futuro posible a un recoveco donde no le moleste mucho. "Bueno, papá, si no entro me da igual, yo voy a seguir bailando de todas maneras. La maestra Lucía me ha dicho que para Navidad tengo que bailar en el cole. Le he dicho que sí, que voy a preparar algo muy chulo". "Claro que sí, lo mejor del baile es que puedes hacerlo en cualquier lugar y a cualquier hora". Arnau mira muy serio a su padre y se convierte ahora en el adulto que puntualiza y corrige. "A cualquier hora, no, papá, a mamá no le gusta que me ponga a bailar por las noches". El niño bailarín, que ha aprendido de su madre el arte de entrelazar ideas y palabras a la velocidad del rayo, haciendo que sean primas hermanas realidades que para cualquier otro menor serían imposibles de encajar, es capaz de usar en su propio beneficio lo que los demás han tratado de usar como límite. "Recuérdame que cuando lleguemos a casa te cuente cómo puedes bailar por la noche sin que nadie se entere", le susurra su padre, el perfecto contador de cuentos, el payaso sin nariz roja, el saltimbanqui que con frecuencia confunde la vida con un circo. "Ahora vamos a merendar, te lo has ganado. Y llamamos a mamá para que le cuentes cómo te ha ido".

Los dos, padre e hijo, salen a la calle de la pequeña ciudad en la que, a esas horas de la tarde, empieza a haber el movimiento propio de las tiendas recién abiertas, de las meriendas relajadas, de las academias de las que entran y salen jovencitos. El padre bailarín y el hijo caminan de puntillas, tan contentos que parecen dirigirse a una feria en la que merendar buñuelos de calabaza.

EL HOMBRE FERIANTE

Nunca me gustaron los circos ni las ferias. De pequeño, los domadores me caían mal, los payasos me daban miedo, los magos me aburrían, los animales me daban pena. Sólo encontraba un ligero pellizco de emoción cuando los trapecistas hacían piruetas en el aire, aunque nunca entendí del todo el porqué de la malla que se solía quedar a la altura de mis ojos. Los circos que iban a mi pueblo eran tan pobretones que, a mí, en vez de hacerme soñar, me generaban, sin que yo entonces fuera consciente del todo, una cierta conciencia social. Recuerdo haber ido alguna vez con mi abuela Carmen y con mi abuelo Francisco. Casi he olvidado el día en que mi padre y mi madre, tan ilusionados, me llevaron a ver el circo de Ángel Cristo y Bárbara Rey, que, por supuesto, no actuaron en mi pueblo sino en el de al lado, que siempre tuvo y tiene más poderío económico. Tampoco he disfrutado mucho de las ferias, ni siquiera en esa etapa de la vida en la que parece que si no te diviertes con la fratría eres un bicho raro. Me da mucho asco todo lo que se come y se bebe en las casetas, me abruman los sonidos, las músicas tan estridentes y los regueros de personas que parecen programadas, antes de entrar en el recinto, para comportarse como si fueran fieles copias unas de otras. Siempre me ha resultado curioso que, a la entrada del ferial de Córdoba, que parece que está situado en mitad del desierto, haya una enorme fuente, como si fuera un guiño a las abluciones que deberíamos hacer antes de entrar en un recinto sagrado. Obviamente nadie la usa para eso. El agua solo sirve de telón de fondo para los fotos que los y las feriantes suben a Instagram.

Quién me iba a decir a mí que con los años acabaría instalado en una especie de rutina que acaba siendo muy similar a una feria, y que tan a menudo me recuerda a un circo. Quizás más cercano al de Ángel Cristo que a los cutres que iban a mi pueblo, pero un circo en definitiva. Poso ante las cámaras, busco likes, vuelvo a la adolescencia, cuido mi imagen, aunque no siempre sobre mis hombros el peso de la ley del agrado, parezco a veces programado en serie como el público que asiste a una feria, hago con frecuencia el payaso y muchas menos veces de mago muy torpe, al que se le ven casi todos los trucos. Vendo libros que alcanzan varias ediciones, me reclaman para entrevistas, para conferencias, como si fuera una star. Mi hijo anota con cachondeo las fechas de mi "masculinities tour". No dejo de crecer y crecer hasta verme al doble del tamaño del resto. El hombre feminista multiplicado en sus ansias de protagonismo. *Por mi culpa, por mi culpa, por mi grandísima culpa.* Apenas recuerdo lo que se decía en misa, o tras una confesión en la parroquia de mi pueblo, ni mucho menos los consejos que me daba un párroco de rostro y maneras afeminadas, y al que yo siempre encontré un cierto parecido con Jerry Lewis. En ocasiones intento concentrarme y sólo alcanzo a recordar frases sueltas, oraciones a medias, alguna definición incompleta del catecismo que estudiábamos en el colegio. Yo soy el hijo de una transición en la que todavía, en mi colegio al menos, había maestras que rezaban cada mañana al empezar la jornada y donde, obedientes todas y todas, nos poníamos de pie cuando entraba el señor director a inspeccionar el aula. La malla bajo el trapecio, el albero asqueroso que sube hacia arriba cuando se bailan sevillanas.

Tampoco recuerdo si un día tuve el sueño de ser escritor ni mucho menos el de verme firmando ejemplares en la Feria del Libro de Madrid. No sé si la intensidad de mi deseo podría calificarse como sueño. En todo caso, hace dos años, y fuera lo que fuera lo que me pellizcaba por dentro cada vez que imaginaba el mundo de las librerías y los escritores, así en masculino, porque durante mucho tiempo en mi imaginario apenas existieron escritoras, hace dos años lo hice realidad, y por partida doble. Me senté al fin al otro lado y vi pasear al público, en gran medida indiferente ante mi presencia, por lo que no acaba siendo sino otra feria de las vanidades. Show must go on. No niego lo gratificante que fue encontrarme con algún lector y sobre todo con alguna lectora, ni tampoco el cosquilleo de satisfacción que provoca escribir una dedicatoria en la que siempre procuro ser original y tierno. Por supuesto no faltaron mis fotos en las redes sociales, los likes y los comentarios. Mi madre disfrutó mucho viendo una foto mía en la caseta de la librería Mujeres. Como me suele ocurrir casi siempre, traté de situarme fuera de mí mismo para contemplarme, como si fuera una especie de Pepito Grillo que permanentemente está incordiándome, aguándome la fiesta. En esa mirada desaparecieron los libros, el público, los sonidos de los altavoces que me recordaron a los afiladores de mi pueblo. Sólo estaba yo. Primer plano, un plano medio, un largo travelling sobre mí mismo. Me vi muy grande, con los hombros más anchos, como si en los días previos hubiera ido al gimnasio. Mis labios apenas se movían, inmovilizados en una eterna sonrisa que, con el tiempo, pensaba, me provocaría ardores. Me sentí, pese a tanto foco, un hombre solitario, necesitado de cariño, con ansias de ser escuchado. Porque es que, entre otras cosas, a mí me habían educado para eso: para alzar la voz, para acaparar flases, para sumar líneas en los folios de mi currículum. Y ahí estaba, rodeado de libros feministas, pidiendo a gritos que alguien me venerase, como si fuera una dolorosa o uno de esos cristos andaluces a los que el personal, sobre todo femenino, acude implorando milagros o perdones. Es la gran paradoja de mi proceso de deconstrucción. La trampa en la que yo mismo caigo y que no sé resolver con atino. Cada vez que firmo libros, y me miro desde afuera, sigo reconociendo al héroe que se supone no quería ser. Y busco una penitencia que cumplir, y me flagelo, y me convierto en víctima llorona. Otra vez la pena del circo, la tristeza de los payasos, la música estridente de las casetas de feria.

Sentado en un taburete que me permite ver por encima del mostrador lleno de libros, miro la gente pasar, las familias con niños, los hombres solos y aburridos, las mujeres con bolsas rebosantes. Como siempre he hecho desde pequeño, me cuestiono y me pregunto si es ahí donde quiero estar, si tiene sentido participar de esa ceremonia, si es un leve sacrificio que puedo justificar en nombre de una empresa mayor. Yo: el salvador del mundo. Necesito semanas, meses, para darme cuenta de que toda esa representación es también una forma de complicidad con el eje vertical que lleva siglos jodiendo el mundo. El eje que a mí también me parte en dos. Solo así, cuando estoy partido –o sea, jodido– soy capaz de ponerme en horizontal.

Cuando vuelvo a casa, en esas horas de tren que yo he convertido en una especie de retiro espiritual, trato de zurcir todo lo que ha quedado medio roto, deshilvanado. Me arrepiento de que mi madre no me enseñara a coser. Ni un botón sé colocar en su sitio. Me doy cuenta entonces de que sigo habitando la torre inclinada de la que habló Virginia Woolf y que, por más que trato de bajar hasta el sótano, vuelvo a subirla cada vez que un foco me aplaude y una mujer me repite eso de "necesitamos hombres como tú". Cuando el AVE, a esa velocidad tan inhumana que casi no me da tiempo a pensar, llega a Córdoba, siento el deseo de desaparecer. Cojo un taxi y me alegro de que el taxista no sepa mi nombre. El vehículo huele a sudor y a pies. El taxista tiene puesta una emisora de radio que en seguida identificó con esa que se pasa la vida ofreciendo la música que a mí tanto me deprime en las ferias. Abro la ventanilla y dejo que me abofetee el aire caliente de mi ciudad. Ojalá pudiera saber la manera de convertirme en polilla. Una mochila llena de libros en el asiento de escay, una botella de agua medio vacía y un móvil con varias llamadas perdidas. El escritor ha desaparecido. El hombre se ha evaporado. Ahora es un animalillo perdido en el bosque. La ciudad que miro atento por la ventanilla me parece una escuela gigante de domadores. Chulos, viriles, con látigo. Como yo recuerdo a Ángel Cristo.

PABLO, II

Cuando llegué al hospital, en la sala de espera sólo estaba Carmen. La encontré más tranquila de lo que esperaba. Hacía años que no la veía. Creo que desde aquella fiesta que Pablo organizó para celebrar por todo lo alto su medio siglo. Había engordado, tenía el pelo de un color distinto al que yo recordaba, estaba ojerosa. Al encontrármela allí, en ese espacio que es como un paréntesis que se abre y nunca se sabe cuándo ni de qué manera se cerrará, durante unos segundos dudé qué hacer. No sabía si abrazarla, darle dos besos, cogerle las manos. Tampoco tenía claro qué decir salvo las obviedades que se nos suelen ocurrir en los momentos que escapan a nuestro control. Fue ella la que, tras comprobar mis titubeos, me dio un abrazo. Olía, como siempre, a ese perfume intenso capaz de sobreponerse incluso al olor de tabaco o al de la carne que a Pablo le gustaba asar en la barbacoa. Ella siempre ha olido así. Incluso aquel día que nos fuimos a la playa juntos, el perfume pudo más que el de coco del bronceador. "Gracias por venir. Su hermano está de viaje. No quería preocupar a los niños. No sabía a quién llamar". "Has hecho muy bien, Carmen. Estaba en la facultad. Me habría sentado mal si no me hubieras llamado. ¿Qué sabes? ¿Se recupera?".

Nos sentamos en unas sillas que había justo en frente de un gran ventanal. Al otro lado sólo se distinguía un enorme descampado y un poco más al fondo un bloque de pisos que empezaba a construirse. Era la primera vez que estaba en aquel hospital. Lo habían inaugurado apenas tres meses antes. Todavía se percibía ese olor tan característico de los inmuebles recién abiertos al público. Los suelos brillaban impecables y la decoración, sin ser agobiante, tenía una calidez que por supuesto nada tenía que ver a la de los hospitales públicos. En la sala de espera en que estábamos no había nadie más. Me di cuenta de que en un rincón había una mesa con una jarra de agua y una cafetera. Incluso me pareció ver una caja de galletas y unos frutos secos. Había uno de esos silencios que, de tan espeso, llegaban a molestar.

El vestido camisero que llevaba Carmen era perfecto. Ligeramente estampado, de tonos burdeos, parecía diseñado para el papel que le tocaba representar. Sus zapatos, con un ligero tacón, dejaban ver sus uñas pintadas de un color indefinido, entre rojo y marrón, casi como las flores del vestido. En la silla de al lado, un bolso de piel, de esos que valen un pastón, marrón oscuro, entreabierto. Ante tal cúmulo de perfecciones, me sentí arrugado y desaliñado con mis vaqueros lavadísimos y mi camisa de Zara. Disimuladamente me olí el cuello y debajo de los brazos, porque me temía haber llegado algo sudado después de las prisas que me había dado tras recibir la llamada de Carmen. Respiré tranquilo al no percibir ningún olor fuera de lugar. Me bajé las mangas de la camisa porque allí hacía algo de fresco y no quería resfriarme con el cambio de temperatura. Carmen me ofreció un vaso de agua. Fui yo quien se levantó para llenar uno para ella y otro para mí. Necesitaba moverme, no quedarme quieto sentado a su lado, sin saber muy bien qué decir.

Sé que a Carmen nunca le gusté, por más que disimulara con su habitual diplomacia y con esa manera tan suya de hacerse querer aun sabiendo que su sonrisa era forzada. No sé si pensaba que yo era una mala influencia para su marido o si le metía cosas en la cabeza con las que no estaba de acuerdo. Ella, tan de derechas de toda la vida, hija de una familia acomodada, de esas que parecen mirar al resto por encima del hombro, nunca soportó mis posicionamientos. Que además los hiciera públicos en el periódico local era para ella como una afrenta que tenía que ver, imagino que pensaría, con mi necesidad de notoriedad. Yo no era más que un chico de pueblo, de familia humilde, que había prosperado gracias a su tesón. En el mundo clasista del que ella procedía yo era un advenedizo. Algunas de nuestras discusiones en público habían sido gloriosas. Ella siempre ganaba el pulso, supongo que porque yo me cansaba de seguirle el juego. Hay que reconocer que es lista y que sabe llevar el agua a su terreno. Si hubiera sido un chico habrían dicho de ella que tenía madera de líder. Nunca entendí, sin embargo, que profesionalmente se hubiera conformado con tan poco, mientras que su marido, mucho más mediocre que ella, acumulaba cargos y gloria. Como tampoco supe entender nunca que ella, tan lista, supiera y callara. Tal vez el estatus de *señora de*, que parecía tenerlo tan asumido, le obligara a mantener el tipo, aunque en el fondo fuera siempre la más jodida de la fiesta.

Sentada en aquella silla de plástico, similar a las que hay en los aeropuertos, y que estaba algo fuera de lugar en un hospital tan exclusivo, parecía más mayor de lo que realmente era. El sol le daba en la cara y dejaba ver sus arrugas, sus lunares, la ligera papada. Siempre había estado obsesionada por su físico, descontenta con su cuerpo. Recuerdo aquella vez que se metió en el quirófano para aumentar su pecho. Como ha sido habitual en ella, al menos en la versión que Pablo me ha dado y en lo que yo puntualmente he podido detectar, la satisfacción le duró solo unos pocos meses. Al poco tiempo de lucir su nueva figura, se abandonó, engordó y entró en esa espiral tan frecuente en ella. Pablo me contaba que había días que no salía de su cuarto. Se pidió una excedencia, pasó unos meses en el piso que un hermano suyo tenía en la playa, se matriculó en cursos que siempre había querido hacer. Parecía una adolescente picoteando aquí y allá, perdida, aunque cuando la veías siempre te mostraba una sonrisa con la que parecía querer decirte que no, que no estaba bien, y que el problema real era que no quería enfrentarse a los vacíos que había en su vida. Al fracaso que era su matrimonio y ese proyecto en el que ella había invertido tantas energías. Vinieron días de pastillas, copas y lágrimas. Pablo, mientras tanto, iba a lo suyo. Apenas me contaba nada, o si me contaba algo lo hacía siempre culpabilizándola a ella, sintiéndose él la víctima. Muchas veces lo animé a que aclararan la situación y hasta me atreví a insinuarle que lo mejor para ambos sería acabar con una relación tan dañina. Él, tan cobarde pese a lo mucho que siempre presumió de cojones, me cambiaba de tema. Mientras ella iba de médico en médico, él no dejaba de tener protagonismo público: no había día que no saliera en el periódico local, noche en que no tuviera una cena, fin de semana en el que los compromisos le impidieran llevar a su hijo más pequeño a su partido de fútbol. Carmen, hasta arriba de pastillas, muy pintada y siempre oliendo a perfume, hacía el esfuerzo de levantarse de la cama y ser una buena madre. Cuando volvían del partido, pedían unas pizzas por teléfono. Luego se echaba a dormir toda la tarde. Los hijos mayores preparaban la merienda.

Carmen conservaba parte de la belleza que durante años la había convertido en la reina de todas las fiestas. A pesar de las ojeras, de las arrugas, de la mala cara, allí sentada, con el sol dándole de frente, seguía teniendo un rostro poderoso. De esos a los que las grietas dotan de un cierto peso, como las esculturas a las que el paso del tiempo hace más solemnes. A veces me recordaba a una actriz italiana, de belleza rotunda, de esas que pese a los años mantienen una fuerza en el rostro que no encaja en ningún canon. Tenía el rímel ligeramente corrido y los pómulos, que aún mostraban los efectos de la última operación, lucían un moreno artificial.

No sé quién le había hecho las operaciones de cirugía, tal vez el ex marido de una compañera que se había hecho rico cambiándole la cara a todas las señoras bien de Córdoba, pero era evidente que su trabajo no había sido muy fino. "Lo veía venir. Se lo he dicho no sé cuántas veces, que parara el ritmo, que no podía seguir así. Qué te voy a contar que tú no sepas. Pero nada. Yo creo que ni siquiera me escuchaba".

Carmen nunca ha sido de contarme confidencias. Al contrario, siempre puso una barrera, a pesar de que era consciente de lo cercano que yo era a su marido y nunca llegó a percatarse de que podría haber tenido en mi un cómplice y no un enemigo. Porque yo creo que ella me vio siempre como un enemigo, como alguien en quien no podía confiar. En muy pocas ocasiones habíamos estado así, los dos solos, sin gente alrededor, y mucho menos sin que Pablo nos acompañara. Sólo hubo una vez en la que compartimos unos minutos. Fue en la boda de Lucía, la chica con la que todo el mundo sabía que Pablo había tenido algo más que una historia. Todos asistimos al enlace y participamos en la ceremonia más cínica que yo recuerde. Eso sí, aparentemente no hubo tensión, al contrario, todo fue tremendamente aséptico, inmaculado, como la sala en la que estábamos ahora. Mientras empezaba a tocar la orquesta, yo me acerqué al baño. Había un espacio compartido entre el de hombres y el de mujeres. Una especie de salita muy coqueta, con sillones, espejos, botes de colonia y toallitas. Carmen estaba allí, sentada frente a un espejo. Lo primero que vi de ella fue su espalda imponente, su moño bajo, el bronceado de sus hombros. Y su perfume, claro, que lo tenía tan metido en mi olfato que casi podía verlo. "Hey, Carmen, qué tal". No respondió, ni se movió. Como siempre, intenté ser amable con ella. "No te he dicho lo guapísima que estás. Qué bien te sienta el vestido. Pareces la más joven de la boda". Como seguía sin responderme, me acerqué a ella. Intentó disimular retocándose los labios. Era evidente que había llorado. "Gracias, tú siempre tan amable". Sus palabras me supieron a lija. Frente al espejo parecía Bette Davis en busca de una protagonista. Me paré unos segundos y me quedé mirándola fijamente. "¿Todo bien, Carmen?". Ella se volvió ligeramente, me miró desafiante y me soltó una de sus perlas. "¿Tú qué crees? Tienes unas preguntas... Pues claro que sí. Todo está perfectamente".

No he olvidado la mirada de Carmen de aquel día de mayo. Me sentí culpable. Por cómplice, por ser amigo del impresentable de su marido, por ser uno más del grupito de machotes que en un rato estarían dando el cante en la fiesta. Bailando como locos junto a la orquesta, mientras que la novia y el novio, algo borrachos ya, repartían esos recordatorios absurdos que yo siempre tiro en la primera papelera que encuentro al volver a casa. Al mirarla ahora, en la sala de espera del hospital, he recordado aquel día. Y aquella mirada. Si aquel día me callé, como un cabronazo, hoy no podía hacerlo. "Tú ya sabes cómo es Pablo. No le hace caso a nadie. A mí tampoco. Hace tiempo que lo dejé por imposible. Ya no le doy ningún consejo. Él sabe que estoy ahí siempre, pero hace tiempo que decidí no implicarme. Me estaba causando daño. He ido viendo cómo iba cometiendo errores, pero ya no he tenido fuerzas para decir que parara". Carmen me mira sorprendida, como si estuviera recibiendo una revelación, o como si por primera vez sintiera que no estaba loca. Que la histérica no era ella. La perfecta casada. La niña a la que su papá llevó radiante al altar. La que se casó con un chico que ya entonces tenía madera de líder, un campeón en la cama y fuera de ella, el omnipotente Pablo. "Qué me vas a contar, él siempre se ha creído el rey del mambo…".

"¿Familiares de Pablo Rodríguez?". La voz enérgica de un enfermero nos sacó de ese estado de complicidad en el que estábamos. Carmen permaneció sentada, como si no se atreviera a recibir noticias. Fui yo el que me levanté y me acerqué rápido al enfermero que, por cierto, tiene unos lindísimos ojos azules y, a pesar de ese olor químico que lo invade todo en los hospitales, huele a una mezcla de madera y un ligero sudor.

OMNIPOTENCIA

Como no me puedo dormir, me he levantado, sin despertar a Fer y casi de puntillas he llegado hasta mi estudio. Aunque nos metimos en la cama relativamente temprano, como a mí siempre me gusta hacer para coger bien el sueño, apenas he dormido media hora. Me desperté enseguida, como si hubiera dormido la noche entera. Miré el móvil que me ha había dejado encendido por si había alguna noticia de Pablo. Cuando dejé a Carmen en el hospital, seguía en observación y la cosa pintaba regular. Encendí el flexo y durante unos minutos me quedé mirando por la ventana que da al patio interior y sobre cuyos cristales hay unos visillos que me hizo mi madre cuando me casé. Allí, tras el cristal, mirando y sin que nadie me mirara, he pasado muchos tiempos muertos, de esos en que he necesitado parar e incluso rebobinar algunos momentos. Recuerdo cómo hace años, cuando todavía mi hijo era pequeño y yo me levantaba muy temprano para adelantar trabajo antes de llevarlo a la guardería, veía siempre a mi vecina costurera tras la ventana que da justo en frente de mi estudio. Ella se me adelantaba siempre por más que yo madrugara. La distinguía tras los cristales, sentada frente a una mesa llena de telas. Yo me ponía a estudiar, a preparar clases, a escribir la parte del artículo que la tarde anterior me había dejado sin terminar, mientras ella cortaba patrones, hilvanaba o cosía dobladillos de los vestidos que luego, habitualmente por la tarde, venían sus clientas a recoger. Yo siempre en mi ventana, entre visillos, me gustaba mirarlas e imaginar las historias que había detrás de cada tela que mi vecina María convertía con sus manos pequeñas en una obra de arte para aquellas mujeres que pasaban meses organizando la comunión de su hijos, la boda de una hermana o la feria de mayo en la que año sí, año no, estrenaban traje de gitana. Miraba a María y veía a mi madre. Admiraba su habilidad cuando cogía unas tijeras enormes y cortaba en perfecta línea recta, o su capacidad para calcular, sin metro, las medidas de una cintura o el largo de una falda. En el silencio del amanecer, cuando ya apretaba el calor y mi vecina y yo abríamos las ventanas, se escuchaban unos ligerísimos sonidos en paralelo que parecían parte de una misma sintonía. El de sus movimientos de telas, tijeras y agujas, el de mis dedos sobre el ordenador. Desde que se fue a vivir con su pareja, echo de menos esa música cuando estaba amaneciendo. Era una manera de sentirme menos solo, y hasta menos raro, en esas horas en las que siempre me he sentido el ser más libre de la tierra. Ahora ella solo vuelve a ratos por la casa en que sigue viviendo su madre enferma y a la que ella, pese a la mala relación que siempre tuvieron, cuida con tanto mimo como las telas de sus clientas.

En esta madrugada sin almohadas tiernas he cogido mi cuaderno y me he puesto a escribir. Es lo que siempre hago cuando hay un puñal que me atraviesa y no me atrevo a coger su empuñadura para sacarlo de mi cuerpo. Escribo, sin orden, como si se tratara de un juego con el que poner a prueba mi memoria, palabras que me han perseguido durante todo el día, las que parecían pincharme crueles en la planta de los pies en el poco rato que estuve en la cama. *Rosas, hospital, perfume, mambo, omnipotente*. Esa era la palabra. Después de hacer un largo listado, como una cadena de hormigas obedientes que se disponían a engullirme como en aquella peli terrorífica que vi de pequeño, encuentro la palabra que andaba buscando. Omnipotencia. Me suena a dios, a tratado de teología, a sagrado. Omnipotente, omnisciente, omnipresente. Eso era. Pablo, yo mismo éramos como los dioses. Habíamos salido directamente del Antiguo Testamento para luego, en el Nuevo, hacernos hombres. Masculinidades sagradas, penes folladores, depredadores y piratas. Hubo un día en que quise seguir a mi amigo y ser tan poderoso como él, tan follador como él, tan invencible como él. En aquel tiempo no tenía otra alternativa, o eso creía yo. El prefijo "omni" se colocó sobre mi entrecejo y no quise mirar alrededor. Llegué a encontrarle un cierto gustillo a eso de darnos alguna que otra patadita bajo las mesas de las reuniones en las que él ordenaba y mandaba. Chaqueta y corbata.

Miro el móvil, sin mensajes, sin llamadas perdidas, sin apenas batería, y cuando pasan las dos de la mañana, continúo escribiendo palabras. Hago círculos con ellas, dibujos, cuadros sinópticos. No puedo parar. Disfruto con el leve sonido que hace el bolígrafo al marcar los trazos sobre el papel color hueso. Me siento como uno de esos adolescentes a los que sacó a la pizarra en los institutos y les digo que escriban palabras que para ellos tengan que ver con el hecho de ser hombres. Acabo de darme cuenta de que se parecen mucho a las que yo estoy escribiendo, solo que las de ellos parecen más iracundas. Están muy muy cabreados. "¿Es que ya no le vamos a poder decir nada a una tía?". La batería del móvil está llegando a ese límite en el que saltan todas las alarmas. Mis alumnos en la Facultad siempre tienen las baterías a tope. Sé con seguridad que con frecuencia en vez de escucharme están mirando la última foto guarra que les han enviado, el mensaje del colega o la aplicación con la que juegan a ser superhéroes. Me gusta dejarlos pensar que no me doy cuenta de su ausencia. Les dejo que negocien sus citas del jueves por la noche. Escribo con letras mayúsculas *negocio, pacto, acuerdo*. Una tarde mis alumnas de Derecho me confesaron que sus colegas suelen ir de putas. No hay tanta diferencia entre Pablo y mis alumnos. Europa raptada, Helena violada, Antíope humillada, Perséfone y la manada. Artemisia pintando cómo Judith decapita a Holofernes. Mientras lleno mi diario de palabras que yo creía no recordar, las pesadillas de mi disco duro revolucionan todos los museos. Pablo, Richard Gere, Pretty woman. Uno de los nuestros.

Caigo rendido sobre el diario, la pantalla del móvil a oscuras, la mañana asomando por la ventana. Cuando me despierto, me duele la cabeza, tengo frío, la boca agria. Ya entra luz por la ventana. Mis pies están helados. Sobre la mesa, el cuaderno que uso como diario está abierto de par en par, como suelo dejar los botes de gel y champú en el baño. No me paro a releer lo que escribí unas horas antes. Sólo me doy cuenta de que hay muchos dibujitos y de que mi letra parecía la de alguien con un pulso acelerado. Pongo a cargar el móvil y lo enciendo. Lo confieso: soy un esclavo. A los pocos segundos de encenderlo salta un sonido en el móvil. Es un mensaje de Carmen.

EL HOMBRE CAÍDO

Me gusta pasear por la ciudad cuando empieza a oler a café. Cuando ni siquiera se huelen las primeras tostadas, sólo ese primer café que en algunas cocinas, en los pocos bares que hay abiertos, actúa como bebedizo mágico. Me gusta sentir los restos de silencio que la noche deja, la tierra mojada por los aspersores, la luz que todavía es tierna. La ciudad se vuelve incómoda cuando el sol estalla y las calles son ocupadas por hordas de turistas. Me gusta atravesar las calles estrechas que desde la mía llevan hasta la ribera. Lo hago deprisa, pero no tanto como si huyera, sino como quien quiere perder el menor tiempo posible en llegar a su destino. Cuando paso por la esquina donde están a punto de abrir una panadería, me paro unos segundos para que se me pegue ese olor único que sale del horno. Al llegar al río, que a esas horas parece con frecuencia cubierto por una neblina que hace que no estén claros sus límites, el movimiento de coches, aunque todavía escaso, me recuerda que no vivo en un paraíso. Es habitual que me encuentre con una chica japonesa en el puente que sonríe, siempre sonríe y es capaz de hacerse el selfi más preciso y estudiado que se pueda imaginar. El río, cada vez menos caudaloso, es verde, casi marrón. No es un río que reclame una brazada. Es más bien un charco lento, un remolino de fango cobarde. Por la mañana, a primera hora, conserva sin embargo algo del brío que luego desaparece. El río que pasa por mi ciudad es, como nosotros mismos, un río que muere. A su lado, vigilante, el palacio episcopal. La ciudad de la Mezquita.

Esta mañana, cuando paseaba, vi un hombre crucificado. En el suelo. El primer sol le daba directamente sobre la cara. Estaba tumbado, con los brazos abiertos, con una bicicleta al lado puesta del revés. De lejos no podía ver si estaba dormido, o borracho, o muerto. Parecía de mediana edad, estaba bien vestido. Su rostro era muy moreno, con una barba adolescente, de apenas unos días. No fui capaz de distinguir, o tal vez no me atreví a hacerlo, si todavía no había despertado o si justamente no volvería a despertar. Una chica que paseaba a su perro delante de mí llamó a la policía. Yo seguí mi camino. Me parecía violento quedarme allí, a la espera, como quien está viendo un reality. No me lo puedo quitar de la cabeza. Apenas lo miré un par de minutos, pero es como si se hubieran quedado grabados en la memoria de mi móvil el color de su polo, los rizos de su cabeza y las zapatillas gastadas que llevaba puestas. También me pareció ver a su lado una mochila y una botella de agua. Pero todo estaba bien colocado, no como si hubiera sufrido una caída de repente, sino como quien ha preparado una escenografía. Un cristo cerca del charco, oliendo a fango, a cerveza caliente, a colonia barata, a lata de atún medio vacía. Seguí mi paseo y no dejé de imaginar qué tristeza había encarnada en aquel cuerpo. Un cuerpo de hombre. Quizás uno de esos cuerpos que nadie llora. La delgada línea que separa a los que merecen ser llorados de los que no. La delgada línea de la dignidad. Aceleré el paso. Entonces sí con la velocidad del que huye.

Al día siguiente, el misterio fue aclarado o, mejor dicho, tuve más datos para escribir la novela. En una pequeña nota del diario local, casi perdida en una de esas páginas dedicadas a lo que antes identificábamos como sucesos, contaban que había sido encontrado el cuerpo de un hombre de mediana edad cerca del río. Aparecían sus siglas, A.R.P., y sólo alguna referencia al estado en que fue hallado por una chica que estaba paseando a su perro. El cuerpo había sido trasladado al instituto forense para que le hicieran la autopsia. No tenía signos de violencia. A su lado la policía había encontrado una mochila en la que había botellas vacías y algunas cajas de medicamentos. A.R.P., cuando yo lo miré a una cierta distancia, parecía dormido. Su rostro estaba relajado, no feliz, pero sí tranquilo, como quien ha conseguido superar un trance doloroso y ve un rayito de luz. Ni sus piernas ni sus brazos estaban tensos. La cruz era dulce. Antonio, Alejandro, Alberto, Amador, quién sabe.

A.R.P. se evaporó del diario y de la ciudad. Yo al menos no volví a ver ninguna nota en el periódico ni se habló del suceso en las radios locales. Cada mañana, cuando pasaba por el mismo sitio, lo recordaba, como si en el suelo hubiera quedado marcada su silueta con tiza. Hace mucho tiempo que no rezo, pero al llegar a ese justo lugar era como si el cuerpo me pidiera detenerme y ponerme de rodillas. Semanas después, el crucificado resucitó. El destino quiso que alguien escribiera por mí el final de la novela o, mejor dicho, su principio. Fue en la barbería a la que voy cada dos semanas. Aquella tarde me tocó esperar unos minutos. Me senté y me puse a hojear el periódico. Mi barbero estaba terminando de cortarle el pelo a un tipo de unos 40 años. Aunque la música estaba más bien alta, se escuchaba perfectamente lo que estaban hablando. "Ha sido un palo terrible. Imagínate cómo está la familia. Todos destrozados. Nadie se lo esperaba".

"¿Estaba casado? Yo conozco más a su hermano, a él la verdad es que apenas lo traté". "Sí, sí, llevaba casado muchos años. Se casó muy jovencito. No sé si tenían dos o tres niños. Yo sé que llevaba una temporada muy chunga. Se había quedado sin trabajo. Su mujer limpiaba en alguna casa. Se tuvo que ir a vivir con los suegros. No podían seguir pagando la hipoteca. Creo que ahora trabajaba de vez en cuando de camarero, en un bar de la ribera". "Qué pena, tío. Qué putada más grande. De qué manera se le cruzarían los cables para terminar así. Y más teniendo niños. Joder. Yo no sería capaz". Mi barbero dice que él no sería capaz. Son las últimas palabras que escucho antes de que me reclame para ocupar el sillón frente al espejo. Lo noto más silencioso de lo habitual. Pensativo. No le comento nada de la conversación que he escuchado. Lo dejo pasar. Cuando me está repasando la barba cerca del cuello me hace un ligero corte. "Ay, lo siento, perdona, estoy algo despistado". "No te preocupes, hombre". Me aplica un líquido que, aunque escuece un poquitín, en seguida me calma la piel. "¿Cómo va la vida?, supongo que no paras", me dice. "No, no paro", le contesto. Allí medio tumbado, mientras suena de fondo un grupo de rock que no identifico y sin la máscara que obligatoriamente tengo que dejar en el perchero de la entrada, me relajo como últimamente no consigo hacerlo en ningún sitio. Mi barbero se inclina sobre mí y me masajea el rostro, como si más que un gesto mecánico y aprendido fuera una caricia espontánea. Vivo esos minutos, tan escasos, como el vuelo de una resurrección. El hombre que alado escapa de la silueta dibujada en el suelo.

EL HOMBRE QUE LIMPIA EL VÁTER

Cada vez que limpio la taza del váter intento concentrarme en pensamientos que me lleven lejos. Casi nunca lo consigo. Aunque intente desviar la mirada, y casi mover mis manos como si jugara a hacerme pasar por ciego, no puedo evitar ser parte de la porquería que limpio. Es como si en cada fragmento imperceptible de desechos sobre los que la bayeta va pasando –una gota de orina, un resto de mierda, un pelo del culo– habitara esa parte de mí que todavía no quiero ver. También soy de esos que entienden que todo lo más vinculado a nuestro estado de seres físicos –los excrementos, el semen, la sangre– representa una especie de infierno que nos lleva a la parte más animal que queremos imaginar que no forma parte de nosotros. Y, sin embargo, esa dimensión de naturaleza insistente, que resucita siempre pese a nuestros vanos intentos de disimularla, no sólo es que esté en mí, sino que también pelea, a veces con mucha intensidad, por dominar la escena, por hacerse la protagonista. Otra manera, me temo, de corromper la máscara y quedarse desnudo, a la intemperie, con el cuerpo y sus orificios mostrando lo que sudamos, lo que expulsamos, lo que se supone que no debe habitar en nosotros y que, sin embargo, es parte también de los puentes que nos hacen vivir en los otros.

Si trato de contar los muchos sábados en que he limpiado los baños de mi casa, me resulta imposible tratar de sumar las miserias que he ido acumulando en las bayetas. Podría escribir una especie de anti-biografía buscando un argumento a cada minúscula porción de mí y de otros que han ido quedando en el váter, en la bañera, en el lavabo. Esos fragmentos de piel, de cuerpo, hasta de alma, que ni el más feroz de los productos químicos es capaz de aniquilar del todo. Como si se tratara de una plaga de microbios indestructibles, de esos que se adaptan y readaptan frente a cualquier amenaza, como esos seres que a veces vemos imbatibles en los relatos de ciencia ficción. La vida como siempre, también cuando hablamos de la mierda, supera a lo imaginado. Ojalá la lejía fuera más poderosa que los virus.

Le doy una y otra vez con el paño y el líquido limpiacristales al espejo del baño y no consigo eliminar los restos de vaho, los pequeños rastros de dedos y alientos, el polvo acumulado tras días de ventanas abiertas. Paso el paño y vuelve a salir la sombra, como si me desafiara. Le doy cada vez más fuerte, hasta el punto de que temo romper el cristal, pero las suciedad no desaparece. Y veo mi rostro sobre ese espejo que nunca está limpio del todo. Y al mirarme entiendo a mi madre como nunca.

No puedo describir la felicidad que siento cada sábado cuanto termino de fregar el suelo del cuarto de baño. Cuando voy rematando cada esquina y me salgo andando hacia atrás, liberado al fin de esa mezcla de olores tan agobiante en la que ya no sabes dónde acaba lo humano y donde empieza la química. Cada mañana de sábado, afortunado yo que es sólo un ratito cada semana, puedo imaginar, aunque muy superficialmente, lo que siente una camarera de piso en un hotel de Córdoba en el mes de mayo. Con los balcones radiantes de sol, las sábanas recién alisadas sobre la cama y el grifo del lavabo tan brillante que podría servir de espejo. Cuando termino de limpiar, mi cansancio no es sólo físico, sino que también puede conmigo el agobio de haber consumido horas en superficies que en un rato volverán a necesitar de una bayeta. Hay días que me dan ganas de llorar, sobre todo cuando noto que mis manos están ásperas, como si fueran un trozo de tierra que no ve la lluvia desde hace años. Dolorido y tristón, pese a la música que me pongo a toda potencia para tratar de espantar mis males, meto las bayetas y los paños cubiertos de polvo, oscurecidos y malolientes, en la lavadora. La enciendo y el tambor empieza a girar. Círculo vicioso del detergente. Mientras termina el lavado, me espero en la terraza. Al solecito. Me agarro a los tendederos para recuperar el equilibrio. La felicidad de cuidar la casa, la alegría de verlo todo limpio, las ganas de no perder ni un minuto más con el olor a spa del friegasuelos. La ropa perfectamente alineada en los tendederos, victoriosa frente a un mundo donde solo corre el riesgo de que se cague un pájaro o estalle una tormenta. Hogar, dulce hogar. La mierda de mis manos ásperas, el contrato que no llega, vaya mierda de sueldo inexistente. La revolución, ahora lo sé, debería empezar en los cuartos de baño. Con cientos, miles, millones de manos ásperas levantando toallas como si fueran banderas. Manos femeninas hartas de ser las amas de la casa. Manos de hombre que todavía no hemos limpiado suficiente mierda.

LOS HOMBRES FUTUROS

Miquel es de esos hombres a los que me gustaría estar permanentemente abrazado. Como es mucho más alto que yo –en su juventud fue jugador de baloncesto–, tendría que subirme como mínimo a un taburete para llegar bien a su pecho. Aunque su pelo desordenado y largo, y habitualmente recogido en una cola, y sus sandalias, y sus pantalones anchos, nos hagan pensar en él como uno de esos tipos que se quedaron atrapados en una izquierda melancólica, mi amigo mallorquín es un hombre del futuro. Cuando veo cómo cuida a su hijo Dídac, que siempre mira con unos ojos que me recuerdan a los de un animalillo del bosque, y cómo hace que sus manos y sus palabras siempre parezcan hechas para cuidarte, supero la amargura que a veces me arrastra hasta el fondo y recupero la esperanza. Miquel es uno de esos hombres bellos que me hacen ver todos los fondos de color verde, como las pantallas sobre las que los cineastas nos engañan con ciudades pobladas por millones de seres, y que es capaz de rescatarme de los laberintos en los que no dejo de preguntarme qué sentido tiene lo que hago. Como aquel fin de semana en su isla, cuando participé en un evento organizado por mujeres, que se supone que pretendía ser un aldabonazo sobre las conciencias y el porvenir, y me vi sin embargo atrapado en una especie de show digno de ser televisado en una cadena local y en la que incluso se afirmaron cosas con las que mis alumnos más reaccionarios estarían de acuerdo. Un grupo de mujeres emprendedoras, todas hiper pijas, monísimas y emprendedoras, y supongo que también empoderadas, se empeñaron en mostrar al mundo –un mundo limitado si tenemos en cuenta el número de asistentes– lo mucho que ellas hacían por la igualdad. Eso sí, sin mencionar siquiera el término *feminismo*, sin contar con colectivos de mujeres y enredándose en mil historias que poco tenían que ver, desde mi punto de vista, con la suerte de vindicación de mujeres poderosas que pretendían, supongo, reconocer. Todo tuvo un tufillo neoliberal e individualista en el que a mí me tocó lidiar en un mesa en la que, sin orden ni concierto, se planteó el tema de las identidades y en la que no faltaron las tensiones con una chica trans y con la madre de un menor ídem. Para rematar la faena, hubo final musical, al más puro estilo eurovisivo y que a mí me recordó tanto a esos últimos momentos de las bodas en que todo el mundo pierde el sentido del ridículo. Una cantante isleña, cuarentona y sexy, super estilosa, cantó una especie de himno, que no creo que llegara nunca a convertirse en sintonía del 8M, y nos invitó a todas y a todos a subirnos al escenario por el que durante todo el día, y como si fuera un plató enorme de televisión, habían pasado muchas mujeres –me atrevo a decir que ninguna feminista, aunque estuvieran a favor de la igualdad–, e incluso algún hombre empresario que defendió a la "mujer mujer". Celebración del empoderamiento, perdón, emprendimiento.

Menos mal que llegó Miquel, con Dídac y con Marga, para salvarme y así, un domingo por la mañana, de esos en los que la primavera ya parece verano, le encontré sentido al retraso de mi vuelo, a los días fuera de casa y a la habitación sola del hotel. Con la familia recorrí el centro histórico de Mallorca, me tomé un vermut al mediodía y sentí que estaba en uno de esos lugares de los que uno nunca quiere escapar, donde me bastaba y sobraba con la sonrisa juguetona de Dídac, la desnuda simpatía de Marga y el esqueleto lleno de flores de Miquel. Y la remota, todavía remotísima, ilusión de Dàlia. La futura Dàlia.

Aquella mañana de domingo hablé con el padre de Dídac como si lleváramos toda la vida manteniendo una larga, larguísima conversación. Lo mismo me pasó unas semanas después cuando en Las Palmas fue Argelio a recogerme al aeropuerto y compartimos un largo almuerzo en el que me contó sus tiempos de padre, su militancia y sus dudas. Las muchas dudas e inquietudes que ambos compartimos. Argelio, el deportista, bajito como yo, al que por tanto no tenía que subirme a un taburete para abrazarlo, me explicó cómo trabaja para que a través del fútbol se puedan generar otros valores. Hablamos horas y horas sin contarnos batallitas, hasta que miró el reloj y tuvimos que salir pitando porque tenía que recoger a su hijo de no sé dónde. Dimos mil vueltas hasta encontrar mi hotel. Un hombre torpe al volante y otro todavía más torpe guiándose por el Google maps.

Pienso en Miquel, o en Argelio, en Joan, o en Ritxar, con sus camisas de flores, o en el incombustible Joaquín, el sevillano del que siempre pierdo la cuenta de los hijos y las hijas que cuida, aunque nunca olvido ni su cabellera rubia ni su sonrisa de pirata sin garfio, y descubro argumentos que rebasan los libros, los congresos y las entrevistas en los diarios. Me miro en ellos, y por una vez dejo de competir, o de buscar alianzas para montar no sé qué proyecto, y empiezo a reconocer el tapiz que se teje sin que sean necesarias publicaciones en Face para que todo el mundo pueda ver lo bien que movemos los hilos. Miro a estos hombres, tan guapos, tan únicos, tan dubitativos, tan aprendices, y miro a sus hijos e hijas. Una danza de varones que cada vez son menos hombres, que se han dejado los cojones olvidados en un estante de la cocina, que sólo se ponen las corbatas cuando quieren verse guapos en el retina del ser amado, que les han dado la vuelta a sus relojes para no dejarse deslumbrar por las esferas doradas. Ellos que no son nuevos hombres, sino que simplemente han dejado de ser tan hombres. O están en ello. Fuera terapias, fuera círculos que no se abren, fuera ombligos que arden de tanto mirarse. Tan imperfectos, tan torpes, tan poca cosa.

Marga, Dídac y Miquel me llevaron hasta el aeropuerto, con el tiempo justo, justísimo, para embarcar. Me supo a tan poco nuestro encuentro que mis promesas de volver sé que fueron mucho más que palabras. Besé a Marga, besé a Dídac y besé a Miquel. Él fue quien hizo el esfuerzo de agacharse para llegar hasta mí y así, como si fuéramos hermanos de madre, nos fundimos en un abrazo de esos que traspasan las camisas y tocan nuestros pechos de tíos débiles poco o nada acostumbrados al ring. Ya sentado en el avión, a punto de despegar, me olí las manos y pude distinguir una mezcla, entre dulce y picante, del perfume apenas perceptible de Marga, de la leche del desayuno del más pequeño y de la ensalada que Miquel estaría preparando entonces. Justo antes de comer algo rápido, antes de ponerse a limpiar la casa, tan desordenada después de una semana de viajes y trabajo. En el cielo, sobre la isla, imaginé la ventana de la que podría ser mi casa y casi me atrevería a decir que distinguí a un hombre que fue jugador de baloncesto, con el pelo recogido en una coleta y unas sandalias de cuero, limpiando con lejía el cuarto de baño.

DAVID, III

A David siempre le gustó ponerse los vestidos de su madre, sus zapatos de tacón y pintarse los labios a escondidas. Cuando lo hacía, aprovechando algún rato que estaba solo en casa, le gustaba mirarse en el espejo, recrearse en el reflejo que nada tenía que ver con el niño aplicado y seriote que los demás veían en él. Tuvo la suerte de que, al cumplir años su rostro, casi imberbe, con la piel muy delicada, apenas cambió. Podría ser el de un chico o el de una chica. Sólo con pintarse los labios dejaba de ser David, o puede que entonces fuera más él mismo que nunca. Una vez, cuando era apenas un adolescente, su hermana mayor lo encontró en el cuarto de baño, pintándose la raya de los ojos. Él se quedó paralizado, sin saber que decir, como un niño pequeño al que pillan haciendo una trastada. Menos mal que Maite, su hermana preferida, siempre lo entendió bien y de su boca no salió ningún tipo de reproche, al contrario. "Estás muy guapo. Yo que tú me los pintaría todos los días". David sonrió y se guardó ese consejo en el bolsillo. Entonces no sospechaba que tendrían que pasar algunos años para que pudiera cumplirlo al pie de la letra.

A mí nunca me contó que le gustaba vestirse de chica, ni pintarse, ni nada por el estilo. A pesar de que fue compartiendo conmigo buena parte de sus ilusiones y de sus temores, ese capítulo siempre estuvo cerrado. Me limité a ser consejero de sus males de amores y de sus dudas sobre el futuro, además de, por supuesto, compartir el gusto por la copla y por muchas canciones de esas que él escuchaba en casa de sus tías y sus abuelas, con las que creció siendo un niño ensimismado. El de los ojos tristes. El niño que se aprendió de memoria *Tatuaje* y *La bien pagá*.

No descubrí ese lado oculto de David hasta que consiguió, al fin, escapar de nuestra ciudad, instalarse en Madrid y comenzar, entonces sí, la vida que él siempre había querido llevar. Durante un par de años había estado dando tumbos y cada vez que hablaba con él lo encontraba muy perdido, tristón, a pesar de que nunca perdía su sonrisa. Dejó los estudios de Derecho, no se matriculó en la UNED, comenzó a trabajar en una gran superficie. El poco dinero que ganaba le permitió hacerse la ilusión de que el salto era posible. Seguía viviendo con sus padres, no tenía mucha suerte con los amores, siempre que tenía oportunidad hacía un viaje. Para eso le sirvió el dinero que empezó a ganar: para estar el menos tiempo posible en una ciudad que a él, como a mí, tanto le pesaba sobre los hombros. En esa época me mandaba de vez en cuando fotografías de las ciudades que iba visitando, como las postales que yo enviaba a la que entonces era mi novia cuando viajé por primera vez a Italia. En esas imágenes sí que se le veía radiante. Como un chaval que estuviera haciendo un eterno viaje de fin de curso. Entre ciudad y ciudad, y en la medida que la rutina absorbente del trabajo mal pagado se lo permitía, seguía rumiando qué hacer con su futuro más inmediato. Finalmente, los acontecimientos se pusieron de su parte y consiguió empezar a hacer realidad un sueño: trasladarse a Madrid. Sí, el sueño provinciano de siempre, el de tanto gay que en su ciudad pequeña se siente incómodo, el de tanto chico de pueblo que sigue viendo la capital como una especie de parque de atracciones. Sexilio. Todo muy obvio quizás, incluso propio de otras épocas, podrían pensar algunos, pero que sin embargo sigue teniendo todo su sentido cuando se contempla desde la periferia. La España deshabitada. De la misma manera que todos los AVES pasan por Madrid, el destino de muchas personas sólo parece ir abriéndose de par en par cuando se pasea por la Castellana. Esta es una fuerza que tienen pocas ciudades, ni siquiera Barcelona, que a mí me parece una ciudad con mayúsculas. Solo Madrid, sin embargo, parece atesorar esa especie de abrazo, a pesar de la fealdad de muchos de sus bares, del polvo de tantos escaparates, del excesivo empeño de calles y plazas en mostrar su mejor cara como quien esconde el polvo debajo de la alfombra. A pesar de sus gobernantes.

Fue entonces cuando empecé a recibir imágenes de él vestido y maquillado como una diva. Como una de esas grandes señoras a las que tanto admiraba. Al ser su cara tan andrógina, es relativamente fácil que el maquillaje lo convierta en una mujer seductora y bellísima. Me empezaron a llegar sus fotos con pelucones rubios y largos, con brillantina en los pómulos, con trajes dorados y estrechos, con tacones de infarto. Todo un catálogo de todos esos ingredientes que socialmente han definido la feminidad y que por tanto la han estereotipado. Ahí estaba él, David, hombre sin vagina, mostrándose al mundo, y en concreto a las redes sociales, como el mundo sigue entendiendo lo que es una mujer. Travesti, trans, transformación. Tantas palabras para volver siempre al mismo sitio. Porque David no ha dejado ser un hombre que desde su atalaya se puede permitir el lujo de jugar a ser mujer. Me sorprende que lo haga con tanta soltura. David ha perdido la timidez y está dejando claro al personal que el viejo estudiante de Derecho ha muerto para siempre. El ahora, vestido de mujer, se siente omnipotente.

Para la última celebración del Orgullo, David buscó los tacones más altos que de niño hubiera soñado. Los encontró rojos y brillantes, cubiertos de purpurina. Sobre ellos, era unos veinte centímetros más alto. Se pintó los labios de un rojo intenso y los rabillos de los ojos como si fuera una coplera. Se puso unas medias negras, un mini pantalón corto y una camiseta sin mangas, de la que salían unas enormes alas con todos los colores del arco iris. Así posó en un balcón de Chueca para que lo admiraran los cientos de seguidores que ya tiene en Instagram. A mí me envió un vídeo, aquella misma tarde, en el que se le veía absolutamente entregado, bailando con soltura a pesar de los taconazos, tan feliz que casi apuntaban las lágrimas en sus ojos bien perfilados de negro. David estuvo a punto de hacerlo y yo lo hice, sentido en mi cómodo sofá cordobés, en una tarde aburrida de junio, mientras seguía por las redes los gritos políticos que tantos maricas, tortilleras y trans convertían en himno. Porque, cuando ya pensábamos que no era necesario, el Orgullo había vuelto a tener un sentido vindicativo, de urgente revolución. Fui feliz sintiendo a tantos kilómetros las músicas y los estribillos. Y mucho más imaginando a David por la Castellana, contoneando su cintura, dominando como nadie los taconazos rojos y haciendo gestos lascivos con la boa de colores que le rodeaba el cuello. Ya solo faltaba que un día, algún día, se atreviera a hacerlo por los pasillos de la Facultad y que yo, cogido de su brazo, desafiara de una vez por todas a tanto catedrático aburrido. Nuestro beso en el patio central del edificio podría ser el primero que dos tipos, nacidos varones y armados como parte de la mitad poderosa, se dieran en aquel claustro, mientras, de fondo, como banda sonora, se escucharían las campanas de la iglesia del Carmen. Amén.

LOS HOMBRES ABURRIDOS

Desde pequeño el amarillo ha sido uno de mis colores favoritos. Primero fue el amarillo y luego llegó el violeta. Recuerdo mis carpetas del instituto forradas con papel limón, camisas hechas por mi madre de ese color que yo siempre tenía en la retina desde que siendo un niño paseaba por el campo con mi abuela. El que se repetía por la calles de mi pueblo cuando llegaba el Corpus a través de unas flores quebradizas que mis abuelas llamaban gayombas. Tardaría un tiempo en descubrir que realmente no había un solo amarillo, sino muchos. Que no era igual el de la margarita que el del sol cuando en agosto nos quemaba, o que el de las patatas que mi madre freía al amanecer. Durante mi infancia el único amarillo fue ese que asomaba entre las hierbas altas, muchas ya secas por el calor, que yo descubría mientras paseaba con mi abuela o con mi abuelo. Él siempre a lo suyo, ella siempre diciéndome el nombre de hasta el último insecto que apenas intuíamos a nuestro paso.

Siendo apenas un adolescente, mi sueño era tener unos zapatos amarillos. En aquellos años habían empezado a ponerse de moda los náuticos, que entonces se veían como un calzado de chicos pijos. No recuerdo bien dónde pude ver unos náuticos amarillos, o tal vez lo soñé y pensé que existían en el escaparate de alguna zapatería. En mi pueblo era imposible que una como la de Paquita, con sus estanterías de cristal y sus mostradores de madera, tuvieran los zapatos de mis sueños. Allí sólo había zapatos de hombre muy básicos, de esos que mi padre se ponía cada día para ir al trabajo y, como mucho, algunos modelos más brillantes como los que llevé el día de mi primera comunión. Ni siquiera en Córdoba, la capital, y que para mí entonces era un espacio en el que tenía que ir muy pegado a mis padres para no perderme, era posible encontrarlos. Me puse tan pesado con lo de los náuticos que mis tías, que entonces solían veranear en Málaga, se quedaron con la copla y finalmente los encontraron en una ciudad que yo tardaría unos años en descubrir. Desde que me lo anunciaron por teléfono, conté los días que faltaban para poder lucirlos. El día que llegaron de la vuelta de sus vacaciones me fui corriendo a su casa y, como un niño mal educado, casi les arranqué de los paquetes que traían la bosa en la que estaba mi caja. Cuando la abrí, no pude decir nada. Cogí uno de los zapatos y lo miré despacio, lo acaricié y lo puse justo delante de mis ojos. Estaba sentado en el bordillo del patio de la casa de mis abuelos y el sol daba justo sobre el cuero amarillo. Eran preciosos. Los zapatos más bonitos que había tenido nunca. Aunque mis tías me hacían muchos regalos, aquel fue sin duda el que siempre recordaría como el más especial. Así me sentí yo cuando volví a mi casa, con la caja entre las manos, como quien lleva un cachorrillo pegado al cuerpo. La llevaba bien sujeta, como si temiera que me la pudieran quitar o que, si se me caía al suelo, los náuticos se pudieran romper en mil pedazos. Los guardé, como si fueran un tesoro, en un rincón de mi armario, y esperé al día más adecuado para estrenarlos. Me los habría puesto esa misma tarde, pero unos zapatos así merecían una ocasión especial. Como pasaban los días y ese momento mágico no llegaba, decidí ponérmelos un sábado por la tarde. Dudé mucho, muchísimo, qué pantalones y qué camisa me irían mejor. Desde entonces creo que no he variado esa manía mía de pasar un buen rato delante del armario pensando qué me puedo poner, aunque sólo sea para ir a sacar la basura al contenedor de la esquina. Después de darle muchas vueltas, de sacar y volver a guardar varias prendas del armario, me puse unos pantalones blancos y una camisa de tonos azules, de esas que me hacía entonces mi madre, con unos bolsillos enorme perfectamente cosidos y con unos cuellos tan almidonados que, al estrenarlas, temías que te hicieran una rozadura. Mi madre siempre solucionaba estas tensiones prometiendo que con un par de lavados quedaría perfecto, y no solo el cuello de la camisa, sino también el pantalón hecho con una tela que me pinchaba o el jersey de lana cuyo pelito me hacía cosquillas.

Aunque los zapatos eran un número mayor que el mío, me puse unos calcetines y, bien atados los cordones, conseguí ajustarlos bien a mis pies. Creo que aquella noche de sábado no había nadie más orgulloso que yo cuando salí de casa y me dirigí a la plaza del Ayuntamiento, que es donde entonces solíamos quedar la pandilla del instituto. En cuanto que llegué al grupo, noté la reacción crítica de los chicos, aunque no dijeran nada. Me bastó con ver sus caras y cómo cuchicheaban tras mirar asombrados mis zapatos. María José, que era entonces una buena amiga, y a la que poco tiempo después no supe corresponder con la misma pasión que ella puso en lo nuestro, fue la única que me comentó los náuticos tan chulos que llevaba. "Me los han traído mis tías de Málaga", le conté yo entre tímido y orgulloso. En el parque por el que en aquellos años solíamos pasear los chicos y las chicas más jovencitas que no teníamos muchos sitios donde ir en esa edad indefinida en la que ya no eres un niño pero tampoco un adulto, y cuando todavía no se había puesto de moda el botellón, sí que me empecé a sentir más incómodo, porque notaba como mucha gente me miraba raro. O al menos eso es lo que yo percibía. Yo, que siempre fui un niño y sobre todo un adolescente muy temeroso de las miradas ajenas, traté de no hacerle mucho caso a lo que sucedía a mi alrededor. Lo conseguí hasta que, al pasar al lado de un grupo de tres o cuatro chicos, a los que vagamente reconocí como alumnos del instituto pero de cursos superiores al mío, soltaron casi gritando "mira qué zapatos se ha puesto hoy el mariquita", a lo que siguieron carcajadas y otros cuantos insultos que no entendí bien. En aquellos momentos lo que me más me dolió no fue tanto lo que dijeron sobre mí, sino que mis amigos y mis amigas lo escucharan. María José volvió a ser tan cómplice conmigo como siempre: "Ni caso, son idiotas". En esas ocasiones, que solían ser más habituales de lo que me habría gustado, ella me cogía del brazo, con mucho genio y me miraba con una sonrisa tan grande que era imposible no contestarle con otra similar, aunque yo fuera siempre muy cauto a la hora de manifestar alegría.

He recordado en muchísimas ocasiones mis zapatos amarillos, los cuales sobrevivieron varios veranos, hasta que no tuve más remedio que deshacerme de ellos porque la pintura se había resquebrajado y su color había ido perdiéndose hasta convertirse en una especie de marrón odioso. Lo más hermoso de ellos fue que, a medida que iban envejeciendo, yo iba haciendo cada vez oídos más sordos a esos comentarios que con frecuencia escuchaba sobre mi persona en las calles de mi pueblo. La última vez que me he acordado de ellos fue a raíz de una pequeña conversación que tuve con la periodista Luz Sánchez Mellado a través de twitter.

Todo comenzó con un tweet de Luz en el que aludía a las críticas que le habían hecho por comparar los trajes de novia que dos famosas habían lucido en las revistas que nunca entenderé por qué se califican del corazón. Algunas mujeres la vapulearon por considerar que con comentarios de este tipo estaba alimentando el estereotipo femenino de la ley del agrado. Yo le comenté que por qué no hacía un comentario similar sobre los correspondientes novios. Me contestó contundente: es que los señores no suelen salir y además son muy aburridos. Y no pude sino darle toda la razón, no tanto en lo primero, pero sí absolutamente en lo segundo.

Somos muy aburridos, seguimos siendo muy aburridos, en cómo vestimos, en cómo aparecemos en la escena pública, en cómo usamos nuestro cuerpo como un folio en blanco sobre el que podemos escribir muchas historias, versos que no rimen, garabatos y gallifantes. Sí, claro, veo a los Javis o a Eduardo Casanova o a Timothée Chalamet, en las alfombras rojas, pero yo no voy a estrenos de cine ni a entregas de premios. En mi vida de todos los días no hay un fotógrafo esperándome en la puerta de casa ni la fotografía que yo suba a Instagram va a despojarme de la armadura. No sé si los calcetines de Trudeau son una simple pose o un reclamo electoral. Sea lo que sea, me gusta verlos. Y los envidio desde mi sofá. Todavía no he visto similares en las pantorrillas de los decanos de mi facultad ni mucho menos en las de los magníficos rectores.

A mí todavía me cuesta dar ese paso, y sólo lo hago, tímidamente, en determinadas ocasiones. Supongo que cuando me siento cómodo y protegido. Desde muy pequeñito he tenido una lucha permanente contra esos barrotes que me obligaban a estar atrapado tras el azul marino, los marrones o las camisas de rayas. Recuerdo que, más tarde, cuando me introduje en el mundo del Derecho, sufrí todavía más la presión de lo que significa mostrarte en público ante los demás como un hombre de verdad. Esa imagen viril forma parte de nuestra autoridad, nos suma enteros. También recuerdo cuando empezamos a atrevernos con corbatas de dibujitos, con algunas camisas que no fueran ni de rayas ni de cuadros, con algún chaleco que pretendía romper tanta línea recta. Con los años también me he ido liberando de ese dedo acusador, aunque no del todo. Todavía me sorprendo poniéndome restricciones, pensándome mucho si es conveniente que en tal o cual sitio lleve un color más estridente. Mi amarillo y mi violeta, mis flores, mis zapatillas soñadas de colorines. Me cuesta encontrar en las tiendas de siempre telas que me den alegría de vivir, trajes que no me obliguen a parecerme a Ken, zapatos que no me hagan reproducir los andares de un novio. A veces he estado tentado, aunque no he llegado a hacerlo, de ir a casa de mi vecina, la costurera, con una mochila cargada de telas y pedirle que me haga trajes y camisas. Como los de Timothée, como las de Eduardo.

Cuando miro a mi alrededor sigo viendo mayoritariamente a hombres muy aburridos. No digamos en mi Facultad, en la Universidad, en los congresos de los que cada vez huyo con más frecuencia. Siguen dominando los azules oscuros casi negros, las corbatas clásicas, los zapatos por los que parecen no pasar los años, las camisas blancas y azul claro, los relojes de esferas brillantes y grandes. Sólo unos pocos se han atrevido a olvidarse de los calcetines negros, esos horribles "ejecutivos" que te dejaban marcada la pantorrilla, y se han atrevido, tal vez porque sus hijos o sus parejas se los han regalado por Reyes, a ponerse en los pies algo con más color, un leve muñeco, un lunar. Pero todo muy medido y controlado, sin estridencias. Todo bien anudado, como las corbatas: esa especie de garfio que nos sostiene la nuez. Un toque de atención, un corrector, una amenaza de multa. Así es fácil enamorarse de Justin Trudeau hasta para un hetero.

Pues sí, querida Luz, seguimos siendo aburridos y no merecemos el más mínimo comentario. Me siguen interesando más los escaparates de señoras, la sección de chicas de cualquier firma y las portadas del Hola. Sigo sintiendo a menudo, y pese a mis años, la mirada censora de mi madre o de las pandillas de chicos de mi pueblo. Pero es que hasta Fer me insiste con relativa frecuencia en que determinadas ropas son de chicas y que, por tanto, ni se me ocurra pensar en ponérmelas. El día en que hayamos sido capaces de saltarnos esa barrera estoy seguro de que todas y todos seremos más felices. El día en que al entrar en Zara ya no tenga que subir unas escaleras para encontrar, entre muchas chaquetas oscuras, una o dos en las que de forma excepcional se cuelen flores y colores, se abrirá todo un mundo de posibilidades para quienes nos hemos pasado toda una vida angustiados por el cinturón de piel y los puños vueltos para los gemelos. Como me temo que ese día tardará en llegar, debería cuanto antes atreverme a ponerme una falda, o a ir a una cátedra con deportivas de colores, o a lucir tantos anillos como dedos, tal y como hace Luis Antonio de Villena, con el que hace ya algunos años almorcé sin poder quitar la vista de unos dedos que parecían los de la Macarena.

Es verdad, Luz. Es una de las cosas que menos me gustan de los hombres, de mí mismo. Ese aburrimiento que llevamos cosido en las solapas de los trajes. El que ahora compruebo que mi hijo, y tantos jovencitos como él, reproducen con la ropa de marca que les hace sentir más pijos, seguros y triunfadores. Rojo, amarillo y rojo. Del cocodrilo al sentimiento nacional. Una horterada, vamos. Y un aburrimiento. Álvaro Moreno, Silbón, Espagnolo, Scalpers. El largo catálogo de masculinidades hegemónicas que se reproducen en etiquetas y en camisas impecables. Los jovencitos del siglo XXI que parecen los señoritos andaluces de toda la vida. Mariconerías las justas.

Hace sólo unos días, cuando me tocó formar parte de un tribunal para una plaza de profesor titular en mi facultad, me acordé mucho de mis zapatos amarillos. Y de Luz, claro. Me puse delante del armario y pensé en qué debería ponerme para que la periodista se fijara en mí. No me atrevía a una ruptura total, que es lo que en el fondo habría deseado, pero sí que conseguí salirme de la disciplina, y del aburrimiento, de los trajes que mis colegas han convertido en una segunda piel. No llevé náuticos amarillos, pero sí unas zapatillas azules y rojas. Y una chaqueta de rayas marineras. Como si estuviera recién llegado de un crucero por el Mediterráneo.

EL HOMBRE CON POWERPOINT

Las formas, lo adjetivo, el rito. Desde que entré en la Facultad de Derecho aprendí lo importante que es la puesta en escena en el mundo de los juristas. Las normas se traducen en continuas performances en las que cada personaje ha de ajustarse al guión, asumir lo heredado y aparecer ante los demás como parte cumplidora del contrato. Es fácil detectar por qué el mundo jurídico ha sido y es tan masculino, a pesar de que en él cada vez haya más mujeres. Es uno de los ámbitos donde con más descaro los hombres seguimos reproduciendo pactos, expresos o no, que nos mantienen con las suelas de los zapatos pegadas a los púlpitos. Además, al igual que la masculinidad, necesita de una permanente demostración de fuerza, a través del rito, de la distancia y de la solemnidad. *Con la venia, señor presidente*. Las formas pueden ser, claro, una manera de garantizar que nada ni nadie se desmadra, pero también suponen una contención, una especie de muralla. Tal vez por ello me llevo tan mal con ese mundo que permanentemente me obliga a levantar acta y a no salirme de las lealtades tribales. Pese a mis esfuerzos, me temo que si Adrienne Rich fuera mi maestra me suspendería y tendría que examinarme en septiembre.

Hace unos días un compañero, que se da un cierto aire a Asier Etxeandia pero sin ese punto de tensión creativa que tiene el rostro del actor vasco, con el que por cierto no me importaría bailar un tango, pasó por uno de esos rituales en los que, más allá de la constatación obvia de sus méritos y de sus capacidades, pusimos en escena una vez más todo lo que significa convalidar al que pasa a formar parte de los funcionarios de carrera. Pacto de caballeros. Traje oscuro, de ese color que nunca sé si es azul o negro, corbata de rayas sin colores excesivos, impecables zapatos negros y un powerpoint –ay, un powerpoint– como ligera concesión al siglo XXI. Rostros y pensamientos de señores juristas, la doctrina italiana, todos hombres. Viejos y sesudos intelectuales que forman una especie de santoral al que adoramos los ateos. En vez de estampitas de vírgenes, repartimos teselas con mayúsculas masculinas y su visión sesgada del mundo. Los derechos del hombre y del ciudadano. El sagrado derecho de propiedad. El Estado viril, el ejército con galones, las togas que ocultan la carne de la que huimos. La suprema conquista de la intelectualidad. Otra forma, no sé si más exquisita o no, de poder. Los valores del Estado de Derecho, la sacrosanta Constitución, un viejo manual, como una biblia, escrito, como no podía ser de otra manera, por un señor.

Mi colega, como buen italiano que es, es especialista en expandir ante los ojos del público una magnífica puesta en escena. Apasionada, excesiva a veces, egocéntrica con frecuencia. Casi operística. Recuerdo que hace años le dije que todos los italianos llevaban dentro un Berlusconi. Me miró con cara rara, entre ofendido y afirmativo. No sé si hoy día más de uno lleva dentro un Salvini o incuso una Meloni. En fin, él, más allá de su nacionalidad, que se empeña en demostrar, siempre demostrar, que es ante todo viajera, es brillante y capaz de callar cualquier voz que pueda poner en duda su esfuerzo y su dedicación absoluta. Es un varón como dios manda, cumplidor, buen padre de familia y buscador absoluto de la perfección. Atractivo, atlético, simpático y profesional hasta decir basta. El yerno que todas las madres querrían tener para sus hijas y el tipo al que algún colega sólo le ve como defecto su heterosexualidad. De hecho, me consta el enamoramiento platónico, y arrebatado, de un becario que hace años suspiraba por él y que hasta lloró por los rincones cuando se enteró de que se casaba. Yo creo que él disfruta, aunque nunca lo reconocería en público, de levantar pasiones a uno y otro lado.

Porque, como no podía ser de otra manera, mi colega está felizmente casado, con una señora estupenda, tienen un par de niños preciosos y todos juntos podrían protagonizar la portada de *Saber vivir*. Competirían sin duda con Ricky Martin y sus maravillosos niños comprados en el mercado de las mujeres que siguen hechas para darnos el gusto. La mujer de mi colega, que habitualmente está en un segundo plano, porque todos los flases se suelen dirigir a él, es quien en gran medida sostiene el éxito del que obsesivamente quiere demostrar lo mucho que vale, lo mucho que trabaja, lo mucho que se vuelca en todas esas exigencias que nos llevan finalmente al reconocimiento. Como hemos hecho todos. No es que él sea una excepción, o que yo pretenda culparle. Todos hemos pasado por el aro y seguimos repitiendo inercias. Apenas ha cambiado nada. El powerpoint es la mayor modernidad que nos permitimos. Tras las diapositivas impecablemente diseñadas, seguimos estando los mismos tíos de siempre. Siempre poniendo a prueba lo exquisitamente perfeccionistas, cumplidores y profesionales que somos. Aunque en el fondo, en más de una ocasión, actuemos como niños mal criados. La fantasía de la individualidad.

Me cuentan mis amigas cineastas que en su terreno las mujeres son unas magníficas directoras de producción; es decir, son las que mejor atienden la complicada logística de un rodaje, las que resuelven todos los entuertos, las que con extremada diligencia solucionan los vacíos que con frecuencia dejan sus compañeros. Luego, claro, quienes reciben Goyas son los colegas que ocupan el más elevado rango en el escalafón. Ayer, en mi intervención revestida de autoridad masculina, ya que yo formaba parte de la comisión que convalidaba los méritos y la capacidad, comenté que había que felicitar no solo al candidato sino a la que había hecho posible justamente que él hubiera podido dedicar tanto tiempo y esfuerzo a convertirse en un profesor e investigador brillante. Es decir, a la directora de producción que incluso, llegado el momento, no tuvo problema en viajar con él, y cuidar de los niños, mientras el flamante jurista investigaba en bibliotecas norteamericanas de prestigio. Ella estuvo todo el rato en segunda fila, grabando con el móvil todas las intervenciones de su amado esposo y pendiente de la chica que a última hora trajo a los hijos para que presenciaran el fin de fiesta.

Es cierto que mi colega es de esos hombres jóvenes que ha roto determinados esquemas. Es de los que a menudo tiene que salir pitando del despacho porque un niño se ha puesto enfermo, o porque tiene que recogerlo del cole. Ayer, en su brillante intervención, habló de ella y de ellos, cosa nada habitual en los eventos universitarios donde los hombres siempre hemos tenido que demostrar lo que valíamos en lo público, como si lo privado no estuviera ahí sosteniendo precisamente el brillo que nos define afuera. En medio de tanto papeleo, de tanta firma e informe, de tanto ceremonial con luz y taquígrafos, tuve tiempo de desconectar y pensé en que sí, que menos mal que algunas cosas estaban cambiando. Que en el Salón de Grados de mi Facultad, cuyas paredes están revestidas con los retratos de todos los Decanos que la han dirigido, era rompedor –excesiva palabra, sí, pero es que en esa santa casa es rompedor– que un profesor con traje oscuro y corbata hablara de la vida y no solo del currículum. Sin embargo, no pude evitar la sensación de pensar que el fondo no ha cambiado, que los esquemas siguen siendo los mismos, que aunque en la comisión hubiera dos mujeres (la norma obliga), los tres varones seguimos representando la potencia; que aunque en el acto se entremetieran las risas y travesuras de los niños, sigue habiendo una división que nos mantiene a nosotros y a ellas en esferas separadas. Llegué a la terrible conclusión de que sólo estamos haciendo el esfuerzo de quedarnos con lo más gozoso de lo que siempre fue territorio femenino, pero seguimos siendo incapaces de renunciar a la vanidad, al poderío y a la firmeza que parece otorgarnos no el dato biológico de nuestros cojones sino el certificado que nos otorgan nuestros iguales.

Mi colega triunfó, como no podía ser de otra manera, en su exposición pública. Todos lo celebramos con él. Al abrazarlo, en un intento no sé si fallido por mi parte de que sintiera mi piel y no sólo mi osamenta, comprobé que todo seguía en su sitio. Con ligeros movimientos. Seísmos apenas perceptibles. Ay, los hombres, todos especialistas en surfear cualquier ola, por gigante que parezca, incluso la cuarta. Amorosos padres, esposos cumplidores, brillantes profesionales. Siempre al 100%. Invictus.

PABLO, III

Los días que ha pasado en el hospital le han hecho adelgazar, o al menos su cara parece más delgada y demacrada. No tiene buen color. Después de conocer el diagnóstico, no volví a verlo. Preferí no volver al hospital. No me apetecía coincidir con sus hijos, con Carmen. No sé si lo visitaría su primera mujer, con la que me consta que no tiene buena relación. En todo caso, no eran más que pretextos para evitar un lugar que siempre me descoloca, me genera una inquietud que hace que me bloquee e incluso me quede sin palabras. Es como si nada más entrar el olor me anestesiara, y en vez de no sentir el dolor lo que no siento es la vida. Le envié mensajes todos los días, lo llamé alguna vez, decidí esperar a que estuviera en su casa. Antes de decidirme a ir, me aseguré de que Carmen hubiera salido.

Me abre la puerta la chica colombiana que lleva con ellos toda la vida y que, por tanto, acabo de darme cuenta, ya no debe ser tan "chica", aunque es de esas mujeres que parecen tener siempre el mismo rostro. Con una sonrisa que nunca parece forzada. Con ese exquisito castellano que a mí me hace soñar con un país al que en algún momento me gustaría volver. Estrella, que así se llama la mujer que un día abandonó su país dejando a toda su familia en Medellín, después de que los narcos hubieran acabado con la vida de dos de sus hermanos y de que su padre se hubiera arruinado en una ciudad entonces imposible, me acompaña hasta el porche. Estrella, que es bajita y menuda, y tiene el pelo negro y muy largo, recogido en una trenza, siempre anda muy despacio, con los pies muy juntos, como si estuviera repitiendo los pasos de un baile muy ancestral. Aunque habitualmente lleva una falda que le llega hasta la rodilla, hoy parece más joven con unos vaqueros y una camiseta con letras doradas. Atravesamos la cocina, llena de platos sin fregar y en la que huele a guiso requemado, y salimos al jardín, en frente de la piscina. Me llega un ligero olor a cloro. El césped parece recién cortado, impecable, con ese brillo que hace que dude si es natural o artificial.

Hace una temperatura agradable. Es esa última hora de la tarde que en primavera hace que Córdoba sea una ciudad en la que el tiempo se ensancha, elástico y dulce, como un chicle recién metido en la boca. Pablo está sentado en una butaca, escuchando música, con varios libros sobre la mesa. No me da tiempo a descubrir qué está leyendo. Al verme, se quita los auriculares y se levanta muy rápido. Se me hace raro verlo en chándal y con unas zapatillas blancas, sin su americana o sin uno de sus trajes de Emidio Tucci. Es de esos hombres que, incluso cuando lo he visto en vaqueros o hasta en ropa interior, parecen llevar siempre el traje puesto, como si el cuerpo fuera incapaz de quitarse de encima la forma de la chaqueta y la raya perfecta de los pantalones. Tiene la barba descuidada y no huele a ese perfume caro que siempre le acompaña. No parece el invictus que anuncia en sus tarjetas de visita. "Te veo muy bien. Algo más delgado, pero muy bien. Relajado. Se te nota en la cara". Le digo todo esto antes de que sea él quien se acerque a mí y me dé un abrazo de esos que yo le enseñé a dar. Pablo asiente y me cuenta, como quien está transmitiendo un informe, o dando una clase, todo lo que le han hecho, lo que le han dicho los médicos, cuándo tiene que hacerse la próxima revisión. Se abre el chándal y me indica con el dedo la leve cicatriz, apenas perceptible, que marca donde le han puesto el marcapasos. Parece que estuviera mostrándome una herida de guerra o una medalla. Estrella se acerca para preguntarnos si deseamos algo, un café, un tecito. "Yo no he tenido más remedio que quitarme del café", sonríe Pablo, "pero tú seguro que te tomas el tuyo y el mío". Recuerdo que él siempre se bebía las tazas de café muy rápido, de un sorbo, como si le fuera la vida en ello. Una, y luego otra, y más. Igual que las coca-colas o los cubatas. Muchos días lo vi desayunar coca-colas y tomarse un par de cafés muy cargados justo antes de irse a la cama. Cuando Estrella vuelve con el café humeante, Pablo parece despistarse unos segundos, como si tuviera la mirada perdida en el infinito, como si yo no estuviera allí. Lo veo físicamente bien pero sí que le falta el nervio de siempre. Esa especie de energía mal aprovechada que él siempre ponía en sus gestos, en sus palabras, hasta en su manera de moverse. Como queriendo demostrar el peso de su cuerpo. Su poderío. Se me hace raro verlo tan empequeñecido, sin su perenne corbata, sin su reloj grande asomando en la muñeca. Solo el móvil, su inseparable móvil, seguí allí, sobre la mesa. Aunque esté más silencioso que de costumbre. Parece volver al jardín cuando le pide a Estrella que conecte los aspersores del jardín, que se ha olvidado de poner el reloj de encendido automático.

Mientras remuevo el café, Pablo vuelve a la conversación, después de, ahora sí, como siempre, mirar nervioso varias aplicaciones en su móvil. "Anda, ponlo en silencio", le pido. Por una vez me hace caso e incluso lo guarda en el bolsillo de la mochila que tiene junto a la butaca. Una mochila que yo nunca le había visto y que seguramente usaría para ir al gimnasio en los pocos días que, según me contó, aguantó la rutina del entrenador personal. "Bueno, ¿cómo estás? Y no te pregunto por lo que ya me has contado. Cuéntame cómo estás tú, cómo te sientes, qué tal todo por casa". Como es habitual en él, empieza por los alrededores, dándole vueltas a lo que parece rodearlo y de lo que él no se siente parte. "Aquí todo más o menos bien. Bueno, Carmen está como siempre con sus neuras, no tan histérica pero sí muy quejica, dependiendo del día. Hay algunos que se levanta pletórica y otros que no hay quien la soporte. Sigue tomando pastillas por un tubo. Ha vuelto a pedir una baja. No sé, me tiene desesperado. Intenta ser cariñosa conmigo, hasta a veces intenta mimarme y entonces es cuando me da hasta grima, porque me parece muy falsa". Yo lo sigo, no extrañado, porque me conozco la película desde hace años, pero sí con la angustia de quien no sabe si será adecuado o no decir lo que piensa. Dejo que continúe. No es habitual verlo tan entregado a la confesión. "Estos días ha vuelto a sacar toda la mierda. Mientras estuve en el hospital, la cosa estuvo más pacífica, pero al volver a casa no ha habido respiro. Y yo soy el culpable de todo, hasta del cambio climático, según ella". Compruebo como Pablo recupera esa chulería que tantas malas pasadas le ha jugado. Cuando habla de Carmen, o de la familia, o de algo más íntimo, su frente se tensa, enseña el colmillo y, por momentos, está a punto de parecer un animal rabioso. Siempre fue así. Cuando hablábamos de cualquier otra cosa, por seria que fuese, su cara siempre se relajaba, intercalaba bromas, jugaba a ser un seductor, fuera quien fuera el que estuviese por delante.

"Hombre, tanto como del cambio climático no, pero yo creo que deberías asumir tus errores. Te lo he dicho mil veces. No sé por qué habéis mantenido esta historia tan cruel para los dos. Y no me pongas el pretexto de los niños, porque ya tienen unas edades... Además, que siempre es un pretexto fácil y que no cuela. Yo creo que habéis sido, los dos, muy cobardes. Y tú mucho más puñetero que ella". Pablo me mira entre desafiante y compungido, casi como un niño al que hubieran pillado haciendo una trastada. Esta conversación la hemos tenido muchas veces, pero él no parece enterarse, o no quiere. Volvemos a la ficción. Como si estuviéramos siempre dando la vuelta a una rotonda. Miro a Pablo y escucho al personaje que se ha creado de sí mismo. "Yo la quiero, sabes, pese a todo, la quiero". Cuando Pablo suelta el verbo infalible, y se relajan las rayas de su frente, me doy cuenta de que todo sigue estando igual. Y lo siento por él, pero sobre todo por Carmen.

A Pablo siempre le ha costado aterrizar en sí mismo. Ha sido un especialista en echar balones fuera, en justificar con argumentos peregrinos los reproches de terceros, en crearse su propia versión de los hechos, la más cómoda, la que lo ha mantenido siempre a salvo. Pero esa farsa se ha ido resquebrajando, por más que él no haya querido ser consciente. Sin máscara se le ve el rostro, y eso explica en parte la sucesión de fracasos que ha experimentado en los últimos años. Él nunca llegó a entender cómo los demás no veían en él al candidato perfecto, supongo que porque no era consciente de que, desde hacía ya algún tiempo, los demás no veían la máscara sino su rostro. En lugar de digerir el fracaso, siguió hacia adelante, huyendo, a velocidad de vértigo, acumulando agendas, puertas giratorias y drogas múltiples. Yo me alejé conscientemente de él porque no quise hacerme más daño. Lo veía de vez en cuando en algún periódico, iracundo en las redes sociales o actos oficiales en los que parecía tan a gusto mostrándose tan hombre. En esa época apenas hubo mensajes suyos en mi móvil, ni correos electrónicos. Coincidíamos muy de tarde en tarde y nos saludábamos como extraños, por más que al alejarnos por el pasillo los dos mirásemos siempre hacia atrás, como si los dos nos hubiéramos quedado esperando algo más.

No sé muy bien cuando cambió esa dinámica. No sabría decir si hubo un momento preciso, o un acontecimiento que le diera un giro a lo que en los últimos años había sido lo más habitual entre nosotros. He de confesar que durante ese tiempo pensé con frecuencia en Pablo y me pregunté con insistencia si yo estaba actuando correctamente. Si mi ausencia era la mejor estrategia. Quizás su silencio era una manera rotunda de pedir ayuda. Con él todo ha sido siempre muy complicado. Porque no tenía término medio, porque era difícil que asumiera sus errores, porque cuando más parecía dispuesto a escucharte, se daba media vuelta y se iba. De pronto, un día, recibí un whatsapp, luego otro, al día siguiente más. Volvimos a bromear, a darnos toque de atención. Tomamos algún café, rápido, como a él siempre le gustó tomarlos, nervioso, inquieto, mirando más alrededor que a mí, con mucho azúcar. Todo ello sin que habláramos de lo que se supone tendríamos que haber hablado. Nos decíamos muchas palabras con tal de suplir los silencios. Los dos poníamos en práctica, cuando nos encontrábamos, las lecciones que tan bien habíamos aprendido en los años previos. Era evidente que se había erosionado algo que era muy sólido, o al menos así lo creí yo, aunque, poco a poco, habíamos empezado a recuperar el hilo del ovillo que un día dejamos olvidado. No era poca cosa. Estábamos en mitad de ese proceso cuando le dio el infarto. Yo llegué al hospital como si en vez de un taxi hubiese cogido el hilo perdido y lo hubiera usado como una liana.

"Supongo que tengo que bajar el ritmo. Llevo tantas cosas… No duermo bien, me atiborro de pastillas para dormir. Me hice el propósito de ir aparcando compromisos, pero qué va, siempre me acaban liando". "Te acaban liando. ¿No serás tú el que se lías o el que se deja liar?". Me he terminado el café. Pablo se bebe de un tirón un vaso de agua y luego otro, como antes se bebía las coca-colas. No sé si es el mejor momento para darle consejos, que por otra parte ya le he repetido en mil ocasiones. A pesar de que él tiene algunos años más que yo, siempre asumí en nuestra amistad el papel de hermano mayor. Hace tiempo que dejó de contarme sus conquistas sexuales, sus batallitas de partido, sus viajes de incógnito o el último aparato electrónico que se había comprado. Seguramente en estos años su colección de relojes habrá crecido, aunque ahora lleve puesto el que yo siempre he recordado, el de la esfera oscura y los manecillas doradas. Muy grande. Imposible de ocultar en la muñeca.

"Creo que cuando me recupere voy a pedir unos meses de excedencia. Aunque me da miedo pensar qué haría yo en esos meses sin trabajo, sin reuniones, aquí en casa. Uff…. Lo pienso y se me quitan las ganas". Lo miro fijamente y me pongo en plan amigo sabelotodo. "¿Cómo que qué harías? Pues tener todo el tiempo del mundo para cuidarte, para viajar sin presiones ni relojes, para leer todo lo que has dejado de leer estos años, para coger la bici… Joder, Pablo, no me digas que no sabes qué hacer con ese tiempo. A mí se me ocurren un montón de cosas. ¿Por qué no retomas aquello que empezaste a escribir?". "¿La novela? No, ni pensarlo, no sé ni donde tengo los archivos. No me veo con ánimo. No sé. Estoy raro. Es como si no tuviera ganas de nada. Necesitaría un aliciente para moverme". Otra vez toca la superficie del móvil, como quien no puede resistir más tiempo, aunque no lo mira porque teme darme la razón.

Está cayendo la tarde. Ha refrescado, pero todavía se está bien en el porche. Estrella vuelve a acercarse y nos pregunta si necesitamos algo. Me pone nervioso que esté tan pendiente y atenta. Tan sumisa. Pablo le pide más agua. Yo le sonrío y le doy las gracias. "Tú sí que te lo has montado bien. Has sabido hacer lo que te gusta, disfrutas un montón, te admiran, se te ve feliz". "¿Y qué es lo que te hace feliz, Pablo? Tal vez deberías empezar por esa pregunta tan obvia". Estrella trae el agua. Se oyen unos tacones. Es Carmen que está atravesando la cocina. La veo acercarse muy arreglada, impecable, algo más rellenita que cuando la vi en el hospital. Parece eufórica. Lleva unos pantalones muy ajustados, que hacen que su vientre parezca hinchado, y una blusa blanca tan simple que me imagino que será carísima. En una mano sostiene un bolso enorme, casi un cesto, y en la otra un móvil cubierto con una funda de color plateado. "Hombre, tú por aquí, qué bien que hayas venido, a ver si animas a tu amigo que está que no hay quien lo aguante". Pablo calla. Ha vuelto a coger el móvil. Empiezan a saltar mensajes. Me levanto en medio del silencio que dura apenas unos segundos pero que a mí se me hace eterno. Sólo entonces escucho el sonido repetitivo de las gotas de agua que caen sobre el césped. "Ya me iba, Carmen. Me están esperando. Llevo aquí un buen rato. Te veo estupenda." Me acerco y le doy dos besos. Huele a tabaco. "Quédate a cenar. Voy a pedir algo del japonés". "No, gracias, tengo que recoger a mi hijo y me gustaría revisar unos trabajos antes de acostarme. Otro día". "Sí, claro, cuando quieras. No tienes más que llamar para decirnos que vienes. Voy a cambiarme. Estos tacones me están matando". Pablo no la mira. Yo la veo entrar en la casa y me la imagino buscando en el dormitorio unas zapatillas y una camiseta larga. Después entrará en el baño y se quitará el maquillaje con una toallita, tras haber estado un rato sentada en el váter consultando los últimos mensajes del teléfono.

"Empieza a hacer fresco aquí. Me voy a ir para dentro. A ver si veo las noticias". "De acuerdo, Pablo. Yo me marcho ya. Cuídate mucho. Te voy llamando". "Gracias por venir. Sí, por favor, llámame. No te olvides". Me acompaña a la puerta. Parece que ha empequeñecido. Me da dos besos antes de salir. Le sonrío orgulloso, como el padre que comprueba que su hijo, aunque no lo reconozca, está siguiendo sus consejos. Aunque estoy lejos del centro, decido volverme a casa dando un paseo. Necesito estirar las piernas. Me doy cuenta entonces de que no le he dicho a mi hijo, que esta noche duerme en mi casa, que llegaría a tiempo de cenar. Le envío un whatsapp con mi ubicación. "Anda, ve sacando una pizza del congelador".

RAFAEL, II

"Envíame una foto". Pepa, nerviosa, intentando que no se le note, mira el móvil cada vez que suena el pitido del whatsapp. Lo mira rápido, de reojo, tal vez porque sabe perfectamente quién le escribe y el contenido del mensaje. Disimula como siempre su agobio y esquiva las miradas de sus amigas. Piensa en poner el móvil en silencio, pero no lo hace. Bebe un trago de la coca-cola que acaba de pedir. Sus amigas no dejan de hablar. Concha, que la conoce bien, no ha dejado de observarla todo el rato. "¿Pasa algo? ¿Todo bien?". "Sí, sí, es mi hermana, preguntándome si mañana estoy por aquí", miente ella. Aunque prefiere no pensarlo, a veces le resulta imposible no pensar en cuánto miente últimamente. Se ha convertido en una especie de costumbre, a la que ha terminado aferrándose para sobrevivir. Le miente a su familia, a sus amigas, a sus vecinos. A él no. A él no se atreve a mentirle. Entendió en su día que el amor verdadero supone entregarse de manera absoluta, ser carne de la carne del otro y eso ella lo lleva a rajatabla. Es una heroína del amor. Tan generosa que con frecuencia acaba cayendo en las trampas que ella misma, sin darse cuenta, contribuye a preparar.

"Este año nos vamos a Huelva. Mi cuñada tiene allí un apartamento y nos iremos unos días con ellos. Es un rollazo coincidir tanta gente, pero es que tampoco tenemos dinero para mucho más", está contando Irene, con su habitual actitud de dejadez, como si nada le importara mucho o como si hubiera asumido que sólo es posible vivir al día. Quizás por eso siempre se la ve tan feliz, tan aparentemente satisfecha que hasta su desordenado modo de vestir transmite alegría. Como la falda larga de flores que lleva esta tarde y la blusa sin mangas que parece recién sacada de la lavadora sin haber pasado por la plancha. Se ha cortado el pelo muy cortito, casi rapado, y la verdad es que le sienta muy bien.

Parece más joven. Sus brazos largos y ligeramente musculados parecen decir que ella es una mujer que siempre coge el toro por los cuernos. Que no tiene reparo alguno en llamar a las cosas por su nombre. Hace tiempo que aprendió que esa era la mejor manera de sobrevivir en el mundo en general, pero más en concreto en un colegio donde cada día tenía que luchar por hacer posible que los niños y las niñas que llegaban cada mañana sin desayunar se concentraran, aunque sólo fuera un poquito, en aprender. Al llevar tantos años trabajando en un contexto tan agridulce, había desarrollado una singular capacidad para reducir los problemas al mínimo o, al menos, para no dejarse llevar por esa absurda melancolía que con frecuencia nos paraliza cuando sentimos que las circunstancias nos desbordan. Pepa la mira y sonríe, y la envidia, porque ya le gustaría a ella tomarse las cosas con tanta tranquilidad. Por más que haga propósitos de enmienda, ella acaba siempre volviéndose pequeñita ante los problemas, como si entrara en un bucle del que no puede salir, y en el que incluso a veces pareciera que estaba mejor dentro que afuera. Ese malestar que siempre le acompaña, y que cada vez disimula peor, se traduce en un rostro que cada día está más delgado y marcado, pese a que sus ojos verdes pelean por destacar, como si pertenecieran a otra dueña y no quisieran tener nada que ver con el cerebro que los abre y los cierra.

"Nosotras nos iremos en agosto al Puerto. Pepa, si quieres venirte unos días no tienes más que decirlo. Ya sabes que allí hay sitio. Basta con que avises el día de antes". Pepa mira con admiración a Concha, una mujer a punto de jubilarse, serena y con esa capacidad singular de saber medir las cosas, sin precipitarse. Le da envidia verla tan feliz junto a Lola. Ambas hacen una pareja perfecta. Las dos tan feministas, tan comprometidas, tan activas, tan al margen de las cosas irrelevantes. Y al mismo tiempo tan cercanas y sencillas. Concha, que nunca se maquilla y que siempre ha llevado el pelo como si fuera una monja sin toca, nunca se enfada, o al menos no exterioriza sus enfados con gritos ni malos humos. Prefiere guardar silencio, retirarse un tiempo y luego volver a escena. Eso le da una serenidad que desarma a quien se sitúa frente a ella. Por eso Irene y ella hacen tan buen equipo, porque comparten el mismo pacto, aunque una lo traduzca en brío y la otra en calma. Concha lleva unos pantalones largos y anchos, negros, de una tela muy fina, y una camiseta en la que se lee un eslogan de la última manifestación del 8M. "Lo intentaré. Ya sabes cómo me gustaría. A ver si me organizo".

A Pepa le gustaría, claro que sí, irse al Puerto con ellas, ponerse el bañador y no quitárselo en una semana, no mirar el móvil, ni coger el coche con la horrible sensación de que alguien parece seguirla. Pero una vez más ha vuelto a hacerlo. Le ha dado largas a Concha, sabiendo con claridad que no irá, porque a él no le gustan sus amigas, ni le gusta estar con gente que no controla, ni por supuesto rodeado de mujeres feministas. "Estas son unas exageradas. Histéricas perdidas. No me extraña que estén solas o que hayan terminado siendo lesbianas". Ella, antes, le recriminaba ese tipo de comentarios. Ahora, cada vez menos. Los deja pasar como si no los hubiera escuchado. Quién calla otorga. Y él entonces sigue y sigue, como si le hubieran dado cuerda, comentando las noticias. La última vez que estalló fue porque delante del hijo se le ocurrió referirse a no sé qué tipo que estaba en la tele como mariconazo de mierda. "En mi casa no se sueltan esos comentarios y menos delante de tu hijo". Ese estallido provocó, como era de esperar, más de un día de caras largas y de tensión. Pero él siempre volvía como un perrito faldero que, tras la galleta, se convertía en uno de esos canes de encías amenazantes.

El móvil le ha vuelto a sonar. Ha notado como vibraba en el bolso de tela vaquera. Lo mira como si fuera una alumna en busca de la chuleta que se ha llevado escondida bajo de la manga. "He dicho que me mandes una foto". Era el tercer mensaje que le mandaba con la misma orden. Otra vez Pepa lo ignora y se bebe rápida casi medio vaso de coca-cola. Concha la mira cómplice. Y preocupada. Sabe bien lo que ocurre en casa de su amiga y por eso ha aprendido a interpretar bien sus gestos y actitudes. No le hace falta más que mirarla y sentir cómo Pepa esquiva la mirada para detectar que algo va mal. Como casi siempre. Lo terrible es que ella ha normalizado esta tensión, para la que siempre encuentra justificantes. Es cierto, lo quiere mucho, demasiado, y tiene una confianza loca en que con el tiempo él acabará convirtiéndose en un hombre bueno. Pepa le tiene mucho miedo a la soledad y no podría soportar, después de los finales tan dolorosos de historias anteriores, otro fracaso. La vida le ha mal enseñado a sentirse responsable de todas las cosas. De heroína a mártir. Irene acaba de contar un chiste y todas ríen. Pepa no lo ha pillado. Su cabeza estaba en otro sitio.

Cuando se termina la coca-cola, el teléfono vuelve a sonar. Ahora es una llamada. Hace como que lo busca en el bolso, aunque lo está tocando y sintiendo su vibración desde el primer momento. Era él. "Qué pesado, madre mía", piensa, pero no lo dice. El camarero acaba de traer un plato de ensaladilla. Desde el mediodía tiene el estómago revuelto y al ver la comida le dan arcadas, que trata de disimular. El calor ha empezado a hacerse soportable. Saca el abanico del bolso y se refresca la cara. Es una manera también de que sus amigas no vean de forma tan clara su agobio. "Vamos a brindar, ¿no? Que hemos llegado a otro fin de curso sanas y salvas, y eso hay que celebrarlo". Irene anima a elevar los vasos. "Ay, me he quedado sin bebida". Concha le echa un poquito de su refresco. Pepa se lo agradece con una sonrisa, de esas que se ven cada vez menos se ven en su rostro. Irene es siempre una magnífica maestra de ceremonias. "Brindemos por el maravilloso verano que tenemos por delante". Los vasos se tocan, ellas beben y sonríen. Pepa encuentra el pretexto perfecto. "Chicas, hagámonos una foto". Pepa coge su móvil y lo prepara para hacer un selfi. En los últimos meses se ha convertido en una experta. Las cuatro se ponen muy juntitas, sonrientes, con los ojos algo arrugados por el sol que todavía les da de frente. "Esperad, que hago otra". Pepa le da al círculo rojo y, al hacerlo, respira tranquila. Como si se hubiera quitado un peso de encima. "Os las mando ahora mismo". Antes que a ellas, se la envía a él, que de nuevo ha vuelto a enviarle un mensaje, esta vez con un tono más agresivo.

Guarda el móvil en el bolso. "Ya la tenéis, chicas". Sabe que durante un rato permanecerá en silencioso y podrá disfrutar de la reunión. Concha mira la foto y sonríe: "Hemos salido muy guapas. Lástima que a ti se te vea tan pequeñita, en la esquina". Pepa suelta un "da igual" que apenas se oye. Está acostumbrada a salir así, en la esquina del selfi, casi fuera de plano, como si lo importante no fuera ella sino quienes están con ella. Pepa cambia rápidamente la conversación. También se ha convertido en una experta en esquivar los temas que le incomodan. "¿Habéis visto La casa de papel? Yo empecé a verla el otro día. Me vi tres capítulos de un tirón". Sin haberse librado del asco inicial, coge un poco de ensaladilla, para que sus amigas no le digan, como siempre hacen, que no come nada, y que está demasiado delgada, y que no es sano llevar una vida tan sana.

En la plaza rectangular ha empezado a oscurecer y se nota una ligera brisa, rara en una ciudad tan seca. Está siendo un principio de verano muy agradable, sin olas de calor y con noches en las que es posible dormir. Pepa mira su reloj y comprueba que de pronto son casi las 10 de la noche. "Chicas, me voy a tener que ir". "¿Pero qué prisa tienes? Si estamos de vacaciones, anda, relájate, que nos vamos a comprar un helado de esos que tienen cientos de calorías". La risa de Irene, tan relajada, tan envidiable, no la convence. O, mejor dicho, sí la convence, pero Pepa se ha levantado ya de la silla y se despide con dos besos de sus amigas. "Nos llamamos estos días", le insiste Concha. Pepa ya no escucha las últimas palabras.

Atraviesa la enorme plaza que a esas horas está llena de gente que en las terrazas disfruta de un tiempo en el que parece no haber punto y aparte entre la tarde y la noche, como si la vida siguiera enlazando horas sin que nadie se atreviera a marcar horarios. Pepa avanza tan rápida y agobiada, pese al daño que le hacen las tiras de las sandalias recién estrenadas, que no se da cuenta de cuántos niños juegan con un balón por donde pasa, ni de cuántas niñas parecen cuchichear bajo los soportales, como si fuera uno de esos recreos en los que a ella nunca le ha gustado hacer de vigilante. Sale de la plaza y por un pequeño laberinto de calles estrechas llega a la ribera y desde allí cruza hacia la explanada donde dejó aparcado el coche. Aún hay algo de luz de sol y la ciudad, detrás de ella, rojiza, parece más plana, como si los pocos edificios altos que tiene se hubiesen achatado. Cuando arranca el coche y mira a través del pequeño espejo de dentro cómo el cielo que queda detrás de ella se vuelve anaranjado, siente miedo, como cuando de pequeña las nubes anunciaban tormenta.

EL HOMBRE 1000

Nunca había imaginado que sería recordado no por su nombre, sino por un número. El 1000. Cuando acabó con la vida de Teresa, sólo pensó en sí mismo, en la rabia que llevaba dentro del cuerpo. Ni siquiera recordó las promesas de amor que se habían hecho, ni los polvos salvajes, ni aquellos platos calientes que ella le hacía cuando volvía del bar. Ella no dejaba de insistirle, con aquel castellano todavía torpe en el que se le escapaban muchos términos brasileños, que fuera responsable en el trabajo. Que había tenido mucha suerte, en los tiempos que corrían, teniendo un sueldo. Con lo que él ganaba de camarero y con lo que ella iba sacando por las casas, podían llegar a final de mes. Con estrecheces, claro. Ella, sin que él lo supiera, iba guardando cada semana unos cuantos billetes para lo que su hija, una adolescente, pudiera necesitar en un futuro. A ella le gustaría que su hija estudiara una carrera. Era buena estudiante. Sería la primera de la familia en hacerlo. Ella no tuvo más remedio que ponerse a trabajar cuando apenas era una niña para ayudar en casa. Ni a su madre ni mucho menos a su padre se les había pasado por la cabeza que su hija pudiera estudiar. Cuando se vino a España, en contra de la opinión de su familia, lo hizo en gran medida pensando en su hija, en Rosalía, una linda mujer ya de pelo negro y muy rizado, con mucho carácter, y que tanto le recordaba al padre que nunca quiso hacerse cargo de ella. Fue su hermana Marcia, que llevaba ya varios años en Córdoba, la que le animó a que se trasladaran. Fue ella la que le consiguió los primeros trabajos y la que durante un tiempo las tuvo a las dos acogidas en su casa. Luego, Teresa, que siempre había sido muy independiente, encontró un piso de apenas 50 metros cuadrados, muy viejo y en mal estado, pero al que se trasladó con su hija con la misma ilusión que quién ha heredado un palacio. En aquel pequeño espacio acomodaron las pocas cosas que tenían, colocaron juntas dos camas y, al lado, una mesa para que Rosa pudiera estudiar. La joven se había incorporado a un instituto en el que, no sin dificultades, poco a poco fue encontrando su sitio. Afortunadamente tenía una tutora que le ayudaba para que el castellano no le supusiera ningún obstáculo. Rosalía, que siempre fue lista y curiosa, estaba aprendiendo muy rápido. Cada noche, antes de dormirse, escribía en un cuaderno todas las palabras que había descubierto. A su lado, Teresa dormía como un tronco. Se levantaba cada mañana a las cinco para ir a limpiar unas oficinas. Después ya no paraba en todo el día, hasta después de comer, cuando volvía al apartamento, con las manos destrozadas y un dolor de espalda que no lograba calmar con analgésicos. Allí seguía su actividad, preparaba algún guiso, de esos que le enseñó su madre cuando la llamaba cariñosamente Teresinha, lavaba la ropa sucia o se acercaba a la única tienda del barrio en que le permitían dejar anotadas las cuentas que no podía pagar. Si no hubiera sido por la generosidad de su hermana, no habría podido sobrevivir en aquellos primeros meses en los que se sintió tan pobre y perdida.

Aunque apenas tenía tiempo libre, los domingos, o algún sábado por la tarde, siempre aprovechaba para pasear por la ciudad que la había acogido. Vivía lejos del centro, por lo que habitualmente se quedaba en el barrio, mirando los escaparates de las pocas tiendas que seguían abiertas tras la crisis. Una tarde, en la que empezaba a hacer calor, se decidió a sentarse en una terraza. Estaba muy cansada y necesitaba recuperar aliento. Aunque todavía era una mujer joven, tanto trabajo la tenía destrozada. Se notaba las piernas hinchadas, el pelo demasiado largo, las manos, mejor no mirarlas. Aunque se ponía guantes para limpiar, sus dedos cada vez estaban más agarrotados. Y el olor a lejía no se le iba, por más que se duchara y luego se echara por todo el cuerpo esa colonia barata pero muy olorosa que le regaló su hija para Navidad. Cuando lograba sentarse, como aquella tarde, sin tener que pensar en lo que debía hacer en el minuto siguiente, sentía que todo su cuerpo se volvía más ligero, como si volviera hacia atrás y se reencontrara con la Teresinha que soñaba cerca del mar.

Fue en aquella terraza, a la que llegó por casualidad, afectada por el calor y el cansancio, donde conoció al hombre 1000. No era un tipo especialmente atractivo, ni joven ni viejo, sólo aparentemente simpático y bromista. Lo fue cuando le sirvió el té con hielo, cuando ella fue a pagar y cuando se despidieron como dos adolescentes que se hubieran encontrado en Instagram. Ella volvió a ir por el bar cada tarde que tenía libre. Y así empezó todo. A él, que era un perfecto embaucador, no le hicieron falta muchas estrategias para seducirla, para inventarse toda una vida y para hacerla creer que juntos llegarían al infinito. Cuando una noche lo invitó a cenar a casa, apenas unos bocatas porque no le daba para más, él también sedujo a Rosalía o, mejor dicho, lo intentó, porque ella no se sintió fascinada ni lo más mínimo por un tipo que siempre llevaba unos vaqueros rotos y que se las daba de chulo a la menor oportunidad. Aquella noche, tal y como llevaba haciendo con Teresa durante semanas, pasó por alto todo lo que quería borrar de su vida anterior y se inventó un personaje, casi heroico, con el que trató de deslumbrar a madre e hija. De la misma manera que aquella noche se había puesto su mejor camisa, limpia aunque mal planchada, y unos vaqueros que marcaban su cuerpo todavía atlético, con ese punto de chulería que parece gustar a muchas mujeres, desplegó todos los encantos de los que era capaz, a pesar de que la jodida vida que había llevado le había restado muchos enteros a sus habituales dotes de mago. A Rosalía todo le pareció tan cogido por los pelos que nunca se creyó del todo nada de lo que aquel tipo les había contado. Él, que era muy consciente de sus armas, sí que consiguió arrancarle a Teresa la promesa de que un día irían juntos a Brasil. Rosalía, sin embargo, descubrió todos y cada uno de los trucos del camarero, aunque callara para no estropearle la ilusión a su madre.

El hombre 1000 no les contó a Teresa ni a Rosalía que apenas llevaba unos meses fuera de la cárcel, que había sido condenado a 17 años por haber asesinado a su esposa y que, si ahora disfrutaba de libertad condicional, era porque había sido un buen tipo en prisión, había hecho todas las actividades reglamentarias e incluso había pasado con nota varios cursos sobre violencia de género. Hubo días en que él llegó a estar convencido de que se había convertido en un hombre nuevo, que había conseguido dominar su ira y que, pese algún brote que otro, la violencia ya no era la forma habitual mediante la que se relacionaba con el mundo. Su trabajo en el bar, en el que le pagaban un sueldo de miseria por echar más horas que nadie, le estaba sirviendo para controlarse, para ser educado, para mostrar siempre su mejor sonrisa. Y así fue, más o menos, hasta que conoció a Teresa. La brasileña de caderas anchas, ojos profundos y buenas tetas que, en cuanto la vio, deseo que fuera suya y de nadie más. No necesitó mucha estrategia para seducirla, porque la había encontrado débil y sola, algo perdida y muy necesitada de cariño. Incluso las dificultades que tenía para entender bien el castellano se convirtieron en una ventaja para él. Sólo la hija parecía ser un obstáculo entre ambos. Por eso él, tan listo, hizo todo lo posible para no coincidir con ella y para que Teresa, a pesar de lo buena madre que era, tomara cada vez más distancia con su hija. Así fue, por ejemplo, como se fue convirtiendo en costumbre que Teresa no durmiera en su apartamento y que volviera antes de las 5 de la mañana para dejarle preparado a Rosalía algo de comer. Ni siquiera Marcia, su hermana, llegó a percatarse de cómo aquel hombre estaba trastocando de manera tan alegre lo que hasta entonces era una vida estrecha pero ordenada. Cuando decidieron vivir juntos, ni Rosalía ni Marcia estuvieron conformes, pero Teresa estaba enamorada y cuando se le metía algo en la cabeza no había nada ni nadie capaz de hacerle cambiar de opinión. Era tan cabezona y orgullosa como lo había sido su madre, su abuela y en general todas las mujeres de la familia.

Su relación duró tan poco que Teresa realmente ni siquiera tuvo tiempo de reaccionar, por más que él no dejara de darle señales, explícitas e implícitas, de lo machista que era y de lo mal que llevaba que ella tuviera su propia vida. Al poco tiempo de vivir juntos, él empezó a mostrarse celoso de cualquiera que la mirase por la calle, y no digamos de cualquier hombre al que Teresa le dirigiera la palabra. Esta tuvo que explicarle, con pelos y señales, en qué casas trabajaba, si había hombres cuando ella estaba limpiando o si había recibido alguna atención excesiva por parte de ellos. Ella se lo tomaba a broma, no le hacía mucho caso, incluso se reía, y hasta creía que eso significaba que él estaba tan enamorado de ella que no podía soportar que hubiera otros hombres a su alrededor. La cosa empezó a ponerse más seria cuando llegaron los primeros gritos, algún que otro empujón o aquella noche en la que, a pesar de su negativa, él la obligó a tener sexo. En la habitación de al lado, ahora que vivían los tres juntos en el piso algo más grande de él, Rosalía escuchaba de vez en cuando los quejidos y los lamentos de su madre. Al principio pensó que eran de placer hasta que una noche le pareció escuchar cómo lloraba, después de que él, dando un portazo, hubiera salido del piso. Rosalía no se atrevió a acercarse al cuarto de su madre, temiendo que él volviera y las encontrara juntas. Días después se arrepintió mucho de no haberlo hecho. Fue lo primero que pensó la mañana en que, estando en clase, su tutora le pidió que saliera, que tenía que hablar con ella. Lo que le contó no la pilló por sorpresa. Tal vez por ello le costó tanto derramar las primeras lágrimas. Ya lo había hecho algunos días atrás.

Cuando la policía llegó, avisada por los vecinos que habían visto salir humo por las ventanas, se encontraron a Teresa y al hombre 1000 todavía con vida, con un hilito de vida apenas. Ambos heridos de muerte por las mismas manos, mientras el fuego jugaba a ser una especie de telón con el que mal disimular el guión perfectamente escrito. Fue Teresa la primera que, pese a los intentos de reanimación, dejó de respirar, con sus caderas anchas manchadas de sangre y sus ojos, ya sin profundidad, perdidos en un país que no era el suyo. Quién sabe si en esos instantes en que dicen que pasa toda tu vida por delante recordó aquella canción brasileña, que se llamaba igual que ella, y que su madre canturreaba siempre mientras recogía la casa. *"O terceiro me chegou/ Como quem chega do nada: Ele não me trouxe nada/, Também nada perguntou/ Mal sei como ele se chama/ Mas entendo o que ele quer! /Se deitou na minha cama / E me chama de mulher".*

Él, su hombre, tardó algo más en morir. Eso le permitió escuchar, como si fuera a lo lejos, lo que dijeron la policía, los servicios de emergencia sanitaria y los bomberos. Todo se mezcló de manera confusa en el escaso rincón de su cerebro que todavía permanecía despierto. El humo lo había ido adormeciendo, como si fuera una anestesia que disminuyera el dolor que sentía en el pecho. Apenas sobrevivió unos minutos a Teresa, pero fueron suficientes para que, como en una película, pasaran por su cabeza recuerdos desordenados, imágenes aisladas, como fotografías arrancadas de un álbum, nombres de mujer que se confundían y hasta la sotana del cura que lo casó con Amanda, a la que estranguló con lo que tenía más mano, el cable de la plancha. Cada vez más confundido, consiguió verse a sí mismo como era hacía unos veinte años, tan joven, tan fuerte, tan guapo, tan musculoso. El más ligón del pueblo. El irresistible. El que aprendió desde niño que podía conseguir todo lo que soñara. El que siguió fielmente las lecciones de su padre, de sus abuelos y de los tíos de la familia. Todos ellos le enseñaron el arte de dar un puñetazo en la mesa.

Él, que siempre estuvo tan orgulloso de los apellidos de su familia y del nombre con el que fue bautizado, nunca hubiera imaginado que pasaría a la historia por un número. Que en el barrio, en el bar donde servía cafés, en las playas donde de jovencito se bañaba, en la cárcel donde no hizo muchos amigos o en la ciudad que aquel día fue portada en todos los telediarios, nadie recordaría más su rostro, ni siquiera las siglas de los informes policiales, ni el nombre invisible de la sentencia que no llegaría a dictarse. Que con sólo cuatro cifras se resumiría su vida de cuarenta y tantos años. Un número que no sería olvidado nunca, como tampoco se han de olvidar quienes usan su poder para generar víctimas, y que sólo en Rosalía, durante un tiempo, tendría mirada, pulso y mal aliento.

Los ojos claros de él, sus nervios descontrolados y el hedor del que solo ella parecía darse cuenta, fueron desvaneciéndose lentamente. Fue tanto el dolor sentido, y no sólo en aquella mañana sino en todos los días y semanas posteriores en que la batalla siguió para ella, que casi provocó el efecto de ir borrando las huellas, como cuando se limpia el escenario del crimen y todo vuelve a quedar impoluto, como si no hubiera pasado nada. Rosalía necesitaba no olvidar lo que había pasado, ni tampoco al culpable, pero sí ese reguero de sangre que parecía acompañarla, como si fuera un lazo anudado en su cabellera. No renunciaría al dolor, no quería hacerlo, pero sin convertirse en otra víctima: era lo mejor que podía intentar para que el asesinato de su madre no fuera en vano. Por ello, junto a su tía, llamó a todas las puertas, removió todos los despachos, con tal de que el cuerpo de su madre volviera a Brasil, al pueblo donde nació, al cementerio en el que estaban enterrados sus abuelos. Gracias a la sororidad de las mujeres que en aquella ciudad llevaban años luchando contra la violencia machista, Rosalía consiguió el dinero necesario para repatriar el cadáver.

Sólo cuando Rosalía pudo enterrar a su madre, rodeada de sus familiares, en aquel pueblo donde tantos momentos lindos había vivido de niña, se animó a quitarse el lazo que sujetaba su pelo. Se lo dejó suelto, aunque lo tenía muy largo, como siempre lo había llevado, como tanto le gustaba a su madre. Y no, no es que hubiera sepultado para siempre a aquel tipo que, desde el primer día, le pareció un chulo de mierda, pero sí que había empezado a considerarlo un número. Una cifra redonda que para ella nunca sería sólo una cifra. Tendría el rostro de un miserable que ella nunca olvidaría. Eso sí, tendría que ir, poco a poco, situando el recuerdo en ese lugar de la memoria sobre el que se puede andar descalza sin temor a clavarse el pico de una piedra.

Aquel día, ya casi de verano, Rosalía no enterró a la víctima número 1000 de violencia de género. Había conseguido a fin enterrar a su madre, después de más de un mes de burocracias, gestiones y angustias. Sentía como si tras una larga lucha al final hubiera conseguido deshacer un nudo bien apretado, el que durante meses había tenido al cuerpo de su madre reducido al cuello. La mujer que, mientras ella iba al instituto, limpiaba oficinas y escaleras. La que siempre cantaba bajito, en brasileiro, como si pese a todo la vida fuera una fiesta. "*Foi chegando sorrateiro/ E antes que eu dissesse não/ Se instalou feito um posseiro/ Dentro do meu coração*".

LA GRADUACIÓN

Nunca se me ha dado bien hacer los nudos de las corbatas. Los hago, pero para salir del paso. No he llegado a ese punto de perfección de mi padre, que siempre me los hacía bien apretados y me los ajustaba al cuello. Los míos, sin embargo, se van deshaciendo poco a poco, aunque siga al pie de la letra los esquemas que tengo en una pequeña tarjeta me dieron en una tienda. El nudo se me acaba haciendo en el estómago. Fer también los hace bien. Él todo lo que tiene que ver con lo manual lo borda. Yo soy patoso y descuidado. "Es que no prestas atención, a lo que no te interesa es que ni caso", me repite él insistentemente. Creo que este defecto, porque entiendo que es un defecto, va empeorando con los años. Me pongo de mal humor incluso cuando tengo que perder el tiempo, porque me parece que lo hago cuando tengo que concentrarme en tareas manuales.

Aquella tarde de junio era evidente que yo no podía hacerle el nudo de la corbata a mi hijo. Se le habría aflojado en mitad de la ceremonia y no era plan. Así que fue Fer quien se lo hizo, tan perfecto y apretado como los que me hacía mi padre. La corbata de tonos burdeos, demasiado oscura para mi gusto, el traje clásico, la camisa blanca. Vistiendo mi hijo parece mayor que yo. Qué le vamos a hacer. Me ha salido muy clásico y cofrade. En ocasiones hasta me temo que llegada su mayoría de edad pueda votar a Abascal. Es de esas hornadas de jovencitos que sorprendentemente son mucho más conversadores que sus padres en algunas cuestiones. Lo veo cada curso con mis alumnos y también lo he ido comprobando con mi hijo y sus amigos. Viven además en un mundo en el que lo hemos ritualizado todo en el sentido más reaccionario posible. Nunca imaginé que a estas alturas de mi vida iba a ser testigo de fiestas de mayoría de edad –y sí, en el caso de ellas, auténticas puestas de largo– ni tanta ceremonia con banda cruzada ni bodas que, aunque civiles en su mayoría, siguen transmitiéndome un cierto tufo a naftalina. Una supuesta élite. Entono el mea culpa. Yo he sido el primero en alimentar una adolescencia que no termina. La meritocracia convertida en festival.

Lo miro de reojo mientras se peina y repeina delante del espejo de su baño. Para él, lo del flequillo en su justa posición es todo un arte. Un arte que lleva tiempo y dedicación. Tenía la idea equivocada, y muy sexista claro, de que eran las chicas las que pasaban horas y horas en el baño. Mi hijo se ha encargado de desmentírmelo. Cuando se prepara para salir es mejor no mirar el reloj, como tampoco es saludable entrar el baño hasta pasado un cierto tiempo de su salida. Esta tarde, con más razón que nunca, ese tiempo se ha multiplicado hasta límites insoportables. Pero he procurado mantener la calma, no alzar la voz y contribuir a que todo vaya sobre ruedas. He empezado a darme cuenta de que en ocasiones resulta mucho más ventajoso para todos no montar un número. Ha sido así como me he ido convirtiendo no sé si en un padre más tierno o más pasota.

Mientras mi hijo termina de ponerse bien el flequillo, su ropa espera sobre la cama. Como si fuera la de un novio. Me viene a la cabeza el día de mi boda. Mi habitación, en casa de mis padres, se parecía mucho a esta. El traje colgado de una percha, la camisa blanca recién planchada, los zapatos negros relucientes. Y yo con ganas de huir, todo hay que decirlo. Afortunadamente, esto no es una boda y mi hijo está bien contento. Cuando se pone el traje azul marino, lo veo más alto. Así vestido sí que ha dejado de ser el niño que yo pensaba que era. Parece que fue ayer cuando lo llevé por primera vez a coger el bus que lo llevaría cada día al cole. Con su chándal rojo, su pequeña mochila a la espalda, su bocata y su zumo. Y esa sensación rara, inexplicable, que uno siente cuando no puede dejar de pensar todo el día en otra persona que parece un trocito desgajado de ti. Pasó el autobús, llegó una separación, mudanzas, pero el cole seguía ahí. Y mi hijo fue haciéndose cada vez más alto con la misma sonrisa dulce, esa que continúa indemne en su rostro adolescente. Y llegaron las primeras novias, la primera moto, las fiestas hasta la madrugada, los secretos, el preservativo mal escondido. Mis dudas de padre imperfecto, indefenso y vulnerable. El que siempre se ha resistido a ser su colega. Aprendiendo de mis errores y, debo reconocerlo, de la madurez que él me ha demostrado cuando yo mismo le obligué a vivir situaciones que tal vez en otro caso habrían generado rayos y truenos.

Mientras se viste, no deja de mirar el móvil, de contestar mensajes. Ha puesto de fondo una música que yo no identifico. Le hago algún comentario tonto, pero ni caso. Sólo me reclama cuando tengo que ponerle bien el cuello de la camisa por detrás. Observo su cabeza tan redondita, su pelo recién lavado y que huele a champú, la memoria todavía me deja oler a Nenuco. Cuando ha terminado de vestirse, le pido que se coloque para una foto. Me mira con cara de fastidio. "Ya estamos con las fotos. Papá no seas pesao". "Es para enviársela a tus abuelos, venga, no protestes. Tardamos un minuto. Ponte en ese rincón que no te dé la luz de frente".

Le hago varias fotos. Acerco y alejo. Está recién afeitado y vuelve a parecer el niño que ya no es. Aunque haya crecido muchos centímetros y se haya ido forjando su carácter, sigue siendo el mismo. Se le sigue reconociendo. Yo temía que llegada la adolescencia le perdiera el rastro, pero no ha sido así. Él ha ido ganando espacio, y es lógico que así sea, aunque a mí, como padre posesivo, y con cierta frecuencia autoritario, me inquiete sentirlo cada día unos centímetros más lejano.

Yo también me disfrazo. Hace tiempo que dejaron de gustarme las corbatas, que me incomodan los trajes y que me molestan esos zapatos que siempre, inevitablemente, me recuerdan a mis pies ante el altar. Hago el esfuerzo, por él, y asumo completamente mi papel. Una vez vestido, con un traje azul no tan oscuro como el de mi hijo, soy yo el que quiere una foto. Nos la hace Fer. En el patio. Está atardeciendo y como es el mes de junio hay una luz bonita. "Venga, papá, que vamos a llegar tarde". Salimos de casa y él va como una flecha. Me deja atrás. Por más que intento alcanzarlo, no hay manera. Las calles están llenas de gente. Es viernes y se nota que han terminado los exámenes, la selectividad, que ya muchos están de vacaciones. Cuesta trabajo avanzar por las aceras tan estrechas. Me duelen los pies. Trato de caminar casi de puntillas para que no se me manchen. No quiero malograr mi diez minutos de cepillado que necesité para que brillaran los zapatos, después de tantos meses, años tal vez, metidos en su caja.

Cuando llegamos al lugar donde se celebra el acto de graduación, uno de los más pijos y rancios de Córdoba, la entrada parece una boda. Me persiguen las bodas. No hay remedio. Señores con traje o chaqueta oscura, madres con sus mejores galas, niñas y adolescentes que no dejan de hacerse fotos, juntas y separadas, para Instagram. Mi hijo, en cuanto llega, se pone a saludar, a besar, me deja abandonado. Me acerco a un grupo de padres y sigo haciendo mi papel. En apenas unos minutos creo que suelto todas las obviedades posibles y me pongo al nivel de la mayoría. Noto que no me está resultando la estrategia que suelo usar en estas ocasiones y que no es otra que estar sin estar. Más besos, más apretones de manos, más compañeros de mi hijo a los que ya ni reconozco y mucho menos vestidos de novios de tarta. Cuando ya estamos sentados en el lujoso salón, que a mí en todo caso me parece el decorado de una película de Cifesa, llega la madre de mi hijo poco antes de que comience el acto. Era de una de las cosas que más me sacaban de quicio cuando convivíamos: su impuntualidad. Se ha puesto muy guapa. Ha rescatado uno de esos vestidos que yo reconozco pero que parece recién estrenado. Se ha alisado el pelo, se lo ha puesto más rubio y se ha pintado de manera que sus ojos claros resaltan más que nunca.

El acto se me hace eterno. Pierdo la cuenta de los discursos, de las entregas de diplomas, de las músicas que sirven de entreacto. Todo, eso sí, muy british; es decir, muy bien ordenado, sin estridencias, con las emociones justas. Agradezco que no haya, más allá del espacio en el que estamos, ningún detalle que yo consideraría de mal gusto. Siempre me gustó del colegio en el que mi hijo ha pasado media vida que no le hicieran excesivas concesiones a la tontería. Hoy más que nunca me siento agradecido por no haber tenido que soportar fiestas de fin de curso ni reuniones supuestamente participativas de padres y madres. Ni siquiera, milagro, he sido parte de un grupo de whatsapp de esos en los que algunos progenitores dan rienda suelta a sus fantasmas particulares.

Llega el momento, era inevitable. Tengo con subir al escenario con su madre. A ponerle una banda, recoger el diploma y hacernos la foto de rigor. Siento entonces muchas ganas de desaparecer, pero tengo que estar a la altura de mi hijo. Una vez que su madre le pone la banda anaranjada sobre la chaqueta oscura, él me abraza y entonces sí que cae al suelo toda mi armadura. Me da igual que haya cientos de personas mirándonos, que el director del cole sonría tan cerca con ese rostro de británico que seguramente habría votado en contra del Brexit, que una amiga de mi exmujer no deje de hacernos fotos con el móvil. Ese abrazo va más allá de la chaqueta, y de la piel, y de los huesos, y me transmite una corriente eléctrica. Quizás la que llevaba ya un buen rato ahí pero que yo me había empeñado en acallar. El nudo de mi corbata se va aflojando.

Se me saltan las lágrimas y tengo que echar mano de los pañuelos de papel que yo, siempre tan precavido, había guardado en el bolsillo de mi pantalón. El resto de la noche es previsible. Cuando en la pantalla empezamos a ver fotografías de los casi 15 años que mi hijo había pasado en el colegio, sí que no pude evitar que lo poco que quedaba de armadura se desgajara. Y todo ello con música de Queen como banda sonora. Menos mal que el nudo de mi corbata estaba flojo y puedo abrirme un poco el cuello de la camisa para respirar mejor. Miro a mi alrededor y allí, a oscuras, todas las madres y todos los padres estábamos igual. Puede que fuera el único momento en quince años en que habíamos conseguido ponernos de acuerdo. Cuando al acabarse el vídeo se encienden las luces aquello parece un duelo más que una fiesta de graduación. La emoción de papás y de mamás muy satisfechos por haber cubierto con éxito, o al menos con relativo éxito, parte del compromiso.

Como estaba muerto de hambre, en la cena todo me sabe riquísimo. A mi hijo apenas lo veo. Se sienta en una mesa con sus compañeros, y digo bien, solo con compañeros, porque ellas, las chicas, están en otra mesa. Todo muy moderno. Eso sí, con ellas se sienta un lindísimo alumno que no hace falta ser muy espabilado para descubrir que poco tenía que hacer en la mesa de los chicos machotes y heteros. Cuando empieza el baile, y mi hijo empieza a mirarnos con cara como de qué hacéis aquí, su madre y yo decidimos dar por terminada la fiesta. Ella viaja temprano al día siguiente, lo cual le da una excusa perfecta para escaquearse, y yo, la verdad, no pinto nada entre tanto jovencito iniciando la dosis conveniente de alcoholización y tanto padre y tanta madre aparentemente desinhibidos y bailando rumbas como si estuvieran en la feria.

Tardo mucho en dormirme. Lo achaco a que había comido más de la cuenta, al vino que había tomado, pero qué va, fue porque por mi cabeza no dejaban de pasar imágenes del pasado. Por más que intento concentrarme y no perderme en ellas, no hay manera. Es como si mi cama hubiera sido invadida por todos los álbumes que hacía tiempo que no veía y como si las fotos hubieran cobrado vida propia. Bajo las sábanas, no pude evitar el recuerdo de los fines de semana en que mi hijo salía corriendo de su habitación y se metía conmigo en la cama. Su madre solía levantarse muy temprano para entrenar y yo me quedaba solo. Entonces llegaba él y jugábamos a que estábamos en el fondo del mar y nos perseguían seres extraños. Me agarro a las sábanas, como si fuera a la deriva, y recuerdo que en aquellos días de fiesta siempre había un delfín o una ballena que nos salvaba.

Me levanto con un buen dolor de cabeza. Me acerco a la habitación de mi hijo para comprobar que había llegado sano y salvo. Allí está, con sus piernas largas sobresaliendo del colchón, agarrado a la almohada. Ronca ligeramente.

Al lado de la cama, los zapatos muy sucios, los pantalones por el suelo, la camisa hecha un lío con la chaqueta sobre la silla. Cierro la puerta con mucho cuidado. Cargo la cafetera y espero ansioso a poder llenar la taza. Mientras se hace el café, arranco una hojita del calendario que mi madre me regala siempre a final de año. Debo confesar, y espero que ella no lea esto, que casi todos los días se me olvida arrancar la hoja, y se van acumulando días y semanas como si, en vez de un calendario, aquello fuera un libro de memorias. Esta mañana, sin embargo, arranco la correspondiente al día anterior. Leo la cita, el santoral y no le hago mucho caso a la explicación de detrás. Vuelvo a la cocina en cuanto escucho ese ruido tan amoroso que indica que el café ya se ha hecho líquido. Me lo tomo en silencio, con la radio apagada. Con la hojita del calendario bien agarrada en mi mano, tanto que la arrugo como si fuera uno de esos papeles en los que ensayo y que, cuando no me gustan, los convierto en bolas que lanzo a la papelera. La hojita, irreconocible, acaba en el cubo de basura. Lejos de los posos de café que, desde el cubo de al lado, parecen lamentarse de esta manía mía de reciclar. Maldita sostenibilidad.

LAS QUE SOSTIENEN EL MUNDO

Carmona es uno de esos lugares en los que es posible desconectar del ruido, dejar de mirar a las alturas y soñar con una horizontalidad que sólo rompen los campanarios de las iglesias. A pesar de estar en pleno mes de julio, la temperatura es fresca, muy agradable. Más propia de un otoño templado que de un verano que no es que se haya vuelto loco, sino que está mostrando las consecuencias irremediables del cambio climático. Tengo la impresión de que con lo del clima pasa algo similar a lo que sucede con la locura de las mujeres: no es que ellas estuvieran locas, es que los hombres no queríamos ver el origen de su malestar y mucho menos la responsabilidad que teníamos en ello. Camino hacia la sede de los cursos de verano de la Pablo de Olavide y casi puedo oler el blanco de las paredes, los leves sonidos de un pueblo que despierta lentamente, el café bien cargado que se sirve en bares donde todavía hay algún que otro hombre que se vuelve descarado cuando entra una mujer sola. Es la primera vez que veo abierta una puerta lateral del Convento de Santa Clara. Me acerco y compruebo que, al fondo del patio, también lo está la puerta de la iglesia. Como me sobra tiempo, decido entrar, aunque no sé muy bien si el acceso está permitido. Puede ser que haya habido misa y que justamente por eso esté abierta. Empiezan a salir personas. Casi todas mujeres. Y después empiezan a hacerlo monjas, clarisas, todas con su hábito marrón oscuro. La iglesia es deslumbrante. De un barroco sobrecogedor. Recuerdo a Juana Inés de la Cruz. "*Hombres necios que acusáis a la mujer sin razón, sin ver que sois la ocasión de lo mismo que culpáis*". Miro a las clarisas y me siento yo, el peor de todos.

La luz es muy suave, como si sólo las velas del altar iluminaran un espacio que está lleno de cuadros, imágenes y adornos dorados. Me sitúo al final de la capilla para no molestar el paso de quienes están saliendo, muy cerca de la reja tras la que supongo que en ocasiones las monjas siguen las misas y los asistentes sólo escuchan sus voces en armonía. Mujeres voluntarias tras las rejas. Siempre he sentido mucha curiosidad por saber qué piensan esas mujeres, cómo sienten, de qué manera son capaces de asumir ese estar sin estar, esa especie de intersección entre el mundo donde yo vivo y el que ellas anhelan. Observo que la mayoría de las monjas son muy jóvenes y de piel oscura. Puedo imaginar sus orígenes y cómo han llegado para mantener abiertos espacios como este que estaban a punto de la deriva. Las cuidadoras, las monjas, las migrantes. Una cadena de mujeres sosteniendo elmundo. Todas pasan por mi lado y me sonríen, alguna me dice "buenos días", todas parecen felices, muy felices. Sus rostros, más allá de la sonrisa, me transmiten bienestar, ternura, tranquilidad, eso que fuera de los muros llamaríamos buen rollo. Y paz, mucha paz. Sé que puede resultar obvio, pero en cada rostro de mujer, enmarcado por un rostrillo blanco, como las vírgenes de mi pueblo, puedo ver esa paz de la que sólo son capaces quienes han sabido soltar mucho lastre. Mirándolas me reconcilio con mi espiritualidad huidiza.

Salgo del convento con ganas de saber mucho más de esas mujeres, de conocer sus vidas, sus renuncias, sus sueños. No me creo que sean simples objetos tras una reja. Sus rostros eran de mujeres valientes, amazonas sin flechas, de esas que al zurcir nos dan lecciones a quienes vivimos en los púlpitos. Me gustaría sentarme una tarde entera con ellas y escucharlas. No podemos prescindir de su voz. No deberíamos seguir cometiendo el error de silenciarlas o, peor aún, de creer que su lugar es el silencio. Camino hacia el Palacio de los Briones, donde voy a escuchar a científicas y filósofas, dándole vueltas a todo lo que hay tras esos hábitos marrones. Me resisto a creerme las historias de rezos sin sustancia, guisos humeantes y claustros nevados. Encuentro, sin saber muy bien por qué, una extraña conexión entre la biblioteca del convento y las aulas de mi universidad, entre las camas duras y sin adornos y las literas de un colegio mayor, entre las voces que cantan en latín y las manos que teclean delante de las pantallas. Días después me pregunto si en mi cabeza no empezaron a tramarse los versos de una oración. La oración de un tipo descreído y que todavía necesita convencerse de que no nació para ser dios. Anoto en mi agenda de tareas pendientes leerme cuanto antes a Gerda Lerner. Necesito saber cómo fue surgiendo en los conventos la conciencia feminista.

EL HOMBRE ENDIOSADO

Fue un amigo que vive entre Córdoba y Málaga quien me dio las primeras señales de un chico jovencísimo, policía nacional, que, al parecer, estaba muy implicado en la lucha contra la violencia de género. Es tan complicado todavía encontrar hombres que se atrevan a romper el silencio que hice todo lo posible por localizarlo a través de las redes sociales. En aquellos meses, Álvaro acababa de publicar un libro donde contaba su experiencia como policía que lucha contra la violencia machista. Al fin conseguí su teléfono y pudimos organizar una presentación en Córdoba. Cuando colgué en mi muro de Facebook el cartel del acto, una amiga me preguntó si ese chico trabajaba en Málaga, si era policía, si atendía a las mujeres víctimas de violencia. Cuando le confirmé todas sus sospechas, ella me contó cómo había sido justamente él, ese hombre que parece un eterno alumno universitario, quien había ayudado a una sobrina suya a salir de una terrible relación que la estaba anulando. Si no hubiera sido por él, me contaba emocionada mi amiga, su sobrina no habría salido de una espiral de violencia que sabe dios cómo podría haber terminado. Ninguno de los dos conocíamos a Álvaro personalmente, pero ya sentíamos que en él habitaba una de esas energías que a nosotros, a mi amiga y a mí, tan cómplices desde hace décadas, nos reconciliaban con el universo. Unos días después, al fin, en La República de las Letras, una librería de Córdoba en la que no me importaría quedarme a dormir, pude comprobar la delgadez de Álvaro y su luminosidad.

Álvaro es un policía muy joven, de origen cordobés, tan delgado que parece un atleta keniata. En su pequeño rostro su eterna sonrisa parece enorme. Sus ojos siempre brillan, inquietos, como los de un niño deseoso de probarlo todo. En su trabajo en la Unidad de Mujer y Familia de la policía nacional en Málaga, ha conocido muy de cerca todos los tipos posibles de violencia machista. Al sumar rostros, nombres y heridas, de esas que para el resto sólo son una estadística o como mucho un titular en la prensa, ha ido adquiriendo progresiva conciencia sobre la desigualdad y se ha ido convirtiendo en un hombre militante. Él siempre cuenta que es su mujer la que lo está haciendo feminista. Supongo que es verdad, pero también la vivencia tan directa de los dolores que sufren las mujeres está haciendo que él tome partido, abandone el silencio y se convierta en una de esas todavía escasas voces masculinas que se atreven a llamar a las cosas por su nombre y a evidenciar que la pelota está en nuestro tejado. Cuando escuchas a Álvaro contar, de manera muy pedagógica, sin grandes construcciones teóricas ni referencias doctrinales, como quien relata una experiencia de vida, todo a lo que se ha enfrentado en su trabajo como policía, es imposible no removerse en el asiento. Es imposible no sentir que todo lo que cuenta nos incumbe, que no es algo ajeno a nosotros. Lo hace además con tanta pasión, con tanto convencimiento, que dan ganas no de darle un premio, porque no está sino haciendo de manera correcta su trabajo, sino de abrazarlo y de decirle: "Álvaro, cuenta conmigo, yo también me sumo a tu voz insolente. A los dos nos queda mucho por aprender". Álvaro es un alumno espabilado, entusiasta, de esos que se sientan en primera fila para no perderse detalle. A veces ese entusiasmo lo sitúa en un filo peligroso, como a todos, como a mí mismo. Seguimos llevando una estampa de dios en la cartera.

"Educar es clave para vencer la violencia de género". Este era el titular de una entrevista que publicó un diario de Málaga con motivo de la presentación del segundo libro de Álvaro. Fue justamente este reportaje el que le sirvió de pretexto en Facebook a una mujer feminista, de esas que insistentemente están censurado todo lo que huela a machismo, para arremeter contra los hombres que, según ella, estamos endiosados y seguimos ocupando demasiados titulares. Si no recuerdo mal, uno de sus mensajes decía lo siguiente: "Son feministas en la venta y promoción de sus libros, en las redes sociales, pero no por convicción, sino porque ser feminista hoy te da valor y refuerza tu ego y tu protagonismo (en el caso de los hombres, claro; en el de las mujeres otro gallo canta). Lo peor es que hay muchas palmeras feministas". No era la primera vez que escribía comentarios de este tipo, aunque en este caso su tono parecía menos airado que en otras ocasiones. Me dolió, claro que me dolió, que justamente tras su crítica, a la que no le faltan razones, apareciera el rostro de Álvaro y su entrevista. Y me dolió porque lo conozco y sé que él no anda buscando protagonismo, ni pretende dar lecciones de nada, ni habla de lo que no sabe. Él sólo trata de compartir lo que desde su experiencia como policía vive cada día y en la medida que esa vivencia puede servir para concienciar al resto. En este sentido, el joven Álvaro es un magnífico ejemplo que yo siempre pongo a los más jóvenes de hombre que nada tiene que ver con los machitos del reguetón ni de las clásicas películas de policías. Y, por supuesto, me dolió incluso más que con tanto desprecio hablara de las "palmeras feministas".

Aquella tarde de domingo, porque fue un domingo al mediodía cuando la red social una vez más se convirtió en polvorín, me dieron ganas de cortar en trocitos pequeños las páginas de todos mis libros escritos, las de mis diarios sin publicar, los carteles que me anunciaban en bibliotecas, salones de actos e institutos. Busqué y rebusqué las páginas de periódicos en los que me habían entrevistado, esas que mi madre guarda en un álbum y que mi padre archiva en su portátil, para hacer con ellas una pira. Lo subí todo a la terraza, junto a mis pines y pulseras moradas, mis camisetas de las manifestaciones y mis mochilas de congresos y jornadas. Cogí un barreño enorme, metálico, en el que suelo poner la ropa cuando la saco de la lavadora, y allí fui dejando caer los fragmentos de libros a los que no me atreví a meterle la tijera. Las fotos de las portadas, hechas por Fernando Bayona, se resistían a ser quemadas. Llegué a encender una cerilla, o dos, o tres, pero no fui capaz de acercarlas a aquello que, en el barreño de la ropa limpia, me devolvía mi propia imagen. El hombre que no deberíamos ser, el disidente, la igualdad en rodaje, el que espera que una virgen tenga un niño para él. Lloré como un recién nacido. Mi ira permitida se fue haciendo congoja. Fue así como me fue adelgazando, empequeñeciendo, como si me hubiera empezado a convertir en un corredor dispuesto a ganar la carrera nocturna de mi ciudad.

Cuando bajé a mi estudio, y después de colocar los libros en las estanterías y los recortes en su carpetas, decidí darme de baja de todas las redes sociales en las que estaba. Me fui a esa página rutinaria y repetida en la que aparece la información personal y en la que yo también me creí, me creo, el rey del mambo. Repasé mis claves, mis contraseñas, mis personajes. La trastienda del showman. Durante un par de minutos giré mis dedos alrededor del enter, con el cursor puesto justo sobre el espacio que me permitiría bajar el telón. Fue justo entonces cuando me llegó ese sonido tan contradictorio del whatsapp. Ese que en ocasiones me salva y que en otras es lo más parecido a un pellizco en la boca del estómago. El pitido absurdo actuó como una especie de despertador. Puse el dedo correspondiente en el círculo posterior de mi móvil para que detectara mi huella. Álvaro, el policía que me contaba que estaba estudiando Criminología, aunque le resultaba difícil concentrarse porque sus hijos pequeños reclamaban su atención insistentemente, me enviaba una larga serie de emoticonos –la carita sonriente, la carita con un corazón, un arco iris, un sol, un corazón rojo, otro violeta– y unas cuantas palabras, muy pocas, con las que daba las gracias y me manifestaba su inquietud. El policía me enviaba pues la primera página del contrato para el que, sin decírmelo, me reclamaba la firma. Aunque no tenía muchas ganas de ponerme a contestarle con mi habitual tendencia a hacer un discurso de lo más personal, lo hice para salir del paso, como cuando completo el informe que me pide la Universidad sobre una actividad que se me ha encomendado. Esa frialdad, que yo creo que era más bien miedo y cobardía, no me impidió despedirme con otro emoticono. Un pacto de hombres tiernos.

MUJERES DE PELO BLANCO

Paca tiene el pelo blanco, blanquísimo, dan ganas de acariciarlo y extraer de él la energía que han acumulado los años. Sus ojos claros siguen brillando con la fuerza de quien no se conforma nunca con lo obvio. Hacen juego con su chaqueta azul. Sus labios, perfectamente pintados de rojo, son los de una mujer coqueta y libre. Sentado a su lado, la escucho contar historias sin parar. Historias del presente, no batallitas del pasado. No sé los años que tiene, pero supongo que pasará de largo los 70. Es una mujer bellísima. Tiene la piel morena, las uñas bien arregladas, la sombra de ojos discreta. Habla y habla de sus inquietudes y yo no me canso de escucharla. De vez en cuando me pregunta algo, intervengo tímidamente, y luego ella sigue arrasadora pero sin prepotencia. Con la firmeza de quien ha vivido mucho y, sin embargo, o tal vez por ello, es capaz de mirar el futuro con el ánimo de una recién graduada. Paca Sauquillo, la abogada libertaria, es puro nervio y corazón de batalla.

En frente, con esa sonrisa que siempre la ha identificado, con una delgadez casi quebradiza, pero con su voz intacta, Ana María Ruiz-Tagle ocupa una silla que es mucho más grande que ella. Sin embargo, en ningún momento la veo pequeña. Al contrario, tiene la seguridad, y al mismo tiempo la empatía, de quien ha sabido construir su propio relato, el cual, pasados los años, se renueva pese a las decepciones inevitablemente acumuladas. Lleva una chaqueta clara y su pelo, entre rubio y castaño, sigue pareciendo el de una estudiante de Derecho. Cada curso hago que mi alumnado la conozca, entre las constituyentes, con ese testimonio en el que ella cuenta cómo cuando fue a cobrar uno de sus primeros sueldos le pidieron una autorización del marido. Ana María me pasa una nota con su número de teléfono. La guardo como un tesoro.

Escucho a estas dos mujeres, que cuando yo era un niño estaban ya batallando por las libertades en este país y que décadas después siguen manteniéndose como pilares, aunque fuera de los salones oficiales, y me doy cuenta de lo mucho que queda por aprender. De lo mucho que nunca me contaron, de los nombres que no aprendí, de la historia que me usurparon, de las voces que no sumé a las de una humanidad en la que me creí soberano.

A mí siempre me gustó estar rodeado de personas mayores que yo, y muy especialmente de mujeres en las que adivinaba, sin saber ponerle nombre, un mundo mucho más habitable, y ahora, cuando ya en el espejo me veo cada vez menos joven, me doy cuenta de lo equivocados que estamos, todos, en general. De cuánto dejamos escapar por las rendijas de un pacto en el que no sólo nosotros, los hombres, seguimos llevando la voz cantante, sino en el que también los años parecen restar cuando son ellas las que portan los mástiles.

Me declaro rendidamente enamorado de las mujeres de pelo blanco, de las que me hablan con sus arrugas e imperfecciones, de las que me enseñan que la belleza no es cuestión de simetría y de las que, sobre todo, como Ana María y Paca, me nutren con sus manos de artistas. Ay, Carmiña, la Martín Gaite, leída y subrayada en mis años indecisos. Magüi, "la Mira", mi *sister* de rebeldías y escenarios. Ellas siguen siendo mujeres que crean, lobas que corren por el asfalto, contundentes pájaros que son capaces de mirar el mundo desde lo alto de todos los árboles. Ellas son la belleza, la que no sólo se mira en los espejos sino también en las bibliotecas, en los periódicos, en los cafés. Las miro, las escucho, las contemplo entusiasmado. Sus ojos, los cuatro ojos, saltan de una roca a otra, navegan entre olas y vuelven a sus pechos de amazonas. Libérrimas, bellísimas, únicas. Las mujeres de cabellera galopante, de arrugas que sonríen, de cabezas en las que hierven ideas, las guardianas de una memoria en la que nunca tuvieron voz. Me quedo mudo escuchándolas, mirándolas, admirándolas. Brindamos con agua. Compartimos un arroz meloso. Es una fiesta. Las mujeres sin edad que bailan. Las que ríen a carcajada limpia, mientras los hombres, jóvenes y mayores, algunos ya calvos, canosos y barrigones, ni siquiera sabemos cómo empezar a mover los pies.

LA LECTORA, II

"Hoy he hecho testamento". Es una de esas frases que uno piensa que nunca va a escuchar o que, como mínimo, sólo lo hará una vez en la vida, dos veces como máximo. Aunque sea algo obligatoriamente presente, vivimos como si no fuera con nosotros, como si fuéramos eternos, hasta que le vemos las orejas al lobo. Intento recordar y creo que así, de manera tan directa, era la primera vez que escuchaba esas cuatro palabras. Pronunciadas como quien podría haber dicho hoy he ido a la playa, hoy he terminado el curso, hoy voy a guisar lentejas. Sí que recuerdo que mis padres, hace ya muchos años, me dijeron que habían hecho testamento. Después la palabra había desaparecido de mi vocabulario. Hasta aquella mañana en que volvió a mí en la voz muy frágil de una mujer con la que yo nunca había hablado.

Al descolgar el teléfono de mi despacho, ella dijo buenos días y, a continuación, se presentó: "Soy María G.". Hubo unos segundos de silencio, en los que yo, como hago tantas veces, traté sin mucha fortuna de ubicar el nombre. Me pasa con relativa frecuencia que se me mezclan los alumnos y las alumnas, gente que conozco por las redes sociales, otras personas con las que me voy encontrado en actividades. Soy malísimo para recordar nombres, cada año que pasa los recuerdo peor y en muchas ocasiones he metido la pata al no reconocer a alguien o al ubicarlo en un contexto completamente equivocado. "Sí que creo que hemos hablado alguna vez, pero no recuerdo bien dónde, si me da usted alguna pista". He aprendido a que es preferible reconocer un vacío que tratar de llenarlo con obviedades que al final te acaban delatando. En aquellos primeros instantes yo pensé que sería la mujer de alguna asociación, o de algún ayuntamiento, alguien que tal vez quería invitarme a dar una conferencia. Estaba intrigadísimo. "No, no hemos hablado. Sólo nos hemos escrito algunos correos. Soy la mujer de un pueblecito de Extremadura que hace meses le escribió para darle las gracias por sus libros". En un par de minutos pasaron por la pantalla frente a la que estaba sentado los correos electrónicos, las lágrimas y mi corazón acelerado. Aquella sí que era una sorpresa. Era María la que estaba al otro lado del teléfono, la que supongo había buscado mi número por las páginas de la universidad, porque no recordaba habérselo dado, y se había decidido a llamarme. Yo, que en los últimos años he ido aprendiendo tantos recursos para evitar los silencios, incluso en las situaciones más insospechadas, me quedé sin respuesta. No sé si balbuceé torpemente "claro, María, sí que la recuerdo, cómo está usted". Por más que intenté hilvanar un discurso largo y coherente no pude. Sólo me salían palabras sueltas, torpes, adolescentes. Sin embargo, y en contraste clarísimo con mi flaqueza, las de María sonaban potentes, bien conectadas, sin apenas florituras y, lo que me resultó más sorprendente, sin apenas un velo de drama. A pesar de lo dramático de lo que mi lectora me contó aquella mañana. Porque sí, en aquel momento, María era mi lectora, la única, como si yo hubiera escrito todo lo que he escrito, pensando en que ella algún día lo pudiera leer.

Mi lectora fue directamente al grano. No dio mil vueltas antes de entrar en faena. Supongo que el valor del tiempo para ella había cambiado sustancialmente en los últimos meses. Su llamada no era ni para pedir nada, ni para generar lástima, ni para hacerse la víctima y encontrar consuelo. Su llamada, ahora que han pasado los días lo sé, era una manera de reafirmarse en el sentido de la vida que se le escapaba. Supongo que formó parte de una especie de epifanía, en la que María, bien vestida, impecable, con sus labios bien marcados, había encontrado las últimas agarraderas para ir sobreviviendo. "Los médicos me han recomendado que haga testamento y hoy me he decidido a hacerlo. Me dan pocas semanas de vida, tal vez meses. Después del último correo que le escribí, las cosas se han ido complicando. Cada vez más. Si me viera ahora. Me he quedado pequeñita, no peso ni 40 kilos". Me quito las gafas y apoyo los brazos sobre la mesa. Sostengo el teléfono con dificultad, como si me temblara la mano. Trato de que no se me note lo que estoy sintiendo, lo cual tampoco me atrevo a calificar de ninguna manera. Cuando alguien me ha dado una mala noticia sobre su salud, y habitualmente han sido personas muy cercanas a mí, he procurado siempre mantener el tipo y no dar muestras de inquietud. Casi siempre, que yo recuerde, he tenido mucha sangre fría –mi padre me decía a veces, como reproche, que en vez de sangre tenía horchata– y he sido capaz de lanzar discursos muy elaborados, hasta ridículos vistos desde una cierta distancia. En estos casos sí que me fue útil mi armadura masculina, pero aquella mañana no pude. Me quedé en blanco. Como cuando en un examen te pillan preguntándote justo por el tema que no te dio tiempo a repasar. Solté un "vaya por dios", un "qué me dice", quizás un "la entiendo". Todo en tercera persona. Pese a la intimidad de lo que María me estaba contando, nunca nos bajamos del usted. Como si fuéramos hablantes de un país latinoamericano.

"Quería agradecerle otra vez los libros que me envió. En los últimos meses he ido perdiendo vista, pero no se crea, con la lupa sí que he podido ir leyéndolos". La voz de María sonaba muy clara, como si hubiera hecho un curso de locutora de radio. Eso es, me recordaba a esas voces antiguas de la radio que lo mismo hacían una publicidad imposible que presentaban una canción dedicada. Se la notaba, eso sí, débil, como si le costara mantener el ritmo. No había una mala respiración de fondo, pero sí que me daba la impresión de que cualquier palabra, incluso un monosílabo, le suponía un tremendo esfuerzo. Como siempre juego a imaginar a cómo serían físicamente las personas con las que hablo por teléfono y a las que no conozco, como si fueran personajes inventados de una novela, también en aquellos minutos traté de hacer un retrato robot de mi lectora. Tenía poquísimos datos. Sólo la extrema delgadez, la edad aproximada, la voz y las referencias que me había dado sobre su vida. Con sólo esos ingrediente la vi como una de esas actrices españolas pequeñitas, pero de voz rotunda, insignificantes en su físico pero necesarias en sus roles sólo aparentemente de reparto. La imaginé como la mezcla imposible de unas rejuvenecidas Alicia Hermida, Julieta Serrano, Berta Riaza o aquella otra, cuyo nombre no recuerdo, y que siempre tengo grabada en mi retina de espectador de la televisión española de los 70. La frágil lectora, que parecía tener folios leídos en vez de huesos, estaría sentada sobre la cama, con un par de cojines detrás de la espalda, con un camisón tirando a rosa, muy lavado, y con el poco pelo que le quedaba sujeto con una felpa. Una vez más me habría hecho caso y, antes de llamarme, se habría puesto un poco de color en las mejillas, se habría repasado los labios e incluso se habría puesto unas gotas de colonia tras las orejas. Hacía ya tiempo que no se colocaba pendientes porque le molestaban. Sobre el pecho sólo colgaba una larga medalla que heredó de su madre.

"Le he seguido haciendo caso y, aunque cada vez tengo menos ganas, intento arreglarme, verme guapa". La escucho sonreír, levemente. Eso me alegra y me permite respirar. "Claro que sí, María. Tenemos que vernos guapos todos los días". Me recuerda, una vez más, el libro *Las horas*, a Virginia, a Mrs. Dalloway. "Es que no nos queda más remedio que seguir agarrados a las horas, María. Sabiendo que a usted, pero también a mí, nos pueden quedar apenas unas cuantas". No me deja terminar la frase. Se adelanta. Como la alumna que se sabe muy bien la lección y quiere que no haya dudas sobre el sobresaliente que se merece. Pero yo no quiero ser su profesor, ni ponerle nota. Me siento un alumno de párvulos escuchándola. Mis párvulos oídos, mi párvula boca.

"Como sé que me queda muy poco tiempo de vida, no quería que se me pasara llamarlo y darle las gracias personalmente. Por tantas cosas. Por favor, siga usted así. No deje de escribir, de decir las cosas que dice. Este mundo necesita hombres como usted. No se puede ni imaginar cuánto me ha ayudado a darme cuenta de lo equivocada que había estado y de todo lo que podría haber sido de otra manera. Pero ya no tengo tiempo". Se acaba el tiempo, a todas y a todos se nos acaba, como el metraje de una película, como los capítulos de una serie, como el límite de espacios que nos marca un editor. Saber que no tenemos tiempo podría ser la clave de una auténtica revolución. La que empezó a hacer, pero sin fuerzas, María. Desde su habitación solitaria, con la ayuda de voluntarios que le leían, con ese sabor extraño que deja el pintalabios en la lengua. "Sobrevivo, pero esto ya no son condiciones. No creo que merezca la pena seguir aguantando de esta manera. Me gusta la vida, incluso con todo lo que en ella yo he sufrido, pero así no. Si me viera, tan delgada, tan poca cosa...". "Seguro que está muy guapa, María. Solo como está hablando es señal de lo bella que es usted". "Muchas gracias. Yo sólo quería darle las gracias otra vez. Por si ya no tenemos ocasión de hablar". Hablo con mi lectora y siento en mi pecho la punzada del derecho a morir.

Cuando colgué el teléfono, tras una conversación que no creo que durara más de diez minutos, me sentí como quien ha subido una empinada cuesta, con una pesada mochila a las espaldas. Me tuve que quedar un rato sin hacer nada, sin mirar un punto fijo. El cuerpo me pesaba, me sudaba la espalda. Abrí mi correo y busqué desesperado los mensajes que me había enviado María hacía meses. Tardé en encontrarlos. Los leí y releí. Sólo entonces, cuando había recuperado el relato completo, pude llorar. Lloré y lloré, como un niño pequeño enrabietado y sin consuelo. Porque eso era justamente lo que yo sentía, que a María las horas le habían negado lo que tanto deseaba, y yo no sabía cómo hacer el milagro. Lloré y lloré hasta verme reducido a poco más de 40 kilos.

Como ella. Perdido en mi sillón de catedrático, tan animal como las palomas que no dejan de soltar porquería en el balcón por el que me entra la luz.

Me limpié la nariz, llena de esos mocos tan líquidos que a uno le salen a borbotones cuando llora, y que hacía tiempo que yo no sentía sobre mi labio superior. Sorbí hacia arriba, como hacen los niños, y busqué en mi mochila pañuelos de papel. Bebí agua y respiré hondo. Y no dejé de preguntarme en los días siguientes por lo que nunca antes me había preguntado. El jurista, una vez más, perdido en los boes sin aliento. Con tanta necesidad de risas que llevarse a la boca.

LA RISA DE JULIA

Julia, que lleva ya algunos años jubilada, que fue profesora universitaria y una feminista luchadora en épocas en las que el feminismo no estaba de moda, tiene una risa contagiosa. Una de esas risas que son como cascadas, que desbordan la boca de la que salen y salpican a quienes se hallan a su alrededor. Con frecuencia, incluso cuando está hablando de algo aparentemente serio, se ríe con una fuerza que contrasta con su cuerpo delgado y pequeñito. Podría detectar su risa a ciegas, incluso hay veces que, cuando leo un mensaje suyo en el móvil, me parece escucharla. Siempre he admirado esa capacidad para el humor y para la alegría. Aprendí mucho de esta última dejándome contagiar por Carmen Alborch, siempre dispuesta a convertir cualquier minuto en un pretexto para la celebración. Julia, que es también de Valencia, donde el feminismo es como un huracán que no cesa, y que pertenece a una generación de mujeres que abrieron tantas puertas, no deja de bromear y de hacerte saber que con sus años tiene clarísimo que hay que reírse, y mucho. Miro su cabello rojo, sus ojos traviesos y su piel algo bronceada. Me quedo embobado mirándola y escuchándola. Me deja desarmado con las bromas que siempre hace sobre mi supuesto feminismo y sobre mi carácter de "hombre cuota". Supongo que de puertas para adentro ella también tiene sus sombras. A veces la he descubierto llevando su ironía al límite y provocando malestares, o he intuido lo complicado que puede ser gestionar lo más simple con una mujer que se me antoja caótica e impulsiva. Hace tiempo que dejé de creerme que las diosas, y no digamos los dioses, se encarnan en seres de carne y hueso. Supongo que Julia es también a veces un poco demonio.

Esta noche, que estoy cenando a su lado, después de un largo día de debates y de mucho calor, brindamos y nos reímos hasta del camarero que nos ha servido un salmorejo que en poco se parece a lo que los turistas buscan en Córdoba. Y mucho menos al que hace Fer. Hablamos, en serio, sobre el futuro gobierno, sobre Pedro Sánchez, sobre las futuras ministras. "Tú serías una magnífica ministra, Julia". Julia, como en aquella memorable película de Jane Fonda, me mira con su cara de bruja/hada/abuela y, como no podía ser de otra manera en ella, me sigue el juego. Y ríe. A carcajada limpia. Como si de repente se abriera la compuerta de una acequia y el agua inundara los campos secos. Todas le prometemos que, si eso sucede, la acompañaríamos en la toma de posesión. Aunque fuera en pleno agosto.

Y Julia vuelve a reír como si la risa no tuviera fin. Yo, de mayor, quiero reírme así, ser como Julia. Llegar a ese punto en el que puedes permitirte el lujo de mirar las cosas desde la azotea de tu alegría. Eso sí que es una conquista en la que me encuentro a muchas mujeres, a las que el pasado no parece pesarles y que cuando suman años van acumulando argumentos contra el silencio. Las carcajadas de Julia, que pueden ser tanto una bocanada de aire fresco como una erupción descontrolada, son como bofetadas/caricias que a mí me despiertan para que no me pierda el final de la película.

No creo que de aquí a unos años me quede pelo para pintármelo de rojo como Julia, pero sí que me he hecho el firme propósito no tanto de hacerme con sus carcajadas, lo cual es imposible por mucho que ensaye, sino de dejar que mujeres como ella continúen enseñándome que la risa es una navaja no afilada capaz de partir en trocitos los géneros hasta hacerlos desaparecer.

COLEGIO MAYOR

Mi hijo es muy callado y reservado. En eso ha salido a mí, aunque su carácter poco tiene que ver con el mío. Lo que más me gusta de él es su capacidad de adaptación. Nunca tiene problemas en ajustarse a lugares o personas. Me imagino que todo lo vivido con su madre y conmigo le ha dado una especial fortaleza. A veces me digo a mí mismo que, en líneas generales, lo hemos hecho bien. Me refiero a su madre y a mí. Intentamos que nuestra separación fuera lo más pacífica posible y, al mismo tiempo, que él no estuviera engañado. No quiero decir con esto que él no lo pasara mal, o que no tuviera momentos de desconcierto, pero sí que hemos procurado siempre que nunca nuestros disensos se conviertan en campos de batalla. Y no diré que haya sido fácil, porque siempre que se rompe una relación es inevitable que las tensiones nos conviertan en la peor expresión de nosotros mismos. Yo en muchas ocasiones, todavía hoy, tengo que hacer un esfuerzo por morderme la lengua y por no soltar lo primero que me genera un conflicto de los cientos que van surgiendo cuando sigue habiendo por supuesto un hijo en común, pero también hipotecas y, claro, todo un pasado que nos define. Nunca me ha gustado llevar los enfados al extremo, ni los gritos, ni las discusiones agrias. Mi principal defecto es que me callo demasiado. La única ventaja que deriva de ello es que, en muy pocas ocasiones, casi nunca, la sangre llega al río. Yo creo que todo eso, y por supuesto la enorme generosidad de su madre que fue la más comprensiva conmigo, ha hecho que nuestro hijo sea un individuo sensato y con el que es muy fácil convivir. Ni siquiera durante la adolescencia se convirtió en un niñato insufrible. Por supuesto que hemos tenido desencuentros y alguna que otra bronca, pero todas muy puntuales y pasajeras. Lo mejor de él, además, es que en seguida olvida el mal rollo y es muy fácil recuperar el hilo. Esta manera de ser a mí me ha enseñado mucho, me enseña cada día, porque yo siempre fui más duro, más tío, menos dado a continuar de manera inmediata con los afectos, como si nada hubiera pasado. Mi hijo me ha enseñado a perdonar y a ir perdiéndole el miedo a reconocer que todos nos equivocamos y casi nunca estamos en posesión de la palabra más valiosa. Quizás a todo eso es a lo que remite una palabra que siempre rechacé por considerarla moralista y algo perversa: compasión. Ahora se nos ha colado en el lenguaje políticamente correcto como empatía.

Cuando visitamos el colegio mayor en el que vivirá el próximo curso, mi hijo no se excede en las palabras, pero lo noto contento, satisfecho y hasta con ganas de empezar lo que va a ser una nueva vida. Mientras que vamos recorriendo el comedor, las zonas comunes y finalmente su habitación, pienso que en esos espacios vivirá sin mí y, así, se irá desgajando un hilo del ovillo para convertirse en otro recorrido. Ya sin mí, aunque yo siga estando. No puedo evitar la sensación, algo melancólica, de oler en ese recorrido el inevitable paso del tiempo y el escozor de esas pequeñas heridas que irremediablemente provoca el aleteo de quien desde hace diecisiete años ha vivido bajo tu protección. Tal vez bajo un exceso de protección. El colegio mayor huele a pintura y a productos de limpieza. Los pasillos están llenos de andamios. Las camas desnudas, con los colchones a la vista. El sol de julio que entra por los ventanales hace que todo esté rabiosamente iluminado. El baño no huele a nada, el armario está vacío. La mesa, en la que ya no podré curiosear los papeles a medio escribir, los posits de colores o los manuales que a mí me habría gustado estudiar, parece demasiado pequeña para todo lo que imagino allí irá acumulando mi hijo. Aún no sabemos quién será su compañero de habitación. Me cuesta imaginar, así con la habitación tan vacía, cómo será su vida en ese nuevo espacio en el que ya no estaré yo recordándole la hora de levantarse o insistiéndole en que no tarde tanto en el baño.

El chico que nos acompaña en la visita es educado y simpático. Hace bromas y nos cuenta las reglas de comportamiento del colegio. Reímos todos. Mi hijo nunca ha tenido una risa exagerada, casi nunca lo he visto reír a carcajada limpia. Su risa es mucho más quebradiza y delicada, como quien no quiere molestar haciendo demasiado ruido. Sin que él se dé cuenta, observo cómo observa todo. Yo trato de retener los rincones, el jardín y las largas mesas en las que el próximo curso comerá los guisos a los que luego, me imagino, pondrá faltas. Sus pies tan grandes, sus piernas largas y delgadas, su espalda cada vez más ancha, caminan delante de mí y compruebo, no sin una cierta punzada en el pecho, que cada vez se aleja un poquito más. Que sus pasos son más rápidos que los míos. Que ya vamos a distintas velocidades. Procuro quedarme un paso por detrás.

Le pregunto, después de haber visto el jardín, qué le ha parecido el colegio y me dice que muy bien. Es de pocas palabras, en eso sí que se parece a mí, pero noto cuando algo le gusta de verdad o cuando se limita a ser educado. Lo siento entusiasmado y no sé si con ganas, pero al menos sin miedos ante lo que se le avecina. Ante el septiembre que ya no será igual para nadie. Tampoco para mí, claro. Le adelantan, sin darle más datos, que su compañero de habitación será un chico de Cádiz, que estudiará la misma carrera que él. Los guiños del destino. Es imposible no pensar que la vida es lo más parecido que existe a una novela.

"Yo no he recibido ningún correo con la notificación de cuál es su habitación". Miro extrañado a mi hijo y luego al tipo que nos atiende en la recepción del colegio mayor. Es un chico relativamente joven, con ese punto medio entre la corrección y la chulería que es tan habitual en Sevilla. "A mí me consta que hemos avisado a su madre. Es que normalmente estas cosas las comentamos a las madres", me contesta con toda tranquilidad, convencido además de que había hecho lo correcto, supongo que cumpliendo órdenes de sus superiores. Me mira con una cara que no sé si expresa sorpresa o el hartazgo de quien está acostumbrado a aguantar caprichos de la clientela. "Pues yo no soy su madre, soy su padre y quiero estar informado de todas estas cuestiones. Al mismo tiempo que su madre". Contesto de manera borde y solemne. Con ese mal genio que me sale siempre que alguien confirma que seguimos en un mundo que nos divide en padres y en madres, habitualmente para regocijo nuestro y para sobrecarga de ellas. Como mi hijo está delante y sé que le sienta mal que me ponga a hacer un discurso, no doy más explicaciones y solo exijo que se me informe, que se me envíen los correos que, además, será más habitual que yo los vea antes que la madre de mi hijo. El recepcionista anota mi correo y me promete que así será.

Salimos del colegio a media mañana. Hace un calor húmedo. El sol todavía no se ha anaranjado. Todavía se puede respirar. Mientras que nos acercamos al coche, miro la acera, el espacio que hemos recorrido a pie, las ventanas del colegio que dan a la avenida. Intento que quede algo en las suelas de mis sandalias, en el cristal ligeramente empañado de mis gafas de sol.

Al día siguiente, mi hijo llama por teléfono a su abuela, mi madre, y le hace un relato entusiasta de todo lo que le espera. En esa llamada, que yo sigo sin que él se dé cuenta desde la habitación de al lado, todos los tiempos, pasado y futuro, se reducen a presente.

GAEL, III

Fecha: Sat, 7 jul 2019
De: gael72@gmail.com
Para: osb69@gmail.com

Asunto: Divorcio

"Hola, niño. ¿Cómo estás? Supongo que terminando el curso y deseando volver a tu Cádiz. Te he llamado un par de veces al mediodía, pero me saltaba el buzón de voz. Te escribo para contarte que esta mañana me han notificado la sentencia de divorcio. Todo ha sido mucho más rápido y menos doloroso de lo que yo pensaba. Mi abogada me había tranquilizado, pero tú sabes como soy, además Alfonso me lo ha hecho pasar tan mal que pensé que hasta última hora querría hacerme daño. Menos mal que no teníamos hijos, ni siquiera gatos en común, porque no quiero ni pensar lo que habría sido llegar a un acuerdo. Bueno, habría sido imposible, tendría que haber resuelto un juez, como ahora. Como ya te conté, no es que a mí me vaya a resolver mucho el dinero que me dé, pero necesitaba llegar a este punto para yo sentirme mejor. Puede que sea egoísta por mi parte, pero para mí era como una terapia. Tenía que cerrar la historia y que ese cierre a él también le sirviera de lección. La casa en que vivíamos la estaba pagando él, también el coche. Yo vendí mi coche cuando nos mudamos, para tener algo más de dinero para la boda y el viaje que luego hicimos. Menos mal que no nos compramos el apartamento en la playa del que él se había encaprichado. Ahora nos habría dado más dolores de cabeza. Yo solo quería alguna compensación por todo el tiempo que perdí a su lado. Dejé mi trabajo, dejé mis estudios, me convertí en su chacha, no hice otra cosa que estar todo el día pendiente de él, que no le faltara detalle al señor. Hubo días, muchos días, que hasta sentí que también era como una puta para él. Te conté que mi abogada lo tenía claro desde el primer momento, pero yo no. Al principio yo me lo tomé como una especie de pulso, casi una venganza. Luego, me fui tranquilizando y solo pensé en que era de justicia lo que estaba pidiendo. Sabía que Alfonso no me lo iba a poner nada fácil. Hubo intentos de llegar a un acuerdo amistoso. Mi abogada y la suya se reunieron un par de veces, pero yo sabía de antemano que era imposible. Él, tan torpe, llegó incluso a amenazarme a través del móvil. Fui tan tonto que no grabé la llamada, porque habría sido una prueba definitiva. De cómo es él. De cómo ha sido conmigo. Yo lo que le pedía a la abogada era no volver a verlo más, no quería tenerlo cara a cara, ni siquiera encontrármelo por un pasillo. Han sido, como sabes, meses de tensión. Sólo he podido dormir gracias a las pastillas y menos mal que empecé a trabajar, porque al menos así desconectaba durante las horas que estaba en el curro.

Esta mañana iba a clase de inglés, porque no sé si te he dicho que me he puesto a tope con el inglés, cuando recibí la llamada de mi abogada, que tía más maja, tienes que conocerla, una tía feminista y luchadora, te encantará. Apenas me ha dado más detalles, sólo que la jueza había decidido atender mi reclamación. Durante unos segundos me he quedado en silencio y luego he empezado a llorar como un niño. En mitad de la calle. Ha habido gente que incluso se ha quedado mirando. ¿Sabes? Hacía mucho tiempo que no lloraba, o al menos tan a gusto como hoy. Los momentos tan duros que pasé al lado de Alfonso me impedían incluso llorar. Lo hacía, pero como si me costara que salieran las lágrimas. Pero hoy sí, no veas, me he quedado super a gusto.

Espero que, ahora sí, esto sea el punto final. Necesito pasar página. Llevo mucho tiempo arrastrando la pena. Poco a poco, he ido recuperando mi lugar. Tengo un trabajo que no me vuelve loco pero me permite sobrevivir. Vivo en una ciudad con muchas posibilidades. He vuelto a tener ganas de estudiar. Lo mismo hasta retomo lo de la tesis, ¿qué te parece? ¿Me echarás una mano?

Bueno, guapo, que sólo quería darte la noticia y explicarte cómo estoy. A ver si podemos hablar un día de estos. Ya sé que a ti es complicado pillarte. No paras, tío. Ya te veo por face, madre mía, qué ritmo llevas.

Venga, cuídate mucho. Hablamos. Y cuando vaya por Córdoba te pego un toque.

Un beso, Gael".

LOS JABONES Y EL TIEMPO

He tardado muchos años. Los justos y los necesarios, aunque suene a una de esas oraciones que de niño me hizo aprenderme de memoria un cura de mi pueblo. Ha sido justo esta mañana de domingo cuando me he ido al chino de la esquina y he comprado bolsas de basura, de las más grandes. He abierto todos los cajones en los que todavía había cosas de ella. Las dejó aquí como si hubiera salido corriendo, en esta casa que de alguna forma yo considero todavía suya. He sacado camisetas, jerséis, rebecas, bolsos. Cajones enteros de ropa que durante estos años no ha sido de nadie. Todo olía a una mezcla extraña de jabones y tiempo. Como esa ropa que mi abuela guardaba en grandes arcones, apelmazada, una pieza sobre pieza, para ganar espacio. Al ir sacando camisas que yo recordaba, que incluso asociaba a momentos precisos de nuestra vida en común, me han venido a la cabeza imágenes fugaces, como si estuviera viendo un álbum de fotos. Algún cumpleaños, aquel bautizo, una cena de la Universidad, el primer verano en Cádiz. Y cada imagen, cada tela, tenía un olor propio. No sólo el acumulado por el tiempo que habían estado encerradas, sino el del lugar en el que yo las recordaba con un cuerpo. Encarnadas. Con cabeza, brazos y piernas. Con vida. La de ella, que durante muchos años también fue la mía.

He ido guardando toda la ropa en las bolsas, pero sin orden, no como lo habría hecho mi abuela o mi madre, sino como un niño al que le encomiendas una tarea que no quiere hacer. Lo he hecho de manera rápida, para acabar cuanto antes. No sé explicar el dolor que he sentido. No ha sido un dolor físico, de esos que te agarran el vientre, o la espalda, o las rodillas. El mero ejercicio que suponía meter la mano en el cajón, sacar cada pieza y dejarla en la bolsa ha sido como si estuviera machacándome en el gimnasio. En silencio han ido saliendo tantos fantasmas que me ha dado miedo. Lo cual significa que el capítulo no estaba del todo bien cerrado. Que el anillo seguía en el dedo y necesitaba frotarme con un poco de jabón para que saliera.

He abierto luego los cajones de los muebles del cuarto de baño. Blancos, como de hotel necesitado de un urgente lavado de cara. He sacado cajas de pintura, lápices de ojos, pintalabios, un paquete de támpax, gomas del pelo con algo de su cabello enredado. Un bote de colonia evaporada, una manopla sin usar, esponjas. Aquí los olores no eran tan definidos. Me recordaban a una farmacia, o a la sección de perfumería de un supermercado. Menos mal que en este caso todo era, o me parecía a mí, menos personal. Se trataba de objetos, texturas, colores, que podrían ser de cualquiera, que no tenían nombre. No era como la ropa que para mí sí que tenía su rostro, y por supuesto su olor, un olor que yo creía haber olvidado. No había días concretos en el rastro que se iba quedando entre el cuarto de baño y la bolsa de basura. Y si lo había, inmediatamente se evaporaba. Se hacía aire.

Las bolsas se fueron acumulando en el dormitorio y en los pasillos. Me recordaban a un día de mudanza o de limpieza general. Menos mal que pese a ser julio el calor no era excesivo. Por los balcones entraba un aire agradable. Pese a todo, yo empezaba a sudar. Después de dejar varios cajones, estantes y muebles vacíos, como si estuvieran a punto de ser estrenados, me fui al armario en el que guardamos los zapatos. Empecé a sacar botas, zapatillas, algunos zapatos de tacón, algunos ya deformes por la falta de uso, otros que ni siquiera recordaba. Ella nunca ha sido mujer de zapatos altos, sino más bien de comodidad y, por supuesto, de zapatillas. Si en el caso de la ropa hubo olores que me removieron por dentro, y en el baño todo me pareció neutral, ahora era como si en un cuento de Millás el calzado me hablara. Unas botas grandes, altas, negras, de piel vuelta, se quejaron cuando las metí en la bolsa. Unos tacones rosados, muy finos, emitieron un pequeño gemido, como el de un niño que se despierta, cuando abrí la caja para comprobar que había dentro. Las viejas zapatillas de deporte blancas, deformadas y sin brillo, casi me gritan. Todo desprendía electricidad. Como quien toca un enchufe y la corriente le da un latigazo. Por eso me apresuré a dejarlo todo guardado. Aunque no había hecho más que cambiar de lugar ciertas cosas, un ligero desplazamiento en cuanto a metros se refiere, parecía que había hecho un largo viaje. De kilómetros. Arrastrando una enorme maleta. Culpa, remordimientos, cabreo, responsabilidad, cobardía, miedos, debilidad.

Cuando la última zapatilla emitió algo parecido a un chillido, cerré la bolsa y me senté en el borde de la cama. Me sentía como un náufrago, rodeado de grandes sacos negros, con el sol entrando por la ventana, con todo el cuerpo dolorido, angustiado, como si estuviera recién llegado a un país soñado pero que desconocía. Y el caso es que no sabía bien por qué. No sé si era el peso del tiempo perdido, las equivocaciones que no quería asumir, la angustia de no saber cómo poner un punto final. O tal vez es que no era necesario poner ese punto, o que yo no quería, o que había algún tipo de agarradera emocional que me lo impedía.

Hace cerca de diez años que nuestra historia se rompió, aunque mucho menos desde que estamos legalmente divorciados. Nos costó incluso firmar los papeles, poner la sentencia negro sobre blanco la sentencia, como si siempre hubiéramos querido dejar la puerta abierta no a una reconciliación, pero sí a un vínculo que, al menos yo, no quería que desapareciese y mucho menos que se viera manipulado por la rabia, o por los dolores inevitables, o por la sensación de fracaso. Fue una bella jugada del destino que fuera un exalumno el abogado que nos lo hiciera más fácil.

Sin embargo, no siempre ha sido cómodo durante los últimos años mantener esos equilibrios inestables, procurar que todo fuera pacífico y amigable, no levantar muros ni usar terminaciones del pasado para conjugar verbos del presente. Mucho menos lo ha sido cuando cada uno encontró amores, o pasiones, o simplemente divertimento, y hubo que pensar en el otro como alguien que ya tenía su propia historia, incluso compartida con terceros que nunca imaginamos. Pero sigo pensando que valió la pena, que sigue valiendo la pena. Por eso siento estas bolsas de basura como una especie de traición, como una escapatoria que no es tal, como la respuesta un tanto infantil a la demanda de quien se siente desplazado. Y a quien entiendo, claro.

Llevo al contenedor un par de bolsas llenas hasta arriba. Las calles están desiertas. Me gustan los domingos porque todo se queda vacío, casi en silencio total. Es como si pudieras hacer una cura tras una semana en la que ha habido demasiado ruido. Siempre lo hay, incluso en una ciudad pequeña como Córdoba. La plaza en la que están los contenedores, y que parece siempre dormitar perezosa en torno a una iglesia en la que hace ya tiempo que ningún cura dice misa, tiene una de esas luces que sólo son posibles en ciudades como en la que vivo. Una luz que parece tener vida propia, pasado y presente, como si fuera independiente de los cuerpos vivientes a los que ilumina. Antes de acercarme a los contenedores, me quedo unos minutos parado junto a los jardines, con las bolsas pesadas sobre el suelo de piedra y la mirada concentrada en los hilos de agua que brotan de la fuente que hay en el centro de la plaza. Una señora mayor, sola, sentada en un banco, se me queda mirando curiosa. Algo más alejados, delante de la puerta enorme de la iglesia, me parece ver a dos niños que juegan con un balón.

Al acercarme al contenedor de envases e inertes, aunque tengo claro que lo llevo en las bolsas sigue estando vivo, un chico joven, que parece que ha aparecido como por arte de magia tras la esquina, se acerca, como si fuera a pedirme una moneda o un cigarro. Está mal vestido, es muy moreno, tiene el pelo largo y sucio. Lleva una camiseta que supongo no se ha cambiado en varios días. Me pregunta si en la bolsa hay zapatos. Yo le digo que sí. Me pide permiso para cogerlos. "Claro. Todos para ti. Coge lo que quieras. ¿Te encargas tú de tirar lo que no quieras?". "Sí, sí, no te preocupes". El chico, muy educado y también muy guapo, se queda con la bolsa y empieza a sacar las botas, los tacones y las zapatillas. Yo me voy alejando. No quiero mirar atrás. Menos mal que la distancia que me separa de mi casa es escasa, porque siento que las chanclas me pesan como si llevaran adheridas a las suelas un par de tomos de enciclopedia. Cuando estoy abriendo la puerta de hierro de la entrada, escucho una especie de voces que cantan. Un coro que susurra una letanía, una oración, una canción que no reconozco. El cántico me tranquiliza. El rostro del chico guapo, que no he podido borrar, me hace sonreír. Me atrevo a darme la vuelta para ver cómo se aleja con una bolsa negra bien agarrada, para que no se le escape.

Cuando cierro la puerta de mi casa, de su casa, de la que fue nuestra casa, huele a tortilla recién hecha.

NICO, III

Menos mal que ha amanecido un día fresquito. No es lo habitual en Córdoba, donde ya sólo vivimos dos estaciones. Nada más despertarme, bajo a la cocina para prepararme un café y miro el cielo a través de la ventana. Está nublado. La abro para que entre ese primer fresquito de la mañana, tan agradable, mientras tuesto el pan. Pongo la radio. Apenas le hago caso a la rutinaria tertulia de fin de semana. Llamo a Fer para que se vaya espabilando. Siempre le gusta regodearse en la cama, sobre todo cuando es toda para él. Ni siquiera el olor a café o pan tostado hacen que se espabile. A veces incluso tengo que subir, tirarle de los pies, o gritarle, como fuera un niño pequeño que se niega a ir al cole. "Venga, dormilón, que ya está el desayuno y no podemos perder mucho tiempo". Hay días en que parece desayunar con los ojos cerrados. Mastica las tostadas, se bebé el café con leche, incluso mantiene una conversación mínima, pero no sé si realmente está allí, sentado frente a mí, o todavía en algún sueño de esos que luego no recuerda. Según él, todas las noches duerme mal. Y sueña muchísimo, pesadillas. El día que consigue recordar algo me lo cuenta mientras se toma la tostada. Justo en ese momento del día es cuando lo encuentro más guapo, cuando en su cara no hay apenas rastro de tensiones, ni arrugas de cansancio, sólo una especie de inocencia que me desarma. La que siempre le digo que habita en esa piel tan suave por la parece que no pasa el tiempo. Yo, a diferencia de él, me levanto con ganas de comerme el mundo, como si las primeras horas del día fueran las únicas que tuviera para hacer las cosas bien. "Está muy nublado, ¿no?", se atreve a decir, con la voz todavía irreconocible, haciendo un enorme esfuerzo para que sus ojos consigan traspasar la ventana que da al patio y que está abierta. "Sí, pero seguro que se despeja. Lo mejor es que no hará calor. He escuchado la previsión del tiempo e incluso anuncian bajada de temperaturas".

Mientras Fer se ducha, plancho las dos camisas blancas. Intento emular a mi madre, capaz de dejarlas impecables, como si hubieran salido de la tintorería, pero no sé si llego a tanto. Por más que mi afán perfeccionista trate de no dejar ni la mínima arruga, siempre hay alguna parte –cerca de los puños, la parte de arriba de la espalda, la que une la pechera con las mangas– que arrastra alguna imperfección que mi madre no toleraría. Coloco sobre la cama un par de corbatas. Todavía no he decidido cual ponerme. "Yo me pondría la pajarita. La de los lunares moraditos", me dice Fer en cuanto que sale del baño con la toalla en la cintura y todo los pelos mojados, de punta, como si de repente le hubiera salido una cresta punki. Él tiene claro que se va a poner chaleco y corbata. Saco mi traje de la bolsa donde lo guardé hace meses. No recuerdo la última vez que me lo puse, y lo miro con un cierto desprecio. Aburrido. Yo me habría puesto algo más alegre, pero Fer me quitó las ganas, pensando en el tipo de boda a la que íbamos. A mí todas me parecen iguales, la verdad. Igual de aburridas.

Hasta el último momento estuve dudando. "Yo creo que estás mucho mejor con la pajarita. Así le das un toque especial, ¿no crees?". Fer me dice esto mientras se echa perfume; bueno, mejor dicho, parece echarlo a la habitación y casi a todo al que en aquel momento pase por debajo del balcón. Yo aprovecho y atravieso la nube. Cuando salimos a la calle, y mientras esperamos el taxi, los dos miramos al cielo. El sol ha ido ganando terreno, aunque no es el castigador que nos deja sin aire en esta ciudad. Por si acaso, me he llevado mi abanico pequeño y discreto, masculino, en el bolsillo interior de la chaqueta.

Cuando llegamos al lugar donde se celebra la ceremonia y el posterior almuerzo –un hotel cuyos jardines están decorados con discreción, como para que no se note en exceso que allí se iba a celebrar una boda– nos sentimos perdidos por unos instantes. Miramos a nuestro alrededor y la verdad es que no conocemos a prácticamente nadie de quienes están ya, en corrillos, pisoteando el césped. Suponemos que son compañeros del trabajo del novio o familiares del otro novio. Un camarero muy jovencito, y que se queda mirándome como si me conociera, se acerca para ofrecernos algo de beber. Fer se toma la primera coca-cola cero del día. Me cojo un botellín de agua. No me quito las gafas de sol porque así puedo mirar sin ser visto. Abundan los trajes azules en ellos y los tocados más estrafalarios en ellas, algunos ciertamente difíciles de llevar, casi tanto o más que los tacones con los que hacen juego. Menos mal que no tardan mucho tiempo en llegar David, Joaquín y otros amigos. Tras los besos y piropos de rigor, aprovechamos para ponernos al día. La verdad es que hacía tiempo que no nos veíamos y nos tenemos mucho que contar. David nos presenta a su novio, un chico tímido y muy guapetón, casi un niño; Joaquín ha venido con su pareja de toda la vida, ese hombre que parece siempre haberse quedado atrapado en lo que pudo hacer y no hizo; y Amelia, a la que me costó reconocer tan maquillada y con el traje de corte oriental, que consigue, como siempre, que nos sintamos bajo su cobijo de hermana mayor. Su marido, al que nunca antes había visto con traje, es de los que antes de empezar ya está deseando de quitarse la chaqueta. Yo creo que todas y todos hubiéramos pasado directamente a la tarta y al brindis. Y luego ya, sin interrupción, a *Paquito el chocolatero*. Aunque, la verdad, no sabemos si habrá orquesta, o un DJ, o si tras la tarta nos iremos cada uno a nuestra casa. Los futuros cónyuges han sido extremadamente cautos con los preparativos y ni siquiera en los chats compartidos revelaron los secretos que, en esta caso, son todos menos el inexistente vestido de novia.

El camarero jovencito vuelve a acercarse y ahora sí que me habla. "Hola, ¿no se acuerda de mí?". Me quedo mirándolo con cierto pudor. No hay nada que me inquiete más que alguien me haga ver que ha desaparecido de mi memoria, lo cual es muy habitual en mí porque soy muy despistado y apenas recuerdo caras y nombres. Incluso a veces he reaccionado con violencia al sentirme apabullado por alguien que se ha dirigido a mí con la confianza de quien me conoce de toda la vida. "Pues la verdad no, no caigo ahora mismo". El chico, que tiene barbita de dos días, un flequillo revoltoso y los ojos muy negros, me sonríe como si me perdonara el despiste. "Me dio clase hace un par de años. Federico Ruiz, en el doble grado". Ahora que me dice el nombre sí que creo recordar algo de él, pero le mentiría si le dijera que lo ubicaba en el curso correcto. "Perdona, con tanto alumno es imposible acordarse. Pero sí, claro, ahora que me has dicho tu hombre sí que te ubico", acabo mintiéndole. "Es normal, no se preocupe". "¿Qué tal va todo? ¿Terminaste ya?". "No, qué va, me queda un curso más. Trabajo aquí los fines de semana para sacarme algún dinerillo". "Perfecto, encantado de verte". "Igualmente. Sigo sirviendo". Federico se aleja de nuestro grupo y no deja de sonreír. No es un chico guapo, pero su sonrisa tapa lo vulgar de su rostro. Siempre me resulta raro encontrarme con alumnos fuera de contexto. No sé muy bien cómo relacionarme con ellos. A veces me quedo con la sensación de que soy muy cortante y de que ellos desearían tener una conversación más larga. Me arrepiento de no haber seguido hablando con Federico, aunque también es cierto que él no podía pararse mucho con la bandeja llena de vasos. En apenas unos segundos lo pierdo entre los corrillos de invitados.

Cuando llevamos casi media hora de conversación, no sé quién, no sé si un camarero o una maestra de ceremonias, nos indica que vayamos tomando asiento. En un rincón del jardín, entre árboles, hay un centenar de sillas de color crema perfectamente alineadas. Al fondo, una mesa forrada con una tela del mismo color, unas flores rosadas y cuatro sillas que parecen sacadas de *La boda de mi mejor amiga*. De fondo, una planta enorme en la que de manera estratégica alguien había colocado una especie de cinta que a mí me recordaba a las de las viejas películas que se proyectaban en los cines de mi pueblo. Muy *Cinema Paradiso*. Dejamos libres las dos primeras filas de sillas, que estaban reservadas para la familia, y nos sentamos en la tercera. Yo me quedo en la esquina. Todo el mundo sigue hablando hasta que empezamos a escuchar una música que en seguida identifico como la banda sonora de una peli de Almodóvar. Eso es, es una música de Alberto Iglesias. Sonrío. Un ligero murmullo provoca que todos nos giremos hacia la entrada de los jardines. Al fin lo podemos ver, avanzando lentamente, del brazo de su madre, que afortunadamente se ha puesto en la cabeza un sombrero discreto y muy favorecedor. Ella también es bajita, como él. Se parecen muchísimo. Ahora que los veo tan juntos me doy cuenta de cómo se parecen. Son idénticos. Nico es su madre, pero sin tocado. Él, al final me ha hecho caso, no se ha puesto el traje tan oscuro que inicialmente había pensado e incluso se ha atrevido con una corbata de esas que si se presenta con ella en su lugar de trabajo corre serios riesgos de ser despedido. Está muy pálido, más de lo habitual. Me lo imagino hecho un auténtico flan. Se le nota en la mano derecha, que tiene libre y no sabe muy bien qué hacer con ella. Sus zapatos negros brillan. Cuando pasa por mi lado, le susurro un "guapísimo" y le guiño un ojo. Me devuelve una tímida sonrisa. Después, entro en ese estado de duermevela que me hace estar sin estar en todas las bodas. Hablan las hermanas, un par de amigos, las madres, los novios. Todo el mundo parece querer hablar. Del amor. Las gafas de sol me salvan.

La ceremonia se me hace muy larga, la comida es interminable, la orquesta, porque hay orquesta, toca los clásicos de siempre y por la noche, porque nos dan las 10 y las 12 en los jardines, vivimos a tope la exaltación de la amistad, los cariños supremos que incluso con desconocidos se despiertan en las bodas y hasta creo, aunque no puedo asegurarlo del todo, que mi exalumno intenta ligar con uno de los invitados del novio, del otro novio, quiero decir. Yo a este no lo conocía bien, lo había visto sólo un par de veces y no tenía una idea clara de si me gustaba o no. Físicamente no era mi tipo, pero parecía un buen hombre. No sé si demasiado tranquilo y comodón. Lo noto algo más gordito que la última vez que lo vi. Será la felicidad del amor. Me cuesta recordar su nombre. Empezaba por F, pero no era ni Fran ni Fer. Fito, eso podría ser, Fito. Fito sin los Fitipaldis.

En uno de esos momentos, tan habituales en todas las bodas, en que hay como una especie de parón, y que acaba siendo una falsa alarma porque nadie o casi nadie está dispuesto a marcharse todavía, Nico se acerca a mí. Apenas habíamos hablado desde el mediodía. Sigue impecable con su chaqueta bien planchada, su nudo de la corbata perfecto y ahora sí, con mejor color que hace unas horas. Suda ligeramente y una pequeñitas gotas hacen que su frente brille. Le doy un abrazo fuerte y le digo lo que se suele decir en estos casos, que todo está genial, que lo estamos pasando muy bien, etc., etc. Aunque me cueste empatizar con el momento, puedo imaginar cómo se siente después de tantos años huyendo de la soledad y buscando esa media naranja que él, al menos él, parecía convencido de que existía, de que no era un mito. Sonríe, como es habitual en él, y me sugiere que nos acerquemos a la barra para tomar algo. Mientras la mayoría de las mujeres hacen cola en la puerta del baño, y la mayoría de los chicos, gais o no, hacen corrillos en los que sólo excepcionalmente puede verse un tocado, nos acercamos a la barra y nos pedimos un par de gin tonics. Nico bebe un sorbo largo y se me queda mirando fijamente. Con esa cara de preocupación y angustia que yo tan bien reconozco. Antes de que diga nada, me adelanto, con una mezcla de temor y sorpresa. "No, por favor, no me vayas a decir lo que me temo que me vas a decir. Que te estoy viendo venir y me das mucho miedo". El novio sonríe levemente, bebe otro trago y me mira como un niño desconsolado. "¿Qué he hecho? ¿Por qué no me lo advertiste antes? ¿Tú crees que esto tiene solución?".

Los decibelios exagerados de la orquesta, que había vuelto de su descanso a ritmo de Abba, impiden que Nico escuche lo que trato de decirle. No sé si es capaz de leer mis labios. Apenas los cierro, su marido se acerca a rescatarlo. "Vamos, vamos a bailar, ya sabes que es mi preferida". Los veo alejarse como si fueran dos niños en busca de su merienda. Decido quedarme allí un rato, sin hablar con nadie y sin bailar. Me duelen los pies. "Ey, profe, ¿qué hace aquí tan solo? ¿No baila? Mi exalumno, insultantemente joven, se acerca a la barra. Me habla mientras deja sobre ella una decena de vasos sucios. "Qué va, estoy cansado ya.

Los años, querido, los años no perdonan". "Anda ya, pero si usted es muy joven". Lo miro con ternura, como si estuviera mirando a mi hijo, con el que por cierto Federico comparte flequillo. En apenas cinco minutos me pone al día de su vida, de los trabajos precarios que acumula, del año que había pasado en Inglaterra y hasta de la novia, una compañera de clase, y por tanto también exalumna mía, que lo dejó cuando él le explicó que era bisexual y que no creía en las historias cerradas. Estos cinco minutos son los más divertidos de la boda. "No te cases nunca, Federico, no te cases. Anda, hazle caso a tu profe", es lo único que sale de mi boca cuando termina su relato. Me levanto del taburete como quien tiene agujetas, le doy un beso en la mejilla, aunque me habría gustado dárselo en la boca, y me voy a bailar. *Dancing queen*.

EL HOMBRE QUE DUDA

¿Qué hacer cuando al abrazarte la persona amada piensas, aunque sólo sea un segundo fugaz, que estás en un lugar que no te corresponde? ¿Cómo recomponer el puzle cuando lo que creías que sería eterno se convierte en rutina? ¿Cuándo llega el momento de cambiar las sábanas? ¿Es posible que un colchón se vuelva un campo de batalla, aunque no haya ni bombas ni sables? ¿Y que la comida esté siempre salada, o el café frío, o la crema del pastel más amarga que dulce? ¿Por qué me cuesta reconocer que nací para estar solo o tal vez entre múltiples brazos que me enreden sin atarme? ¿Será que yo mismo he caído en las redes del amor romántico y no he querido darme cuenta? ¿Es posible que, durante un tiempo, años incluso, haya confundido la literatura que imaginaba con el trayecto pedregoso de los días? ¿Y si lo que yo pensé que demandaba mi corazón no tenía nada que ver con lo que gritaba mi cabeza? ¿No debería escuchar más a mi piel y menos a los poetas? ¿Es que nadie supo explicarme que no se puede amar sin que haya un candado en la puerta? ¿Hay alguna manera sana de multiplicar los deseos sin que nadie se sienta ofendido? ¿No será mi miedo, o mi inseguridad, o mis discapacidades, lo que me empuja a buscar algo que es imposible encontrar? ¿Habría alguien capaz de enseñarme cómo se vive en la serenidad de una pasión para toda la vida, o alguien que me convenza de que esos términos son incompatibles y que soy un vulgar perdedor? ¿No me estaré convirtiendo en un maltratador, en un chulo de mierda, en un egoísta sin remedio? ¿Puede que siempre busque una madre que me cuide y siempre quede abierta la necesidad de cuerpos que me revolucionen? ¿Quién se atreve a proclamar que la imperfección es la regla y que en consecuencia no hay nada definitivo? ¿En qué manual de supervivencia puedo encontrar la explicación más completa sobre el laberinto de mis deseos? ¿Es posible que mis ansias de no ser hombre, de no respetar las reglas, de contradecir los dogmas, me lleve paradójicamente a casarme de blanco y ante un altar? ¿Y si la respuesta no está en el fuego que arde en la cocina sino en las ramas de los árboles? ¿No será que no estoy hecho para la calma boba de la ternura y necesito la ternura huracanada de las sorpresas? ¿Estaré confundido por los aromas de las flores que no huelo, por las palabras venenosas y por unos brazos que amasan músicas desconocidas? ¿Me diría mi madre que una vez más me estoy dejando llevar por las artimañas de la filosofía, y que me deje de teorías, que no idealice, que más vale pájaro en mano? ¿Tengo miedo a descubrir que en el fondo soy un puto machito, conservador y miedoso? ¿Será que nunca me he atrevido a hacer el pino y a mirar el mundo con la cabeza boca abajo? ¿Alguien en la sala puede responder a mis preguntas?

¿No estaré confundido por el fuego que quema los montes, por los hombres niños que lloran, por los músculos de quien en la distancia veo al doble de su tamaño natural? ¿Tanta es la magia de las redes que me atrapan como a los peces en el océano? ¿Y si en vez de un velero estoy navegando en una patera? ¿Qué hago ahora con las hipotecas, las obras empezadas y el agua caliente? ¿Borro el disco duro? ¿Formateo mi móvil? ¿Qué hago con las navidades, los cumpleaños, las ferias y los domingos de paella?

¿Es que el viejo profesor de gimnasia que tanto me puteó sigue siendo una sombra que me obliga a llevar siempre la contraria? ¿Soy un perpetuo insatisfecho, un onanista, un yo que devora a todo aquel que me ama? ¿Es la playa que yo creí eterna sólo un pretexto para no naufragar? ¿Cuándo seré capaz de escuchar de verdad a las voces que dentro de mí piden danzar? ¿No estaré harto de andar solo por la arena y de soñar con bailarines que borran mis huellas? ¿Ningún amigo se atreverá a decirme que estoy cayendo otra vez en la misma trampa? ¿Dónde está ese ser capaz de engullir el mundo como yo me lo como cada día? ¿Quién baila, piensa, inventa, revoluciona, con una flor en una mano y un libro en la otra? ¿No será que soy un romántico estúpido que sigue confundiendo el cine con la vida? ¿Por qué no admitir que los cuarenta que se van son campanas que redoblan en mis testículos y que mi hombría tan hetero no me deja ver el bosque? ¿Nadie más valiente será capaz de advertirme que deje de hacerme preguntas? ¿Aprenderé algún día a vivir en el gerundio?

LAS FUTBOLISTAS

Nunca me gustó el fútbol. Ni de pequeño, ni de adolescente, ni cuando me convertí en lo que se supone que debía ser un hombre hecho y derecho. Nunca coleccioné cromos de futbolistas, como sí hacía mi hijo cada vez que terminaba el verano. Yo vivía como un auténtico castigo los patios del colegio, las clases de gimnasia y los sábados por la tarde. En mi calle, porque entonces parte de nuestra vida se hacía en la calle, los niños salían a jugar el fin de semana y siempre había un balón entre sus piernas. Yo me aburría muchísimo y acababa hablando con alguna de las chicas de mi bloque de pisos, que siempre tenían cosas más interesantes que contarme. Creo que desde mi infancia he odiado las tardes de los domingos por muchas razones, entre otras por el sonido de la radio que, todavía hoy, me agrede con la palabrería de entrenadores, jugadores y locutores apasionados. Casi la misma punzada que sentía cuando algún sábado acompañaba a mi hijo a sus partidos y tenía que compartir grada con padres a los que con sólo mirarlos recibía de ellos violencia. En este escenario, como en tantos otros, me seguí sintiendo el raro. La única novedad que me hacía recuperar algo de aliento en esas mañanas de sábado era que en el equipo de mi hijo jugaba una compañera, una más entre tanto chico, que corría más que ellos y que disfrutaba como una auténtica amazona. Carlota, que entonces tenía diez años, era una ventana abierta. Su resistencia, no de víctima, sino de mujer valiente, hacía que yo volviera a casa con media sonrisa.

Anoche me acordé de Carlota. Me habría encantado que estuviera con nosotros. Por vez primera en su historia, el trofeo Carranza que desde 1955 se celebra en Cádiz cada agosto, tuvo como protagonistas a equipos de mujeres. Acabó ganándolo el Athletic de Bilbao. Yo, que apenas he estado un par de veces en campos de fútbol, no me quise perder la fiesta. Y aunque seguí sin entender las reglas, sin lograr que lo que pasaba en el campo me emocionara, por más que mi hijo tratara de explicármelo con paciencia, pude sentir que los penaltis que pusieron fin al empate de los dos equipos suponían mucho más que goles en las porterías. Delante de nosotros había sentadas varias chicas jóvenes que, por lo que pudimos escuchar de su conversación, formaban parte de un equipo de fútbol. Hacían fotos, comentaban, subían a las redes. Estaban emocionadas. Al fin empezaban a encontrar referentes en los que mirarse. Mi hijo, al día siguiente, me contó que le había escrito un mensaje de felicitación por Instagram a una de las jugadoras del Tottenham, la número 14, que nos deslumbró con su poderío. Ella le respondió amable con un "thank you very much".

Ganaron las de las camisetas blancas y rojas, pero para mí eso fue lo de menos. Lo más luminoso fue comprobar que el mundo se está ensanchando de verdad, que la mitad habitualmente invisible y devaluada se hace presente y lo hace sin miramientos, con garra, pisando fuerte en terrenos de los que nunca debió ser excluida. Seguirá sin gustarme el fútbol. Seguiré odiando, me temo, las tardes de los domingos y el final de los telediarios. Continuaré poniendo como ejemplo de masculinidades hegemónicas las que descubro en los músculos, los rostros y las palabras de los futbolistas exitosos. Seguiré a la espera de que uno de ellos se atreva a salir del armario. Mientras tanto, estaré atento a las futbolistas que empiezan a ocupar portadas, que ganan mucho menos que sus colegas y a las que todavía los niños y niñas no pegan en forma de cromos en álbumes. Es una fractura hermosa de las que rompen el espejo. Para ellas y para nosotros. No es la gran batalla ganada de la revolución pendiente, pero sí la celebración necesaria de la progresiva equivalencia. La que yo ayer palpé cuando vi a mi hijo ponerse nervioso en la tanda de penaltis, o la que me llegaba de los asientos delanteros en los que unas mujeres futbolistas no se sentían de prestado.

Cuando salimos del estadio, en una noche calurosa de agosto, cuando la playa era una fiesta y en la puerta de las heladerías había colas interminables de familias, yo lo hice con ganas de bailar. De moverme como me dijeron que no debía hacerlo un hombre. Y me acordé de Carlota, con la que me habría encantado brindar, sin balones por medio, sin padres en las gradas, sin trofeos que poner en las estanterías. Mucho más musculosa ella que yo, más valiente y decidida. Sentí que al fin se abría un cuaderno en el que chicas como la compañera de mi hijo podían saltarse las reglas de ortografía.

ALERCE, III

Comento con Alerce mi experiencia como espectador de la final del trofeo Ramón de Carranza y en seguida surge el debate. Pasamos un buen rato de la siesta veraniega enviándonos mensajes de audio, en una conversación que se va volviendo cada vez más intensa pero también más frustrada por la imposibilidad de mirarnos a la cara, de cortarnos, de añadir matices y de disfrutar de lo que supone dialogar con todo el cuerpo. Nos enredamos en una larguísima conversación a través del whatsapp.

Alerce: No me lo creo, además pienso que es un espejismo de estos dañinos. Porque hay espejismos que no son dañinos, son más inocuos, pero el fútbol....

Octavio: Pero también el sistema democrático es un espejismo y yo defenderé que las mujeres estén de forma paritaria. Es el mismo debate. Tienen derecho a estar.

Alerce: ¿Cuándo se reproducen mecanismos de opresión también? Mira que aun teniéndose como sujetos y reconociendo el carácter de agencia de la people, la reproducción social es un ente mutante que se adapta al terreno como la nieve. Yo no he visto ninguna situación en la que se practique la equidad, el compañerismo o el trabajo de equipo.

Octavio: Por supuesto, tienen que estar y desde ese *estar* cambiar el *ser.*

Alerce: Claro que si utilizamos las definiciones de trabajo en equipo y demás que los defensores del fútbol educativo han ido ellos mismos haciendo...

Octavio: Ellas tienen derecho a ser tan malas y petardas como nosotros.

Alerce: Ahí está el espejismo... Yo en clase reflexiono con mi alumnado sobre qué significa realmente trabajar en equipo. Y no estoy de acuerdo del todo con ese derecho del que hablas. Hay cosas de la identidad masculina que no son derechos.

Octavio: Entonces hasta que no haya mujeres excelentes, ellas no podrán estar. Yo no hablo de derechos, hablo de espacios, de oportunidades.

Alerce: Yo creo que lo que hay que romper es con esos mecanismos masculinos de los que está plagado el deporte. En este caso el fútbol. El fútbol ocupa muchísimo espacio. Demasiado. Lo ocupa además de manera mediatizada, no por libre elección.

Octavio: Pero eso no es incompatible con lo más urgente, que es que ellas tengan oportunidades y visibilidad.

Alerce: Sí, pero creo que el que las mujeres jueguen al fútbol o reproduzcan valores androcéntricos y capitalistas no les da visibilidad.

Octavio: Yo también le quitaría poder a la iglesia, pero defiendo que ellas puedan ser sacerdotes… Pero es que no tienen por qué reproducirlos.

Alerce: Ya, pero eso perpetuaría y daría más poder y sobre todo reconocimiento a la iglesia. Conozco la realidad del fútbol. Se reproducen las reglas, la actitud, los insultos.

Octavio: Igual que en la política o en la empresa. O cualquier espacio ocupado por hombres.

Alerce: Pero la política es más amplia. Hay modelos de política, pero no hay modelos de fútbol. Fútbol sólo hay uno. Es un deporte institucionalizado.

Octavio: Pues habrá que cambiar esos modelos.

Alerce: Sí, ofreciendo alternativas

Octavio: Pues habrá que introducir fracturas y otros modelos.

Alerce: Claro,claro

Octavio: Y otros ejemplos.

Alerce: Pero es que fútbol hay sólo uno. No es como la política.

Octavio: El poder también es sólo uno. Lo demás son aledaños.

Alerce: El poder fluye de manera muy diferente y en varias direcciones. Otra cosa del fútbol es que la jerarquía es unidireccional.

Octavio: Pero también está institucionalizado. El poder, digo.

Alerce: Hay deportes que creo que harían mucho más por la equidad.

Octavio: Por supuesto.

Alerce: Como docente que aboga por la transformación, en un principio creía en versiones buenas de las cosas malas... Hasta que me di cuenta de que lo importante es cambiar el fin por el medio.

Octavio: Y también más espacios políticos que harían más por la igualdad que el FMI, pero yo quiero ver mujeres en el FMI.

Alerce: ...Y el fútbol peca de ser demasiado un fin en sí mismo. Es que no me gusta el fútbol ni en hombres ni en mujeres. Ya viví en mis propias carnes lo que supone estar obligado a que te guste el fútbol.

Octavio: Ni a mí tampoco. Ni los coches, pero defenderé que las mujeres puedan sacarse el carné de conducir.

Alerce: ¿Las carreras de coches te refieres?

Octavio: Los coches en general.

Alerce: Es que creo que son cosas diferentes...

Octavio: No, es un mundo no sostenible, lleno de valores consumistas, masculinos, agresivos. Los coches, digo.

Alerce: A mí también me importa que mujeres, hombres, perros y gatos jueguen al fútbol. Sólo digo que creo que su valor no es real. Es un espejismo. Esa es una de las razones que me hacen no creérmelo. Respeto y aplaudo también que las mujeres jueguen al fútbol, pero no me creo que ello vaya a sacar subalternidad del asunto. Y además me gusta trabajarlo porque surgen conflictos que nos hacen conscientes de la cantidad de mierda que lleva encima.

Octavio: A mí me parece emocionante que la compi de mi hijo pueda jugar al fútbol, casi profesionalmente... Y por supuesto creo que hay que superar estructuras... Pero eso es una tarea a largo plazo. Carlota, la compañera del cole de mi hijo, no puede esperar a que revolucionemos el mundo dentro de unas cuantas décadas.

Alerce: Claro y a mí también, pero creo que no cambia nada .

Octavio: Pues para mí eso ya es una conquista.

Alerce: Es un antifaz nuevo.

Octavio: Mi hijo sigue y admira a mujeres futbolistas. Carlota tiene referentes que las niñas de mi generación no tenían. Eso es una conquista.

Alerce: Claro, eso te lo aplauden los clubs de futbol que ahora tienen una cantera de niños y niñas alucinante. ¿Sabes cómo se suele gestionar un club de fútbol? En el caso de Los Dragones de Lavapiés, con unas pedazo de subvenciones que te quedas loco.

Octavio: Claro, pero es que son dos debates distintos, aunque sean complementarios.

Alerce: Para mí no es una conquista cuando se equiparan acciones que nos dejan de ser más de lo mismo.

Octavio: Yo soy menos ambicioso y creo que sí lo son... Pero qué hago yo defendiendo el fútbol, que no me gusta nada ... *Oh my god*.

Alerce: Es como aquel feminismo neoliberal...Para mí el que haya igualdad para llegar a ser un Amancio Ortega no me parece igualdad.

Octavio: Yo creo que al final estamos hablando de lo mismo, pero desde planos distintos. Creo que cualquier conquista de visibilidad, aunque sea meramente simbólica, tiene un potencial enorme que luego pueden, por ejemplo, personas como tú que eres un educador en el ámbito de la educación física para que todo ese potencial, que ya está proyectado en lo simbólico, promueva la transformación. Pero para eso tú tienes que crear un espacio en el que efectivamente las mujeres no sólo tengan esas oportunidades, esa visibilidad, sino que también tengan conciencia de poder ser equivalentes y a partir de ahí, transformar el espacio del fútbol, de la política, la empresa o la religió. No se trata de construir la igualdad para llegar a ser un Amancio Ortega, pero sí que hay que defender que haya mujeres que tengan posibilidad de tener un liderazgo empresarial y que esas mujeres estén preparadas y educadas para que desde esa posición de poder puedan transformar incluso un modelo económico y productivo. Nos referimos a distintos planos o a distintos momentos. Quizás yo sea más pesimista y menos ambicioso, y, por lo tanto, creo hay que aprovechar cualquier pequeña fractura que se vaya produciendo. Y por eso es tan importante la dimensión simbólica que se consigue con la conquista de determinados espacios.

Alerce: Sí, yo estoy contigo, la visibilidad es lo más importante. El que un grupo de mujeres consigan organizarse entre ellas y que siempre tenga que haber un hombre por medio que las dirija un poco, no sé si me parece una iniciativa guay... Veo propuestas a mi alrededor que molan un montón, y son de una transferencia bastante positiva. Pero es que yo creo que el fútbol es de esas estructuras sólidas, que además tiene una carga mediática que te cagas, y con lo que se quedan los niños es con ser como Beckham, o como el Cristiano Ronaldo, referentes para las niñas no hay, pero siempre vamos a estar muy lejos de que las haya. El deporte de competición tiene una base de sustentación que es la fuerza, incluso en los que prima el ritmo como la gimnasia rítmica, se están copiando patrones que son muy masculinos y masculinizantes. En el fútbol he visto iniciativas muy guais, como esta que te digo, pero luego los niños se quedan más con Cristiano Ronaldo que con que hayan trabajado en equipo. Veo deportes como el rugby, por el tipo de reglas... Es que el fútbol lo tengo super trillado... Las reglas del fútbol no tienen nada que ver con las del rugby, o con las del baloncesto. Creo que es más emancipador ver mujeres jugando al baloncesto, u otros deportes que son menos mediáticos, que jugar a lo que los hombres hacen.

Octavio: Por ejemplo, las religiones han sido siempre instrumentos de opresión y de anulación incluso de la libertad de individuo, pero eso no me impide reconocer que dentro de la teología hay un grupo de mujeres que son feministas y plantean una revisión de las estructuras, de los modelos e incluso de los dogmas. Yo creo que esa es una llave a través de la cual pueden introducirse transformaciones. ¿Cuál sería el ideal? Que de repente el mundo del fútbol se llenara de hombres y mujeres feministas, comprometidos con la igualdad, y que revisaran las estructuras para hacer de ese deporte un espacio totalmente distinto. Y hablo del deporte, no del mundo institucional que rodea al fútbol, ni del aparataje mediático. Me refiero al que a mí casi me obligaban a jugar mis compañeros de infancia los sábados por la tarde…

Alerce: Ya te digo que es un escepticismo producto de mi experiencia en lugares concretos. Seguro que hay otras experiencias que no se quedan en agua de borrajas y que le dan una transferencia al fútbol. Yo nunca lo he visto y las propuestas que he conocido se quedan en el revestimiento y creo que emulan la misma estructura machista del deporte que quieren hacer diferente.

Octavio: Te entiendo perfectamente, y es un tema que conoces mucho más que yo. Eso mismo que estás planteando te lo podría yo proponer con respecto a la Universidad. Por mucho que haya unidades de igualdad y cátedras de estudios de las mujeres, al final la estructura sigue siendo la misma. Y buena parte de las mujeres que se incorporan, por no decir la mayoría, siguen siendo cómplices de esa estructura. Al margen de eso, ¿es importante que cada vez haya más catedráticas o rectoras? Claro que sí y toda mi tensión transformadora está en que todas esas mujeres, y los hombres que las acompañan, sean capaces de darle la vuelta. Ahí está el meollo del feminismo.

Alerce: Yo es que veo que al incorporarse la mujer a la Universidad ha cambiado la propia Universidad. Pero es que la incorporación de la mujer al fútbol… Es que solo son intérpretes… De un escenario ya prefabricado, las dimensiones del campo, las reglas… Ya te digo, con los chavales de Lavapiés lo intentamos el año pasado… pero fue imposible salirse de lo establecido. A mí me parece bien que las mujeres jueguen al fútbol, pero creo que no tiene el valor que se le está dando. Es más, veo más potencial de visibilidad y empoderamiento en el rugby o el baloncesto que en el fútbol que, como te decía antes, es un modelo de consumo bastante instalado.

Octavio: Completamente de acuerdo con lo de los clubes. Son eso que llamaba Celia Amorós pactos juramentados entre varones. Igual ocurre en los partidos políticos. Pero es que no creo que haya cambiado la Universidad porque se hayan incorporado mujeres. Te lo digo en el ámbito que me muevo, que es el del Derecho, el de las Ciencias Jurídicas, qué va, qué va, el mundo jurídico en la Universidad sigue siendo androcéntrico, machista, y se siguen las reglas de siempre… Qué va, qué va, el mundo sigue siendo el mismo. Han aparecido unos nuevos actores, en este caso actrices, pero las reglas del juego siguen siendo iguales.

Alerce: Qué bueno. La verdad es que el debate mola. Sí, es un debate en torno al poder. Pero vamos a partir de que el fútbol es un juego con una serie de reglas… Para mí es más empoderante ver a un grupo de chicos jugar en mi barrio, con una portería hecha con piedras, con sus propias reglas… Pero eso en el fútbol no existe. Es un poder unidireccional. Sí, estamos viendo a chicas jugando al fútbol, pero de acuerdo con las reglas fijadas por los hombres. Me refiero a campeonatos como al que tú fuiste anoche, no al que pueden jugar en mi barrio. La Federación Española de Fútbol o la FIFA te imponen unas reglas… No me lo creo mucho, la verdad. Lo que te quiero decir es que veo más capacidad de agencia de las mujeres en la Universidad que en el fútbol, donde los parámetros están ya muy establecidos.

Octavio: Pero es que las mujeres que llegan a esos puestos en la Universidad tienen una formación académica e intelectual, e incluso feminista a veces, que lamentablemente no tienen las chicas que están en el mundo del fútbol.

Alerce: ¿Quieres decir que las universitarias valen más o algo así?

Octavio: No me has entendido. No puedes equiparar la formación, la preparación y la experiencia de vida que puede tener una mujer de 40 o 50 años, que llega a Doctora o Catedrática, con una chica de apenas 20, que puede tener una militancia, un compromiso feminista, y una cierta preparación, pero son niveles y capacidades de intervenir en la realidad muy distintos. Otra cosa es que me hables de una mujer de 40/50 que fuera directiva de un club de fútbol y tenga conciencia feminista. No tengo una experiencia directa en el mundo del deporte, pero sí la tengo a través de mi exmujer, que es atleta y profesora de educación física. Eso que tú me cuentas sobre los clubes de fútbol me lo contaba ella de los clubes de atletismo. Te puedo contar las peleas que ha tenido para que se le reconozca, para que se escuche su voz, frente a unas estructuras controladas por hombres. Es evidente que el fútbol tiene una dimensión mediática y económica absoluta, pero sus vicios están también en otros ámbitos. Los clubes siguen reproduciendo las estructuras patriarcales, lo mismo que lo hacen la Universidad, los medios de comunicación, las iglesias o los partidos políticos.

Alerce: Yo te había entendido que las chavalas que juegan al fútbol son diferentes a las mujeres que estudian en la Universidad. Te había entendido mal, supongo. Eso lo comprendo. Pero no entiendo que haya niveles por edad. Los niños tienen una gran capacidad de transformación. Se les toma como seres incompletos, y es importante tener en cuenta su capacidad para ver la realidad, para opinar y ofrecer soluciones. Eso lo digo con respecto al tema de una mujer universitaria y la chavala que juega al fútbol… Yo veo una estructura muy institucionalizada, muy fijada a nivel internacional, con un rol concreto, y eso es muy difícil de romper. El fútbol es el deporte rey y es complicadísimo cambiarlo. Las propuestas que yo he visto para integrar a mujeres o a minorías, en la práctica los muros son tan tochos, y es tan elitista el mundo del fútbol, que acaban desembocando en el mismo río que es el fútbol profesional, el que vemos en la tele.

Octavio: Oye, tengo que dejarte. Me están esperando para ir a la playa. Me he apuntado en el cuaderno de tareas pendientes contigo: debate sobre fútbol, mujeres, hombres y viceversa. Pero para eso necesitamos mínimo un fin de semana entero. Venga, chulo. Que hablamos. Un beso grande.

Alerce: Jajaja… Yo me apunto las mujeres torero.

Octavio: Y yo me apunto los hombres prostituidos, para que así el finde sea más largo.

LA AMAZONA

Justo un día antes de la Virgen de Agosto, aunque a mí me gusta más el italiano ferragosto, Magüi cumple años. La llamo para felicitarla y para hablar un rato. Hace meses que no nos vemos. Me cuenta cómo ha ido el estreno de *La fuerza del cariño*, su último montaje, y de los miedos que ella, pese a ser una mujer valiente, siempre tiene. "La gente viene al teatro con la imagen de la película. Muchos me han dicho, *pero cómo va a hacer Lolita el papel de Shirley McLaine*. ¿Y por qué no? Yo quería que Lolita hiciera una versión más racial, otra cosa." "Es lo que pasa, sister, que el cine como que petrifica, mientras que el teatro siempre está creando nuevos imaginarios". "Ay, repíteme eso que has dicho, me parece genial". Se lo repito despacio, para que tome nota. "Vente a mi lado, te necesito cerca". No me importaría. A veces lo he pensado. Dar un portazo al Derecho y a todos sus pasillos, y lanzarme a otra vida. Pero sé que no lo haré. Sigo siendo un cobarde, como el de la canción de Víctor Manuel. Los dos recordamos cómo el verano anterior Magüi deslumbró en Mérida. Y eso que su alacena también está llena de errores y malos pasos.

Con sus envidiables 74 años, cocidos a fuego lento con las manos de quien siempre se rebeló contra cualquiera que quisiera ser su dueño, Magüi salió al escenario y ante los miles de espectadores que aplaudían no dudó en mostrar su pecho. Allí, sobre el escenario de Mérida, y ante los ojos sorprendidos de la compañía, la directora dejó claro que es una amazona, que lo lleva siendo toda la vida, y enseña el pecho como un acto político. Unos días antes, las redes sociales habían censurado una fotografía en la que Silvia Abascal, la protagonista de *Las amazonas*, aparecía con el pecho al aire. Magüi, que lleva siempre escondida una amazona bajo sus largos abrigos, que no soporta a sus años nada ni nadie que ponga en entredicho su autonomía, usa el escenario, ese lugar donde siempre se ha hecho grande, para dejarle claro a todo el mundo que mujeres como ella, a las que le tocó vivir un Código Civil que las reducía a siervas, no están dispuestas a callar. Que ya pasó la época de los silencios y los votos de castidad. Que ella, vapuleada como todas por unos hombres que siempre la creyeron menor o, en el mejor de los casos, un apéndice al servicio del genio, hace tiempo dio un zapatazo con sus botines de bruja e hizo saltar por los aires los restos del naufragio. Harta de ser la esposa, la madre, la actriz que tuvo que esperar hasta cerca de los 40 para tener su habitación propia.

Magüi, a la que conocí gracias a las redes sociales tras haber escrito yo un artículo sobre la obra de Vargas Llosa *Kathie y el hipopótamo* que ella había dirigido, en pocos años se ha convertido en mi hermana. Es de una de esas mujeres en las que me miro y a las que admiro porque han sido capaces de atravesar tiempos que no se lo pusieron fácil y que han llegado a la blancura de su pelo con la energía imparable de quien se ha curtido a golpes. Magüi tuvo durante mucho tiempo el pelo rojo, como si fuera un duende del bosque, una heroína romántica siempre resistiéndose a ser salvada por un príncipe. Ese rojo, que es fuego, que es pasión, que es ser político, habita ahora en sus uñas. Cuando la conocí, su pelo de hada traviesa ya era blanco, de ese color tan puro que es capaz a su vez de albergar todos los colores y que cubre su cabeza como si fuera una corona sabia. Me gusta cogerme de su brazo, escuchar cómo me describe sus próximos montajes, acogerla cuando, plena de ira, protesta contra un mundo en el que todavía mandamos nosotros. Su voz, que se vuelve poderosa cuando se apropia de ella un personaje, es mucho más acariciadora y suave en las distancias cortas, pero nunca frágil. Molly Bloom y todas las mujeres que ha sido están en su boca, en su garganta y en sus tripas, dispuestas a mirar alrededor con la sagacidad de quien ha tenido que encontrar la salida del laberinto. Ella es una bruja, unas veces buena y otras mala. No quiero yo estar cerca cuando su mal genio hace que dé uno de esos zapatazos que están a punto de abrir un boquete en el suelo. Imagino su fregadero lleno de platos sucios del día anterior y la mesa de su estudio hasta arriba de folios sin leer, como una mala estudiante que lo deja todo para el día de antes del examen. *The good wife*, sin embargo.

Desde aquellos primeros mensajes, hemos ido trenzando una afinidad electiva sobre los pulsos del amor, el teatro y la política. Porque todo lo que hacemos y decimos, incluso cuando nos abrazamos, es política. Nos hemos ido convirtiendo en hermanos, al tiempo que le hemos quitado a ese término la carga obligada de la sangre. Nos hemos vinculado con lazos que no aprietan y que, por el contrario, parecen coser metros de tela a las alas que a los dos nos salen en la espalda. Nos tocamos y nos besamos por primera vez con la puerta de Alcalá como testigo –ella con su amplio abrigo negro y sus gafas de sol, yo con mi chaleco de universitario british–, seguimos danzando con mensajes cargados de desnudez, como si en poco tiempo quisiéramos recuperar toda la vida que no habíamos compartido. Al fin le ganábamos la batalla al mundo virtual. "Ay, brother, cada vez me gustan más las pequeñas cosas de la vida, del motor del cariño, del amor, que es el alimento que nos nutre, que es el avance de la vida, que hace que te levantes cada mañana de la cama. En esta vida que nos obliga a un ritmo tan acelerado, en la que casi todo es virtual y la tecnología va supliendo al vis a vis, al encuentro físico, cuando realmente el suelo se mueve y nos quedamos sin apoyos nos damos cuenta de que lo que necesitamos es la verdad de la emoción. Lo virtual debería dar paso a la lágrima de verdad, a la risa de verdad, a los labios que hablan y besan de verdad, sin un terminal en medio. Necesitamos antídotos del mundo virtual", me dice.

Luego vinieron más comidas, estrenos y soplos de genialidad que se fueron escurriendo entre mensajes de whatsapp, correos electrónicos y largas llamadas de teléfono. Incluso llegamos a pasear, cogidos del brazo, por los alrededores de la Mezquita, en una fría noche de diciembre, y en la que de manera anticipada celebramos la Navidad. En familia, pero sin registro civil que lo atestigüe. Su cabello blanco no ha dejado de brillar en estos años que para mí han sido de tanta actividad y reconocimiento. No sé si sería muy osado por mi parte afirmar que Magüi me ha conocido en el mejor momento de mi vida, pero sí que es cierto que nos ha tocado compartir años que no olvidaremos. Esos que Magüi sabe envolver como nadie bajo su abrigo violeta. 8M, *Consentimiento*, La manada, *Celebración.* La cuidadora de gatos y de palabras. La cómica. Una mujer pintada por Sorolla y que pasea por la Malvarrosa. Descalza y con sombrilla negra. Azul, tan azul, y espuma de mar. La amazona que se defiende frente a las olas, en una casa de cristal en la que ella le ganó un pulso a la muerte. La mujer que suspiró para no morir ante la mirada atenta de su madre. La madre de la posguerra, tan alegre, con tanta sonrisa para calmar el hambre. "Yo siempre recuerdo la sonrisa de mi madre, y el hambre, el frío, los sabañones, la cama tan fría ..." Seis hermanos en los años 40 y un huerto de agosto. Y la abuela escuchando la radio hasta las tantas. Maguisa, Magüi. Nombre de gato. Miau, Maguisa, Magüi. Las niñas crueles en el colegio no dejan de gritarle: tienes nombre de gato. La niña se ha hecho cuidadora de un gato callejero. Independiente, amoroso, leal, sabio. La actriz me cuenta todo lo que aprende de él, cómo le arranca el móvil de las manos. La actriz que piensa y piensa. Imagina, una cabeza en llamas, incluso dormida. Me cuenta, así, en voz baja, que casi me cuesta trabajo escucharla. "Yo, cuando monto una función, me hago todos los personajes en mi casa. En la cocina, en el dormitorio, hasta en el baño. Me multiplico por dos, o por tres, o por cuatro. No soy yo, pero no dejo de serlo. No sé, brother, no sabría explicártelo. Sólo sé lo que hago. ¿Y sabes? En ocasiones deseo que a alguna actriz le den unas anginas para sustituirla yo…jajaja". Carcajadas levantinas, mediterráneas, como las de Julia, la profesora jubilada. El trueno de la que a veces ha sido demasiado dependiente de hombres a los que ella consideró genios. La amiga de sus amigas, pero también la lengua/puñal que no se conforma con chiquitas. A la que supongo difícil de querer cuando se pierde en los pasadizos en los que parece escuchar voces. La que durante años se conformó con ni siquiera llegar al estatus de musa. La jugadora de balonmano. Campeona.

En agosto de 2018, cuando le dio la vuelta al relato romántico de *Las amazonas*, y mostró cómo la salida no está en que las mujeres hagan las mismas tonterías que nosotros, ni mucho menos en que convirtamos al amor en la fuerza que dé sentido a nuestras debilidades, Magüi, que también es madre de dos hijas con talento y además abuela, se convirtió en una heroína con los ovarios bien puestos. Sin espada, sin caballo, sin corbata. Y yo la miré, y la admiré, y aprendí. De su pecho desnudo, de su pelo blanco, de su cabeza pensante. El ser autónomo que huye de *Madame Bovary*. *Las amazonas* que equivocan el camino y que se rompen cuando creen que serán libres empuñando las armas masculinas. 3200 almas que aplauden en Mérida. Magüi con su cuerpo de mujer sabia al descubierto: una diosa que habla, que no sabe de altares, que bebe vino y brinda con los hombres que no quieren ser héroes. Pentesilea que mata por amor. No hay amor que valga. No hay amor que merezca una muerte. La tragedia del amor romántico y la sangre que nunca debería caer. Que nadie me coma a besos, por dios.

Me gustaría tenerla aquí cerca y pasear con ella por las playas de Cádiz. Con la espuma del mar confundiéndose con su pelo blanco de hada juguetona. Me la imagino nerviosa y enredada. Señalando las frases que debe repasar Lolita con su uñas pintadas de rojo, rojo sangre, la sangre que no debieron derramar las amazonas. Cumple muchos más que 70 y la contemplo tan joven como aquella profesora de literatura que, nerviosa y titubeante, me explicó en COU las tragedias de Lorca y se olvidó de hablarme de Las sin sombrero. La cuidadora de gatas que van a los suyo, y sufridora también a veces de hombres que necesitan de mujeres que los cuiden, flaquea en ocasiones, me escribe aturdida o perpleja, pero nunca se da por vencida. Continúa mostrando su pecho por si alguien sigue teniendo alguna duda sobre quién es la dueña de su cuerpo, de su mente y de sus tripas. Ella tiene claro, como Emma Goldman, que sólo si puede bailar la revolución será suya. La llamo para felicitarla y entre risas y besos nos prometemos un baile y una copa de vino. Yo tan feliz de no mirarme en Aquiles y ella tan orgullosa de ser una amazona que no necesita de la sangre de un hombre para saberse la reina de la casa. Sueño con nuestro futuro encuentro. Ese tiempo en el que imaginaremos una Salomé sin velos que quitarse y un andrógino Sirio dispuesto a cobijarnos entre sus faldas transparentes.

La fuerza del cariño. Penélope rescatada del silencio. El amor y el sexo en los tiempos del #Metoo. La Molly Bloom dueña al fin de la cama. Magüi y yo cogidos del brazo por la Gran Vía. A las 12 ella coge un taxi, pero no para cumplir con los dictados del cuento. Ese que todavía hoy, de tarde en tarde, le juega malas pasadas cuando reaparece en la almohada donde sueña su pelo de duende. Calavera de genia que un día se hartó de ser la *señora de* como yo con frecuencia me harto de ser el padre perfecto.

EL PADRE IMPERFECTO

"¿Y yo no tengo derecho a cabrearme? Pues yo también me cabreo y tengo mis razones. Es que no sé por qué siempre tenemos que hacer lo que tú digas…". Mi hijo se pone serio, no grita ni refunfuña, pero lo veo cada vez más convencido de lo que dice y no duda en plantarme cara. Siempre, eso sí, de forma educada y sin estridencias. Nunca he visto en él, al menos de momento, una palabra más alta que otra, un gesto malsonante o una falta de respeto. Es un tipo sereno, que nunca llega al extremo de la rabia y que, tras la tormenta, que en su caso nunca es de rayos y truenos, es capaz de volver al abrazo. "Es que yo también tengo mis planes. Y quiero estar la última semana de agosto en Córdoba, con mis amigos, porque luego se van todos por ahí y ya no volvemos a vernos. ¿Es que no lo entiendes?". Quizás lo que no acabe de entender –o, mejor dicho, de aceptar– es que él tenga vida propia y que ya hace tiempo que dejó de ser el niño que caminaba de mi mano. Y que tenga que sentarme a su lado y verbalizar lo que me parece que era evidente. El peso de las palabras me sacude y, como buen hombre, me siento náufrago ante este reto para el que nunca me prepararon. El niño que ya no lee libros, al que le gustan cosas que a mí me horrorizan, el que escucha canciones cuyos estribillos pongo como ejemplos en mis conferencias.

Vestido con un bañador y una camiseta, con esas piernas tan largas y delgadas, que a pesar de todo lo que come nunca se recubren de grasa, mi hijo avanza por el pasillo y se mete en el cuarto de baño. Supongo que para esquivarme y da por concluida la discusión. Durante unos segundos me quedo apoyado en la puerta blanca, sin saber muy bien qué hacer. Por las ventanas abiertas del piso entra un viento que no es el de otros días. Se acerca el Levante, me temo. De la cocina llega un ligero olor a patatas fritas.

Por más que intento hacerlo de otra manera, lo más habitual es que me bloquee, y me equivoque, y acabe actuando como el padre que no quiero ser. Siempre que tengo que ponerle límites a mi hijo, o llamarle la atención por algo que entiendo que ha hecho mal, o simplemente recordarle que es un menor de edad y que por tanto sigue estando bajo mi responsabilidad, me cuesta encontrar el punto medio. No quiero aparecer como un padre autoritario, ni mucho menos iracundo, pero tampoco creo que lo correcto sea actuar como un colega. No capaz de llegar a esa especie de diálogo de tú a tú y no sé si es lo más conveniente. En muchas ocasiones, mi hijo me desarma con un simple comentario. "Si tú tuvieras mi edad, también lo harías". Este argumento carece de réplica, claro. Y él de manera inteligente me lo devuelve cada vez que le subrayo alguna cosa que me parece que no ha sido correcta. Me siento perdido, cada vez más, ante su mundo de móvil y tecnologías que, aunque yo también los use, continúo sintiéndolas fuera de mí. En su caso, es como si fueran un apéndice más de su cuerpo. Y siempre siento que están entre él y yo.

Para intentar escapar del conflicto que me quema por dentro, me pongo a hacer algo manual. Recojo mi habitación, aunque está tan ordenada que lo único que hago es cambiar las cosas de sitio. Bajo la persiana para que no entre tanto sol y, sobre todo, para que el viento no me vuelva loco. Una vez guardada la ropa en el armario y repasados los papeles que tengo sobre el escritorio, me pongo a mirar el móvil. Tengo un mensaje de Alerce que no había leído. Me pongo a ello, mientras escucho cómo mi hijo sale del baño, hablando por teléfono. Por la conversación me imagino que es su madre.

A veces también pienso que un enfado en condiciones, es decir, con sus gritos y su escándalo, lo mismo vendría bien en determinados momentos para romper la tensión. A mí sin embargo no me sale ese tipo de actuación dramática. Soy más de silencios y razonamientos. No me gusta dar juego a la cólera. Me cansan y me duelen las voces, la furia que sale por la boca y por los ojos. Esa lava que acaba quemando el espacio que existe entre uno mismo y la persona con la que discutes. A Fer, por ejemplo, le saca de quicio que, cuando discutimos, yo trate de conservar la calma, hablar incluso más bajo de lo habitual y tratar de reconducirlo todo a una conversación a ser posible amable, o como mínimo respetuosa. Nunca he soportado los gritos, ni las palabras malsonantes, ni los exabruptos. Cuando los escucho, algo dentro de mí se rompe, como si tuviera el esqueleto formado por pequeños cristalitos que se fueran fracturando con cada golpe. Conmigo es complicado discutir, o al menos hacerlo de la manera más habitual en que los humanos nos lanzamos al fango. Y no creo que lo haga porque sea singularmente empático, sino por instinto de protección, para salvaguardarme de las heridas. En el fondo, no es sino otra manera de evidenciar lo débil que soy.

Nos sentamos todos a almorzar. Como Fer y su hijo han sido de alguna manera testigos de la discusión, hay una cierta tensión en el ambiente. Y un silencio de esos que son como una cuerda que parece ir enrollándose lentamente alrededor del cuello, hasta que al fin hay alguien que llega y te salva del ahogamiento. Fer hace algún comentario sobre la comida, su hijo le sigue el juego y yo apenas digo media palabra. Mi hijo, al principio, apenas levanta la mirada de la tortilla, pero luego, como quien hubiese pasado a otro capítulo de la serie, cuenta a su medio hermano no sé qué historia que ha visto en Instagram. Hablan entre ellos mientras Fer y yo recogemos la mesa. Estoy deseando encerrarme en mi habitación para leer un rato.

En estos días de verano, en los que la convivencia continuada con mi hijo me pone con frecuencia al borde del precipicio, he leído *La isla de la infancia*, el tercer volumen de las memorias de Karl Ove Kausgård. Ha sido una lectura emocionante pero también desgarradora, porque me he ido reconociendo en muchas de sus páginas. Lo he hecho en ese instante en el que, al comenzar el curso, el niño Karl forra los libros del cole con su madre, o en la humillación que siente cuando asiste el primer día a un curso de natación con un gorro de flores, o en esa permanente exigencia de tener que competir con sus iguales para demostrar la valentía, o en la necesidad de la madre como refugio. No es que mi padre respondiera a ese modelo severo que el escritor refleja en su obra, pero sí que es también mía esa especie de temor reverencial, esos silencios, esas huidas. Y, posteriormente, como el mismo Karl describe, esa necesidad de huir de ese modelo de referencia, de tratar de actuar con sus propios hijos de manera distinta, de llegar incluso a la conclusión de que la mejor manera de ser padre es que sus hijos no notaran que él estaba. He sentido como propios los temores del niño Karl ante las posibles reacciones y castigos del padre, su temblor ante la mirada escrutadora siempre del progenitor, su búsqueda en los liaros de otros mundos en los que poder sentirse más libre. El de Karl Olve Knausgård no sólo era autoritario, estricto y amante del orden, sino severo. Y este adjetivo implica un regodeo en las sanciones, en la frialdad de los vínculos, en la ira traducida en miradas y puños. Y, claro, mi lucha constante es por no ser ese padre, ni el distante y con frecuencia ausente que fue el mío.

Pero, entre medias, no sé qué padre ser. Tal vez lo tuve claro en años anteriores, cuando mi hijo era un ser que todavía andaba buscando su personalidad, pero ahora se me hace el camino cada vez más cuesta arriba. No me sirven los manuales que algunos ilusos han escrito, ni por supuesto la experiencia que como hijo he tenido, ni siquiera eso que en algunos talleres cuentan los defensores de las nuevas paternidades. Si además de todo eso leo a Knausgård al borde de la playa, es fácil que vuelva a casa con el rabo entre las piernas.

A través de la pared que separa mi habitación del salón me llegan las risas de los dos hombrecitos. Se habrán puesto a ver la serie que los tiene enganchados todas las siestas. Como no me concentro, dejo el libro en la mesilla de noche y me pongo a escuchar la radio. Siento frío en los pies. Me los tapo con la colcha y me pongo en posición fetal, como cuando era un niño y cualquier sonido, incluido el del viento sobre las persianas, me daba miedo.

ALERCE, IV

Alerce me envía una foto que, a primera vista, parece de un amanecer radiante, con un sol que se adivina tras las montañas. Se ven los tejados de algunas casas de La Granja, al fondo las montañas y tras ellas lo que yo creía que era el rojo de un despertar de agosto. Pero en seguida Alerce me saca del error y, dolorido, me dice que el resplandor del fondo es del fuego que desde la tarde anterior está destruyendo todo lo que encuentra a su paso. Me cuenta que se ha pasado todo la noche sin dormir, intentando echar una mano, pero que no le han dejado hacer nada. Me imagino su rabia y su impotencia, él que siempre vive al borde de la poesía y que sabe escuchar todo lo que dicen los árboles. Debe haber sentido que el fuego le subía por los pies.

Busco por internet las noticias sobre el incendio y compruebo que son cientos de hectáreas las quemadas. Miro fotografías de la devastación y no dejo de pensar en el rostro triste de mi amigo árbol, como el de esos payasos que se pintan una lágrima negra debajo del ojo. "No te puedes ni imaginar lo que lloré ayer", me escribe en un mensaje de whatsapp. El niño que llora, el hombre sin potencias, el que no sabe bien cómo responder a sus iguales que lo mismo provocan fuegos, asesinan como locos en Ohio, violan en Bilbao o en la ciudad que toque. La masculinidad que provoca tantos muertos hace que hombres como Alerce lloren. "Nosotros somos el problema", le respondo. La masculinidad que quema tantos árboles hace que hombres como él no sepan qué hacer con su ira. Porque desde pequeñito le enseñaron a convertirla en violencia, en llama arrasadora, y él sabe que ahora no podría ni sacar la espada ni siquiera usar la lengua para lanzar espumarajos. Ha tenido que aprender poco a poco, y casi sin maestros, a transformar esa rabia en energía transformadora. Pero hay veces, me reconoce, que como en la noche pasada se le hace muy cuesta arriba.

Alerce se ha acercado al fuego, hasta donde le han dejado que se acerque, no ha dejado de mirar por las ventanas, no ha parado quieto ni un segundo mientras el humo hacía que la oscuridad de la noche pareciera cubierta por una gasa. Ha llorado mucho al ver cómo los árboles de su infancia quedaban reducidos a esqueletos. Él mismo se ha visto convertido en una osamenta, sin grasa, sin músculos, sin piel en mitad de la noche iluminada.

"Es que los árboles son magia. Y las flores". Por eso el maestro anarquista ha llorado tanto la pasada noche al ver cómo lo que para él siempre fue un espacio compartido de sueños se iba convirtiendo en apenas unas notas mal escritas sobre papel viejo y arrugado. En alguna ocasión me ha dicho que no lee novelas, pero quizás no se dé cuenta de que él está escribiéndolas permanentemente. No las ve, pero las toca. No les pone nombre a los personajes, pero sí que intenta que las vidas que imagina se cuelen curiosas por su rutina. Ahora que lo pienso, tal vez por eso le gusta ponerse boca abajo, hacer el pino, y convertirse en una especie de árbol, con la cabeza pegada al suelo. El cerebro que es raíz y el corazón, bum, bum, muy cerquita de la tierra. Como cuando de pequeño pegaba el oído en el suelo e intentaba escuchar los sonidos ocultos de la naturaleza.

A mí, que soy tan urbanita, me cuesta a veces entender toda la profundidad de lo que el hombre sin madre me cuenta. Empatizo con su dolor y con su ira, pero soy consciente de que no llego hasta lo más profundo de sus tripas. Él está muy cerca de la tierra y yo, casi siempre, ando más próximo a las nubes. Él parece mucho más ligado a la vida que yo, al corazón de las cosas, a esa fuerza que él parece hacer suya cuando, cabeza abajo, hace que toda la sangre baje. Un hombre que es árbol, que cobija, da sombra y resguarda del viento. Un hombre de ramas como enredaderas que hace música para que el silencio nunca sea ni cárcel ni tumba.

El bosque sigue ardiendo. En el telediario dicen que el fuego ya está controlado. Arde el verano, todos ardemos, condenados al fuego eterno por no haber sabido poner la vida en el centro. Alerce, harto de estar con los brazos cruzados, sale de su casa e intenta llegar hasta los árboles. A los que de pequeño se subía con la intención de comprobar dónde empezaba el pueblo de al lado. Como era de esperar, no lo dejan pasar. "Retírese, es peligroso, no puede hacer nada. Váyase a su casa". Él, siempre tan activo, tan dispuesto a arreglar el mundo, pese a su timidez, lo hace a regañadientes. Pacífico y peleón, hoy tiene ganas de dar un puñetazo en la pared y hacer un agujero, y desaparecer dentro de él, como si fuera un pozo capaz de llevarlo a lo más hondo de la tierra. Al núcleo mismo. Al origen de lava y piedras.

Alerce vuelve a casa derrotado, como después de una batalla sin armas, y se tumba en la cama, con la ventana abierta. Hace calor. El fuego hace que el cielo se vea rojizo. No puede dormirse. Intenta hacerlo imaginando que las sábanas son la hierba que tardará años en crecer. Las aprieta con fuerza, hasta arrugarlas. El hombre niño, el ecofeminista, el punki, el queer, el maestro, el aprendiz, el gerundio.

Los bomberos de la Comunidad de Madrid han avanzado esta madrugada en la lucha contra los dos incendios abiertos en el Real Sitio de San Ildefonso-La Granja (Segovia), en el que se ha evitado que las llamas lleguen a la Comunidad de Madrid, y en el de Miraflores de la Sierra que está estabilizado.

"Todo el dispositivo, más de 200 personas, ha estado trabajando toda la noche y ahora se están incorporando los medios aéreos para hacer un ataque intenso a lo largo de la mañana con algunos refuerzos con el fin de sofocar en la medida de lo posible esos frentes", ha explicado el delegado territorial de la Junta de Castilla y León en Segovia, Javier López Escolar.

Ataque intenso, frentes… Es la guerra. El hombre árbol llora porque nunca le gustaron las guerras. Y en ese llanto yo, el urbanita, sí que me reconozco. Aprendo con él que las cenizas son lo contrario a la vida. Y que los hombres debemos llorar cuando la única respuesta que encontramos sabe a madera quemada.

LA BARCA VACÍA

No había ni un hombre, ni una mujer, ni un niño, ni una niña. Cuando me encontré la barca estaba vacía. La encontré en mi paseo al amanecer, cuando todavía arrastraba en mi espaldas el fuego y el llanto de Alerce. A su alrededor, la policía local daba vueltas, inspeccionándola, no dejaban de llegar coches y hombres uniformados. En mi paseo por la playa de Cortadura, camino de San Fernando, este domingo de agosto no pude ponerle rostros a quienes, supongo, estarán en algún centro de estos con denominaciones tan perversas y eufemísticas. Llegarían de madrugada, les pondrían mantas doradas por encima y les darían un café calentito. Fin del sueño. Con el frío que hacía cuando me levanté a caminar, no quiero ni imaginar el que podía hacer en alta mar o el que les dio en la cara cuando atisbaron la playa. La ciudad todavía dormida, la catedral blanca, la arena que es podría ser la del lugar de donde vienen. Y nosotros aquí debatiendo sobre las nuevas masculinidades, sobre la transfobia de determinadas feministas o sobre si el sujeto mujer se define o no por la vagina. Sánchez en Doñana, la vicepresidenta recordando a Magallanes y este mundo que cada vez se parece más al de *Years and years*. Que nadie me acuse de obvio, o de maniqueo, o de populista. Estoy hasta los cojones, inevitables cojones de un tipo acostumbrado a que le den la razón, de tanto rezo que no rompe con los púlpitos controlados por los de siempre. Al sur, siempre hay más sur, y más mar, y más arena, y más cuerpos que con frecuencia, demasiada frecuencia, no llegan vivos a la orilla. Y Alerce y yo debatiendo sobre fútbol.

Esa barca vacía, rodeada de policías, cuando el sol apenas empezaba a alzarse justo en frente de las olas, es una puñalada, la que apenas se clava en nuestro pecho de corazón-coraza y rebota con la fuerza de quien es despedido de un club en el que no aceptan a quienes no cumplen con la norma. ¿Dónde estás,

Woody Allen? Esa barca es el presente de tantas víctimas, pero también el futuro que nos espera. El suicidio, la muerte, la nada. Celebración de un orden seguro que nos deja reducidos a insectos que se comen la madera húmeda.

Sigo mi paseo, escuchando música, sintiendo la brisa agradable en mi cuerpo que noto cómo se va humedeciendo cerca del mar. Vuelvo a casa y me tomo un buen desayuno. Es como si fuera en este momento cuando me despierto y todo lo anterior lo hubiera soñado. Escribo. Sigo instalado en mi púlpito, y en el silencio, y en la inactividad, y en la comodidad de saberme hombre blanco y burgués. Solo cumplo una ligera condena por gozar de una masculinidad desviada. Por lo demás, soy parte del pacto. No derramo ni una lágrima por los cuerpos que no he visto, por los que imagino, con los que incluso hago literatura. Yo también soy parte desmemoriada del plástico que incendia los océanos.

EL HOMBRE CON MEMORIA

"Mi padre me obligó a levantar el brazo y a cantar el cara al sol, como todo el mundo lo estaba haciendo. En la entrada del Resucitado, en la puerta de la iglesia". Los nietos escuchan las historias del abuelo con una cierta incredulidad. Les cuesta creerse todo lo que les cuenta de un país que es en el que ellos mismos viven, cuando ni siquiera ha pasado un siglo. La nieta y el nieto, que se llevan sólo tres años de diferencia y que ya están en esa edad en que han perdido la inocencia de la infancia, lo miran curiosos, con ganas de saber más. Como quienes están ansiosos por ver el siguiente capítulo de la serie a la que están enganchados. "Es que si no lo hacías llegaba la guardia civil y te obligaba de malas maneras". La abuela, que escucha paciente y algo descreída, no le sigue el juego. Ella no recuerda una infancia tan oscura, tal vez porque como niña de posguerra que le tocó ser vivió una especie de ignorancia feliz. Ojos que no ven corazón que no siente. El abuelo les cuenta la historia del maestro que le daba clases particulares, y que por ser republicano había sido expulsado de la escuela. También les relata cómo un amigo de su bisabuelo tuvo que escapar una noche por los tejados, o cómo otros muchos fueron asesinados en la tapia del cementerio. Lo hace con su voz rotunda, de maestro, que a veces parece quebrarse por la emoción cuando recuerda algún detalle vivido. A la chica adolescente y al chico que está a punto de cumplir los 18 les cuesta entender que se viviera con tantos miedos. "Yo recuerdo que mi abuela iba a algunos días con la cartilla de racionamiento y conseguía algo de harina blanca, muy poca, para hacer pan en su horno de leña. Pero la mayoría de los días comíamos pan negro". "¿Pan negro?", preguntan a la vez los nietos.

Aunque tengo el libro abierto, hace un rato que no leo. Escucho lo que hablan justo a mi lado. Me acuerdo de la película que tenía ese título, *Pa negre*, y pienso en lo que a estos jovencitos les puede costar entender el hambre de aquellos días. Los veo tan concentrados en la charla del abuelo que es como si la playa, que a estas horas ya empieza a vaciarse, estuviera aislada del resto del mundo. Como si los cinco estuviéramos en una especie de cápsula transparente en la que se hubiera detenido el tiempo. "Por todo eso que yo he vivido, no entiendo que ahora haya tantos jovencitos que sean fachas y que quieran que vuelva algo parecido", dice el abuelo con un cierto cabreo, como quien se siente dolido por algo, aunque directamente él no sea el agraviado. Sentado en su butaca playera parece más pequeño de lo que es, aunque cuando habla recupera la autoridad que siempre tuvo. El nieto se queda pensativo y, seguramente, tiene en la cabeza a algunos de sus amigos, tal vez él mismo, esos que con el pretexto de la banderita y la patria no tienen ni idea de lo que tal vez sus mismos abuelos tuvieron que sufrir. La nieta, mucho más rebelde y siempre crítica con las injusticias, se revuelve sobre la arena y parece pedir más. Necesita conocer más detalles, más nombres y apellidos. La abuela se incomoda porque está harta de que el abuelo remueva el pasado. Intenta hacerle callar, pero no lo consigue. "Qué pesado eres, vamos a vivir el presente y a dejar de remover el pasado". La abuela se revuelve en su butaca de plástico y mira incluso hacia otro lado, como si prefiera concentrarse en cómo el sol está ya cayendo. En ese cielo que ella sólo ha visto en las playas de Cádiz.

Al fin la abuela consigue meter baza en la conversación, aprovechando unos segundos de silencio. Cuenta que siempre, desde niña, leía mucho. Se sacó el carné de la biblioteca del pueblo y siempre tenía un libro entre las manos. "Todas las noches, hasta las 12, que siempre pasaba un avión, me ponía a leer". "Yo por las noches", relata su marido, "me metía en la cama y debajo de las sábanas, para que nadie se enterara, me ponía el transistor y trataba de escuchar Radio París, o Radio España Independiente. Así me enteraba de lo que de verdad estaba pasando y no la versión que nos contaba Franco". Los nietos lo miran como si estuvieran escuchando el relato de un héroe. "Pero entonces, abuelo, ¿te ponías en peligro? Porque si te llegan a pillar…". El abuelo les cuenta que, al día siguiente, en el casino del pueblo, los amigos, por lo bajo, procurando que nadie más se enterara, comentaban lo que habían escuchado la noche anterior. Si alguno no había podido escuchar la radio, los otros lo ponían al día.

El sol ya se hunde por el horizonte y empieza a refrescar. La poca gente que quedaba en la playa empieza a recoger. Esta tarde los dos más jóvenes, que otros días son los que empiezan a levantar el campamento, parecen no estar dispuestos a moverse. Quieren saber más. "Abuelo, yo este año he estudiado el holocausto y también la ocupación nazi de Francia", le explica el nieto, al que siempre le ha gustado mucho la historia. "Pues en este país se hicieron muchas barbaridades que también deberían conocerse. Todos esos muertos que están en las cunetas…". "Sí, mi madre me contó que a alguien de su familia, un hermano de su abuelo creo, también lo mataron en el cementerio". "Eso pasó en todos los pueblos. Y con la complicidad de mucha gente que señalaba con el dedo a quien tenía otras ideas". La abuela sólo interviene para contar alguna anécdota del colegio o cuando en la calle los chiquillos hambrientos le robaban el bocadillo. "Tu abuela parece que vivió en un país distinto", apostilla el maestro jubilado con un cierto enfado.

La abuela, eso sí, les cuenta que sacó un 10 en latín y que incluso se presentó para sacar matrícula de honor, que al final se llevó un compañero que era hijo de una de las familias pudientes del pueblo. También le cuenta a su nieto que un día tuvo que redactar un cuento en inglés. "Cuando terminé el bachillerato elemental, dije que no quería seguir estudiando y me pusieron a aprender a coser y a bordar. Me he arrepentido toda la vida". "¿Y qué habrías estudiado?", le pregunta la nieta. "Pues no sé, entonces casi todas las chicas era maestras o enfermeras. A mí enfermería no me gustaba. Supongo que habría sido maestra". Cuando recuerda las clases de bordado, la abuela se pone algo triste, como si una ligera punzada le sacudiera el pecho, y no porque no disfrutara con ellas, o porque luego no le sacara partido a todo lo que aprendió, sino porque solo después, muchos años después, se dio cuenta de su error. Siempre lamentó que ni su padre ni su madre trataran de convencerla de que estudiara, al contrario, estuvieron encantados de que la niña mayor se quedara en casa y ayudara. Ya encontraría un buen novio y se organizaría una boda como era debido. Y así fue, claro, un par de días antes de la nochebuena, dos años antes de que el hombre llegara a la luna. En las fotos en blanco y negro apenas se nota la calentura que le salió en el labio la noche anterior.

Casi ha anochecido. Los abuelos y los nietos deciden volver a casa. Recogen las butacas, sacuden las toallas y las zapatillas, se reparten los bultos. La nieta y el nieto, que habitualmente andan mucho más deprisa, hoy van pegados al abuelo, que sigue contando historias de los años 40. La abuela, más rezagada, sigue lamentándose de lo pesado que es su marido. Llevan ya más de cincuenta años juntos y a veces parece que están a punto de conocerse. La chica y el chico se lavan los pies y luego espera que lo hagan sus abuelos, más torpes, más dubitativos, con los cuerpos más vencidos por los años. La conversación, que había empezado porque la noche anterior la nieta había visto en la tele la película *El fotógrafo de Manthausen*, finaliza cuando la abuela hace la pregunta clave: "¿Esta noche que vais a cenar?". A coro, los dos nietos gritan que van a pedir una pizza por teléfono.

El hijo, padre del nieto y tío de la nieta, se queda rezagado y mira con una cierta melancolía a las cuatro personas que caminan delante de él. Y acaba de entender cómo memoria, vida y literatura acaban teniendo la misma raíz. Su revelación, mi revelación, se mantiene intacta hasta que el ruido de las duchas, el chico que llega con las pizzas y el olor de la fruta que comen mis padres me abren los ojos y me incorporo a la cena. Al lado de la adolescente, que todas las noches se deja sin secar su pelo larguísimo, y del chico que ya es un hombre más pendiente del móvil que de los abuelos que lo miran como si ese instante fuera la útlima vez que van a poder mirarlo así, tan de cerca, con una pizza de por medio, y en una mesa que es lo más parecido a un hogar que él recuerda.

EL HOMBRE ADOLESCENTE

El adolescente del que hablo podría tener cualquier nombre. Podría servirme como ejemplo cualquier chico de quince o dieciséis años de los que me encuentro en los institutos y a los que pareciera que hablar de feminismo les incomoda. La mayoría se sienten atacados, como si fuera una guerra en la que ellos son el enemigo. Se sientan al final del aula, en pandilla. Como si la historia no fuera con ellos o, peor aún, como si fuera contra ellos. Con las piernas bien abiertas, más tirados que sentados en las sillas, con la cara propia de quien ha sido obligado a asistir a la actividad con la que la coordinadora de igualdad, casi siempre mujer, apenas mueve un centímetro del muro.

Es habitual que el más chulo salte inmediatamente con un comentario. El resto le ríe la gracia. Las chicas, que suelen sentarse muy atentas, en las primeras filas, muestran su incomodidad. No hace falta darle muchas vueltas: ellas empiezan a buscar hombres que no existen en las aulas que comparten y ellos siguen buscando a las chicas que ya empiezan a ser minoría. El adolescente al que miro podría llamarse Álvaro, Fernando, Raúl o Fran. Su nombre es lo de menos, porque en él habitan al mismo tiempo muchos chicos. Pongamos que, aunque su madre insistió en ponerle un nombre de esos raros, los que hace algo más de una década estuvieron tan de moda, al final se impuso el criterio del padre, el cual optó por seguir la estela familiar y bautizarlo como Carlos. De esta manera ni el apellido paterno, que, por supuesto iría en primer lugar, ni el nombre heredado por generaciones, se perderían. La madre, con tal de no tener otra discusión, no entró al trapo, y se limitó a reclamar que cuando tuvieran una hija le pondrían el nombre que ella eligiera. El marido le guiñó un ojo, sentado en el borde de la cama del hospital, y ella no pudo expresar ningún tipo de complicidad porque la tirantez de los puntos la tenía bien jodida.

Ese bebé nacido hace 17 años se ha convertido en un jovencito guapetón, que tarda todos los días casi media hora en peinarse el tupé y que está obsesionado con las zapatillas de marca, con los coches carísimos y, en general, con el valor económico de las cosas. Todo parece medirlo en función de los euros que cuesta. Y eso que su familia pasa muchas estrecheces para llegar a final de mes, pero él parece haberse criado en un entorno de abundancia. Yo siempre le comento, medio en broma medio en serio, que ha nacido para ser un príncipe, a lo que él me contesta con una mirada entre guasona y desafiante.

Como me suele pasar en los institutos, me basta con observar su lenguaje corporal para hacerme una idea del hombre que habita dentro de él. Con sus vaqueros muy ajustados, dejando ver parte de sus calcetines, y sus zapatillas de marca, camina como si fuera un cowboy sin caballo. Marcando fuerte sus huellas. Haciendo un esfuerzo para que su cintura no se balancee demasiado y dejando claro, con brazos y piernas, que es un tío que los tiene bien puestos. No camina rápido, pero sí lo hace como si quisiera hacer un agujero con la suela de las zapatillas, un pequeña marca en el asfalto mediante la que quede en evidencia su paso. Le cuesta mucho, además, caminar de manera horizontal con otros, salvo cuando va con su pandilla, que entonces todos parecen ir atados por una cuerda, casi siguiendo el ritmo de las pisadas. Cuando va con sus padres y con su hermana pequeña, a la que por cierto su madre le puso Clara, pese a que a su marido le parecía un nombre horroroso, él se sitúa siempre por delante, como si fuera abriendo camino, con la cabeza muy alta y ese gesto tan habitual en él que provoca que quien no lo conozca vea a un tipo creído y prepotente. Luego, en las distancias cortas, no es para tanto, incluso continúa siendo tan niño que a veces dan ganas de abrazarlo, pero su imagen es la de un vaquero que anda todos los días buscando donde rodar la película que un día le prometieron. De la misma manera que los chicos que se sientan en las aulas con gesto entre desganado y desafiante, y a los que les cuesta mucho trabajo quedarse quietecitos, Carlos está acostumbrado a dar golpes en las mesas, en las sillas, en la pared. Y no porque esté enfadado, sino como una manera constante de llamar la atención. De la misma manera que, sin venir a cuento, se pone a cantar a gritos, o lanza una especie de rugido que nadie de su familia sabe cómo interpretar. También disfruta eructando cuando todavía nadie se ha levantado de la mesa. Y lo hace regodeándose en el eructo, como si en el gesto con olor a lo recién comido quisiera dejar claro lo bien puestos que los tiene. Su madre ha perdido ya la paciencia con él y por eso, en la mayoría de las ocasiones, lo deja por imposible. Su padre, que suele plantarle cara, acaba siempre gritando mucho más que él. *Duelo de titanes*.

Carlos, que durante un tiempo pareció entender al menos lo que pretendía el movimiento feminista, ha llegado a un punto en el que ya no tiene ningún corte en soltarte cosas como "es que las feministas están exagerando", o "si las mujeres no consiguen más cosas es porque no quieren". Y aunque hubo un tiempo en el que era posible hacerle entender los argumentos que contradecían esas afirmaciones, ahora se cierra en banda y no tolera ningún tipo de alternativa. Es como si hubiera ido asimilando dogmas y los hubiera convertido en fe. Él, que parece haber confundido la hombría con fumar permanentemente o con no querer escuchar nada que contradiga sus opiniones, puede parecer el tipo más moderno del mundo, el más abierto y tolerante, un chico guay, salvo cuando le tocas el amor. Cuando hablas con él de relaciones afectivas, de ligues y de chicas (porque él parece tener clarísimo que es hetero), es como si dieras marcha atrás en el tiempo y volvieras incluso a generaciones anteriores a la mía.

A sus 17 ya ha tenido varias novias, porque ese es el calificativo que le gusta usar, *novia,* con todas su letras, vive el amor como una entrega absoluta, en la que no caben términos medios y que necesariamente lo convierte en un ser dependiente de su pareja. Con cada uno de sus diferentes ligues, aunque él nunca los denomina así, casi podríamos pensar que ha estado a punto de llegar al altar. El suegro, la suegra, los cuñados, las cuñadas, las comidas familiares, las vacaciones en pareja y con todos, la felicidad de no estar para el resto. Todo tan antiguo y tan poco imaginativo que en ocasiones me ha costado creer que el adolescente al que yo he conocido como un tío rompedor en muchos aspectos repita los mismos esquemas que podría tener su padre o, lo que es peor, su abuelo. Si en él, y en todos los de su edad, es enfermiza la conexión a las redes, cuando está enamorado esa inmersión se multiplica y ya parece vivir sólo y exclusivamente para la amada que le escribe, que le manda audios, que lo llama y que comparte con él fotografías guarras. Eso sí, cuando la historia se rompe, porque entiendo que no hay otra salida –tanta intensidad no es sostenible–, vive una temporada de drama, como si se tratara de un mal guión de Almodóvar, y durante unos meses incluso sobrevuela su cielo una mezcla rara de rencores, venganzas e ira. Él suele pensar que "la otra" ha sido la culpable, por posesiva y por controladora, pero no ha sido capaz de mirarse a sí mismo para comprobar cómo él había alimentado tanta dependencia. Y de todos y de todas es sabido que el exceso de azúcar, y no digamos de posesión, nunca sienta bien. Ella y él, sus peores enemigos.

Carlos, que tiene varios amigos gais, no entiende sin embargo que los maricones sean tan promiscuos o, mejor dicho, que vayan tan a saco. Como si follar fuera lo único que les interesase. Todos, sin excepción, él piensa que entre los homosexuales no hay distintas maneras de ser o de vivir el sexo. No, para él todos son unos salidos que se pasan todo el día pensando en lo mismo. Algún día le sugerí que viera *Brokeback Mountain*, pero sabía que mi consejo era en vano. El difícilmente soporta un vídeo que dure más que un tutorial de YouTube. Pensé que tal vez esa historia de vaqueros podría abrirle los ojos a alguien que, por más que se las dé de chico avanzado del siglo XXI, parece con demasiada frecuencia un remedo de John Wayne. Así al menos se le detecta cuando está entre amigos, cuando habla con ellos por el móvil o cuando, consciente de que los demás lo miran, entra en algún espacio público dejando claro que él es un tipo normal. Como tal, imagino, será de los que habitualmente se ponen vídeos porno antes de dormir.

Alguna vez, sin que él se diera cuenta, he pegado el oído a sus conversaciones telefónicas. Sin saber con quién estaba hablando, he podido deducirlo en función del tono y del tipo de lenguaje. Con ellos, son habituales las palabras mal sonantes –los *coños*, los *hijos de puta*, los "me cago en dios", o "es la polla" se repiten insistentes– y ese tono de colegueo que tan fácilmente ser reconoce entre nosotros. Hay horizontalidad, aunque sólo sea para compartir sus pasiones futboleras, automovilísticas o sexuales. Cuando lo hace con ellas, con esas princesas a las que él parece querer rescatar, aunque fuera con el coche prestado por el padre, adopta un tono entre paternalista y de autoridad. No es que les grite ni las maltrate verbalmente, pero sí les explica las cosas, hace gala de sus dominios y pareciera que ellas son las alumnas que escuchan embelesadas al profesor. "Tú déjame a mí".

Carlos, a quien le gustan las camisas de manga larga y que nunca se pondría una camiseta de flores, tiene también un lado tierno que sólo deja ver en determinadas ocasiones. Como si se avergonzara de tenerlo y sólo lo mostrara en esos instantes en que parece que vuelve a ser el niño que fue. No tiene nada que ver entonces con el tipo que eructa sin control, que se vanagloria de no leer ni un libro o que cuando fuma al tiempo que bebe un cubata pone cara de chulo de playa. Es una pena que esas muestras de disidencia sean cada vez menos y que acaban diluidas entre tanto ruido. Carlos, que podría llamarse

Santiago, José Antonio o Bertín, sería sin duda mucho mejor tipo si no estuviera tan empeñado en dejar siempre constancia del par de testículos que abultan en su entrepierna. Y si aprendiera que el amor romántico nunca puede ser un buen sustituto de la ternura. Mientras tanto, seguirá cantando esos estribillos imposibles del reguetón y sólo muy de vez en cuando se volverá un ser desvalido y frágil, al que hay que abrazar con fuerza para que no acabe hundido en la miseria.

LAS OLAS

Están los dos sentados en la arena, mirando a las olas. Yo los veo de espaldas. Él un poco más alto y delgado que ella. Mi sobrina es ya toda una mujer, como dice su abuela. Casi sin que me dé cuenta, y delante de mis ojos, ha dejado de ser la niña a la que yo regalaba cuentos. Él, mi hijo, está a punto de cumplir los 18 y, aunque yo no quiera verlo, se ha hecho un hombre al que irremediablemente cada vez siento más lejos. Supongo que está viviendo un paréntesis tras el cual recuperaremos ese hilo que hace unos años parecía indestructible. Ahora, aunque ese puente siga intacto, parece mucho más frágil y a veces a punto de romperse. Desde pequeños, ella y él, los dos primos, han sido muy distintos. Nacieron, por esos caprichos del destino, el mismo día, con una diferencia de tres años. Estábamos celebrando el tercer cumpleaños de mi hijo cuando una llamada nos avisó de que mi cuñada se había puesto de parto en Sevilla. Mis padres cogieron su coche y abandonaron la merienda. Al día siguiente, fuimos a ver a la recién nacida. Su primo la cogió en brazos como luego, años más tarde, volvería a hacerlo en el sofá de casa de los abuelos.

Mientras que mi hijo siempre fue tranquilo, reservado y capaz de acomodarse sin rechistar a cualquier situación, mi sobrina nació rebelde y así sigue. Su carácter fuerte, ese que habitualmente ha sido mal visto en las mujeres e incluso corregido en las niñas, se puso de manifiesto desde que tenía apenas meses y luego, con el paso de los años, lo ha mantenido y alimentado. Eso ha llevado a que en ocasiones reciba comentarios e incluso reprimendas que estoy seguro no habrían sido las mismas si mi hijo hubiera sido el asertivo y el cabezón. Pero en el caso de ella, que nunca ha sido ni silenciosa ni acomodaticia, parece que rompe con las reglas sagradas de lo que significa ser mujer. Ella sí que tiene madera de líder –¿o debería decir lideresa?–, a diferencia de mi hijo, al que nunca le ha gustado ser protagonista de nada.

Desde que eran muy pequeños, y aunque mi hijo es tres años mayor, ella siempre llevó la voz cantante. Hizo y deshizo, inventó juegos y artimañas. Su primo se limitaba a seguirla y a participar de sus ocurrencias, siempre sonriente, de su mano, como quien sigue al hada madrina que ha de llevarlo a la tierra prometida. Ella ha sido siempre la fuerte, la contundente, la peleona. Él, sin embargo, nunca levantó la voz, siempre mantuvo silencio cuando había tormenta y rara vez se escucharon de su boca reproches o quejas. Ella siempre fue de carcajada amplia, de esas que parecen invadir toda la habitación. Él, por el contrario, siempre sonríe a medias, como si pensara que una risa más alta pudiera molestar. Ella, que cada vez se parece más físicamente a su madre, nunca ha tenido reparos en decir lo que piensa. Él, y en eso se parece a mí, parece vivir más hacia dentro que hacia afuera. Afortunadamente, y a diferencia de su padre, eso no lo ha convertido en un jovencito tímido y retraído. Admiro y envidio su capacidad para situarse en cualquier contexto, para sentirse a gusto con personas muy distintas, para comunicarse desde la generosidad. He de reconocer que yo siempre he sido más oscuro y complicado. No cabe duda de que los genes de atleta de su madre han hecho mucho para que él no le tenga miedo a ninguna pista. Además, lo que no dice con palabras, se lo guarda y acaba convirtiéndolo en notas con su clarinete.

Ahora que ella ya estudia Secundaria, de vez en cuando me envía mensajes absolutamente indignada por los comentarios que en clase hacen algunos profesores, y no digamos con lo que escucha de compañeros y compañeras. Se apunta a todas las manifestaciones, lee libros de feminismo para principiantes y está orgullosa de no haber hecho la comunión. No le importó renunciar al traje de princesa, aunque es cierto que, cuando era pequeña, yo lo regalé algunos porque disfrutaba arrastrando tules por los pasillos. Menos mal que consiguió liberarse de ellos a tiempo. La veo muy feliz viviendo sin dios en su vida. A los dos nos gusta ir de compras y pararnos en los escaparates. Y comprar pulseras, y criticar los modelitos que llevan las famosas, y bailar como locos siguiendo el último éxito que ella me descubre. Fue precisamente ella, hace ya algunos años, la que me descubrió a un individuo llamado Maluma. Porque sí, ella es muy feminista, pero le encantan los malotes que cantan y posan en Instagram poniendo morritos.

Los observo desde una cierta distancia y juego a imaginar el futuro que querría que viviesen. Casi sin darme cuenta han pasado los años en los que todo parecía eterno, y por lo tanto inamovible. Ahora tengo la sensación de que el horizonte no deja de moverse y que le toca a él, por mucho que yo esté cerca, lidiar con las olas. Ella, aunque todavía no ha tenido que decidir hacia donde encaminar sus pasos, será una mujer, ya lo es, que no se conforme con nada, que peleará con uñas y dientes, que no se someterá, espero, a lo que otros puedan dictar en su nombre. Me apena saber, o intuir como mínimo, que esta manera de ser le costará alguna que otra lágrima porque el mundo en el que ha de vivir todavía no está hecho a imagen y semejanza de las amazonas.

Lucía se levanta de la arena y camina hacia el agua. Su primo la sigue, como ha hecho siempre. Ella se mete en el mar muy decidida, sin miedo al frío. Él se lo piensa algo más. Los veo a los dos nadar, echarse agua el uno a la otra como si fueran niños que no se han olvidado de jugar. Como el sol ya está bajo, se convierten en sombras. Apenas distingo sus siluetas a lo lejos. No sé bien quién es quién. No tengo claro quién es el chico y quién la chica. En este justo instante del atardecer, se ha esfumado el binomio. Podrían ser mi hija y mi sobrino, o todo lo contrario.

He dejado de leer a Karl Ove Knausgård. Trato de seguirlos desde la orilla. Aparecen, desaparecen. Veo que se acercan y se ponen a jugar delante de las olas. Me llaman y con la mano me indican que me vaya a jugar con ellos. Esta vez no me lo pienso. Supongo que porque tengo la sensación, la que he tenido todo el verano, de que este tiempo es irrepetible. Entre los dos me cogen y no me dejan escapar. Me llevan hasta el fondo. No tengo salvación. Bajo el agua, hundido, escucho sus risas. Este instante, estos sonidos, este sabor salado en mi boca, se convierten en la eternidad. La única posible. Cuando salgo a la superficie, mi sobrina y mi hijo corren entre las olas hacia la orilla. Sin mirar atrás. Sin parar de reír. Más fuertes que el viento que azota en su contra.

LEVANTE

El Levante es un estado de ánimo. Cuando las persianas de mi séptimo piso parecen estar librando una batalla, los ejércitos pelean dentro de mí. Cabeza, corazón, pecho, entrepierna. Lo que estaba dormido se despierta e inicia una danza. Mi cuerpo queda entonces en manos de la arena que se dispara como si fueran balas. Cuando estallan en mi espalda, se dibuja un tatuaje que, al presionarlo suavemente, se convierte en herida y luego en agujero. Se puede mirar a través de él y descubrir mis vísceras revoltosas. No hay razón que mande. Todo es una danza, no sé si macabra, de emociones, sueños y palabras. El semen hace germinar novelas cuando el tatuaje se niega a cicatrizar. Alcanzo la transparencia.

Si sopla el Levante, y la piel parece recién salida de un horno donde se doran lubinas, empiezan a sobrar los renglones, los horarios y la ropa limpia. Todo parece volverse desnortado. Un caos que me coge de los huevos y me hace olvidar el gigante que me creí. Sobran las reglas y las rutinas. No se puede tender ropa en la terraza. No se pueden dejar las puertas abiertas. No se puede andar recto por la avenida. El viento nos obliga a saltarnos las lecciones. Hay quién dice volverse loco. Mi madre nunca lo ha soportado. Su cabeza, con el Levante, se enreda entre las sábanas tendidas y ya no es posible sacarla del laberinto. Otros caminan por la playa, sacudidos, como si esperaran una suerte de suicidio feliz.

Después de una noche en la que he creído estar a bordo de un velero a la deriva, he paseado como cada día mojando mis pies en el agua, pero todo me ha sabido diferente. Ni el olor, ni la luz, ni el aire eran los que cada mañana me revolucionan. He sentido que el viento, al empujarme, me provocaba más que nunca, me retaba a un duelo, como si fuéramos dos caballeros románticos. Mi cabeza ha empezado a urdir tramas, a buscar amantes, a hacerle cortes de mangas a quienes me miran con ojos de buitre. Creo que he vuelto para desayunar como si no tuviera piernas, un ser alado y monstruoso, llegado directamente del infierno. Desde el séptimo círculo. He tomado mi café y mi tostada en familia, como cuando iba al instituto y en la cocina de casa de mis padres había una mezcla rara de olores. El pan recién tostado, la comida que mi madre empezaba a preparar, la leche hirviendo, cáscaras de frutas. He estado sin estar, como tantas veces, pero hoy más audaz que nunca. Como si estuviera poseído y unas alas gigantescas me obligaran a mantenerme por encima del suelo.

Esta mañana, después de tanto tiempo refugiado en Cádiz, me he dado cuenta de que el Levante no está fuera de mí, sino que es parte de lo que sostiene mi esqueleto. Supongo que esta es la clave, o al menos una de las claves, que provoca que haya una raíz que une lo más íntimo de mí con esta tierra atlántica. Lo que acabo de descubrir es que se trata de una raíz invertida que se sostiene arriba, en el aire, que es aire, y que, en ella, flotando como una de esas nubes a las que de pequeño buscaba formas, vivo desde hace años. Un insecto, un pájaro, un hombre. Una criatura de El Bosco. El urbanita que nunca quiso vivir en los árboles. El que nunca pescó. El que tiene miedo a las aguas oscuras. El que desde niño escuchaba en su pecho un ruido extraño, que no era el latido de su corazón, y que ha tardado más de 40 años en descubrir que era un viento, el Levante, lo que le hacía siempre asomarse a los balcones sin saber muy bien qué estaba buscando. El que, cuando llegue septiembre, echará de menos el azul de la ciudad amurallada.

EL HOMBRE DEPENDIENTE

"Niña, ¿dónde está la toalla para la ducha?... ¿Dónde has puesto el café que no lo encuentro?... ¿Dónde guardo la ropa interior?... Niña, ¿dónde echo la ropa sucia?".

Hacía tiempo que no escuchaba este tipo de interrogantes. Desde que dejé de vivir con mis padres, y a medida que he ido espaciando cada vez más mis visitas a la que fue mi casa, hay determinadas costumbres, o a veces simplemente expresiones, frases, hasta palabras, que se han ido quedando en un lugar lejano de la memoria. Como si fueran solo pasado y, aunque ya no las escuche, siguen estando presentes. Ahora que en vacaciones he pasado unos días con ellos, he recuperado parte de ese hilo que me ha hecho incluso verme más joven en el espejo. He recuperado el nervio de mi madre, siempre atenta a lo que necesitamos, veloz desplazándose por los pasillos, nerviosa haciendo mil cosas a la vez en la cocina. Y también me he fijado en detalles que hace unos años me resultaban imperceptibles. Por ejemplo, la voz de mi padre preguntándole a mi madre dónde guarda tal o cual cosa, qué hace con la ropa sucia cuando termina de ducharse, dónde está guardada la leche del desayuno, cómo funciona el microondas o en qué mueble de la cocina están guardadas las copas del vino. Veo cómo mi madre lava a mano los calzoncillos y el bañador de mi padre, cómo le echa las gotas en los ojos cada noche, cómo friega el suelo del cuarto de baño cuando él, tan manazas a veces, casi lo inunda al ducharse. En ellos todo funciona armónicamente, aunque todo hay que decirlo, gracias a que mi madre siempre está dispuesta a subsanar los desequilibrios. Son más de 50 años en los que todo ha ido discurriendo por las cláusulas de un contrato preestablecido y que, al parecer, a ellos los ha hecho felices. Por más que en alguna ocasión mi padre se ponga cascarrabias o a su mujer le nuble la vista, y la cabeza, el amor de madre. Esa armonía se ha construido, aunque ellos no sean conscientes del todo, sobre el poderío de ella y la dependencia de él. Como en tantos matrimonios, mi padre ha sido siempre un hombre sin autonomía, porque ha necesitado de su mujer para resolver las cosas aparentemente más pequeñas de cada día. En consecuencia, él nunca ha sido un hombre libre, por más que tuviera su trabajo, su independencia económica y la autoridad que se le reconocía en cuanto varón. Justamente por eso temo el día en que ella falte en su vida, me angustia pensar que entonces él se convierta en un niño sin recursos. No creo que, al contrario, es decir, si mi madre es la que se queda viuda, sus limitaciones sean similares. Por más que le cueste el debido duelo, sabrá remontar y encontrará espacios en los que seguir moviéndose. Aunque pueda parecer hasta cruel por mi parte, cruzo los dedos para que pase lo segundo y no lo primero.

Cuando observo la absoluta dependencia de mi padre, me observo a mí mismo, a todos los hombres. Tan esclavos, en definitiva. Y pienso en el amor eterno, en el de la epístola de San Pablo, en el que mi madre y mi padre se juraron una vez más, hace un par de años, cuando celebraron sus bodas de oro. Los observo con envidia, pero también muchas veces con cierto temor. Me da miedo cuando me miro en el espejo y descubro que mi cabeza cada vez se parece más a la de mi padre y que mi hijo ha heredado el mismo lunar que yo tengo muy cerquita de mi ojo izquierdo.

Niña, mi padre llama con frecuencia niña a mi madre, como he escuchado que muchos hombres llaman a sus parejas. Esa niña, que en su boca tiene sin duda un componente de cariño gestado a través de los años, encierra también una peligrosa concepción de su mujer como una menor de edad, como alguien pequeñito, a la que hay que proteger. Estoy seguro de que mi padre no usa esa palabra con un sentido peyorativo, ni mucho menos, sino más bien como algo aprendido, asumido como parte del juego en el que cada uno, ellas y nosotros, teníamos un papel asignado. Que yo recuerde nunca he escuchado a mi madre llamar niño a mi padre. Siempre lo ha llamado por su nombre. Durante muchos años, recuerdo, en la puerta de su casa había una placa en la que no aparecía el nombre de mi madre sino el "señora de".

"Niña, ¿hoy qué me pongo? ¿Voy con el pantalón largo o con las bermudas?". Las camisas impecablemente planchadas y guardadas en el armario, el pantalón con la raya perfecta, las bermudas colocadas junto a los bañadores. Como si llegaran allí por arte de magia. El orden cuidadoso de las cosas, las lentejas en su punto, el frigorífico lleno. Mi padre siempre ayuda a mi madre a cargar las bolsas del supermercado, a subir la ropa a la azotea, a recoger la mesa. "Qué suerte he tenido", piensa todos los días mi madre.

ALERCE, V

Alerce me cuenta que el domingo pasado, cuando volvió de su pueblo hasta Madrid, hizo todo el camino llorando. Había dejado a su padre muy triste. Él también lo había estado todo el fin de semana, aunque había disimulado para que nadie, y mucho menos su padre, se diera cuenta. Había sido el primer cumpleaños que celebraba sin su madre y, aunque él no es muy dado a darle importancia a este tipo de recordatorios, en esta ocasión había sido inevitable que la ausencia fuera como una especie de puñal, no muy grande, pero sí incisivo, que le había ido haciendo pequeñas perforaciones en distintas partes del cuerpo. Así se sentía al volver a Madrid. Como un coladero, de esos que su madre usaba para filtrar el aceite. A él, sin embargo, la grasa de la tristeza se le había quedado bien pegada por los muslos, por los hombros y hasta detrás de las orejas. Y esa grasa, que era una materia viscosa y agria, hacía que los agujeritos que tenía repartidos por todo el cuerpo le escocieran. Por eso, cuando ya anochecía, y en la carretera empezaba a notarse la gente que volvía a la ciudad para enfrentarse a un nuevo lunes, a Alerce no le quedó más remedio que llorar. Últimamente lo hacía mucho, cada vez más. Desde que murió su madre, han sido muchos los momentos en los que él mismo se ha sorprendido con los ojos bien húmedos. Recuerda cuando de niño, y sobre todo de adolescente, hacía un enorme esfuerzo para no llorar nunca. Ni siquiera lo hizo aquella vez que, jugando al fútbol, tropezó con un compañero y, al caer, se hizo mierda la rodilla. Sintió muchísimo dolor, pero apretó bien los dientes. No quería que sus amigos lo vieran llorar. "Así me gusta, hijo, aguanta, que verás como ya mismo se te pasa". A nadie le contó que estaba a punto de desmayarse cuando le sacaban sangre, como tampoco se atrevió a manifestar la más mínima expresión de tristeza cuando fueron muriendo sus abuelos. Él se ponía muy serio, muy en su papel de niño obediente, pero en ningún caso le mostraba a los demás lo que estaba sintiendo. Solo de vez en cuando sacaba a relucir su lado más rebelde e incluso un día, a escondidas, hizo una pintada en la iglesia de su pueblo. "Yo es que siempre fui muy punki", me dice con ese tono suyo a mitad de camino entre joven pasota y uno de esos activistas que parecen vivir eternos dentro de un discurso.

No sabe muy bien cuándo empezó a cambiar de actitud. Supone que no hubo un momento exacto, que fue más bien un proceso a través del cual, y gracias a lo que uno aprende cuando se atreve a salirse de las líneas rectas, dejó atrás muchas de las tonterías que había aprendido desde pequeño. Ahora, cuando ya no le importa mirar al mundo con la cabeza boca abajo, se emociona, y no le importa expresarlo y compartirlo, con cualquier tontería. Con un paisaje de montaña, con uno de esos árboles en los que a él le gustaría vivir. A veces se sorprende con la cara llena de lágrimas y sin un pañuelo a mano con el que limpiarse, así que lo hace con la mano, como cuando era pequeño y, tras una rabieta, se encerraba en su cuarto y tenía que limpiarse los mocos y las lágrimas que le caían sobre los labios.

Yo voy caminando por la playa de Cádiz, tan solitaria que parece que todavía no me he despertado del largo sueño que tuve todo el invierno, y leo los mensajes que Alerce me va escribiendo. Yo también estoy a punto de llorar porque siempre que vuelvo a aquí, a este rincón del Sur en el que la arena parece hablarme, se me revuelven las tripas. Cuando mis pies se mojan con el agua atlántica, es como un bautizo. Que se repite cada año. Vuelvo a la vida que tuve, mezclo las edades, cuido de mi hijo que todavía no sabe andar, me limpio con sal las heridas que yo creía cicatrizadas. Se me saltan las lágrimas. El llanto es un saltimbanqui que hace que me reconcilie con un circo sin leones ni payasos. Sin Cristos. Alerce me habla de su tristeza, que perdura y que es como un alimento que no ha terminado de digerir, y yo le hablo de la alegría que para mí supone ver la catedral blanca a lo lejos y sentir que mis pasos, siendo los mismos, cada día están más cerca de lo que llegaré a ser. Ir viviendo, ir muriendo. El hombre gerundio que ya no reprime las lágrimas. Las olas que sólo dios, si existiera, sabría por qué las amo tanto, me cuentan las historias que yo pensé había dejado olvidadas y que son la memoria que me mantiene despierto. Las olas, las olas, siempre Virginia.

"No me gusta la palabra combatir", le escribo a Alerce. Luchar, pelear, conquistar, uno frente al otro. Combatir la soledad, la tristeza, la desgana. Sobran batallas inútiles. "¿Y si hacemos que la ausencia se haga presencia?". Le cuento a Alerce el dolor tan hondo que sentí cuando murió mi tía Luz y como he conseguido, al fin, recoger las camisas viejas que quedaban en esa maleta deshecha.

Como dos niños, que no deberíamos haber olvido nunca, Alerce y yo lloramos en distintos tiempos, aunque a la vez. Camino mojando mis pies en el agua del mar y me despierto con el cosquilleo de la sal, con el picotazo húmedo de la arena, con el sol infantil que ya se levanta detrás de los altos edificios. Acelero el paso porque empiezo a oler el café y las tostadas. El desayuno de todos los días que aquí no es el de siempre. Un chico corriendo, un par de mujeres caminando, un hombre mayor que echa la caña de pescar. La niebla que se va levantando. Alerce bajando de la montaña y yo llenando de arena mis uñas de los pies. Un día de estos me las voy a pintar con todos los azules que veo en este agosto atlántico.

Me limpio los ojos con las manos. Sin poder controlarlo, se han ido poniendo húmedos. En mi piel ya se nota esa especie de velo cálido y amoroso que cubre mi cuerpo cuando se acerca al Atlántico. Mis manos huelen a llanto y a sal. El mismo olor de los ojos de Alerce cuando hace unos días, después de celebrar su cumpleaños con una comida familiar en la que él intentó por todos los medios a su alcance que la ausencia no amargara el vino, volvió a Madrid con el alma tan encogida que parecía la esponja que de niño le gustaba apretar cuando estaba bajo la ducha, con todas su fuerzas, hasta convertirla en minúscula, casi oculta en su mano pequeña.

"Hace tiempo que ya no me reprimo las emociones, y si tengo que llorar, pues lloro. Es muy sano hacerlo. A veces estoy hablando con gente y se me empañan los ojos. Y me da igual que me vean así. Al contrario, la gente se quita corazas". Alerce me escribe y es como si lo oyera. Vaya dos bobos que estamos hechos. Dos llorones, tan blandengues. Dos nenazas.

Me quito la arena de los pies en las duchas que hay junto al paseo marítimo. Empiezan a levantarse persianas. En la tienda de la esquina ya huele a pan recién hecho. En casa están todos durmiendo. Abro la puerta con cuidado para no hacer mucho ruido, con el sigilo y casi la emoción de quien abre un regalo. Todo está silencioso, como si no hubiera rastro humano y los objetos –el sofá, la mesa de comedor, las sillas– se hubieran hecho dueños de la situación. Sólo cuando recupero el tarro de café de la despensa siento que la vida, en paréntesis desde mi paseo por la playa, recupera su ritmo. Las camas deshechas, los baños por limpiar, las ventanas por las que empieza a entrar el sol, la leche que hierve en el microondas.

RAFAEL, III

Cuando Rafael llegó aquel sábado por la tarde, después de haber recogido a su hijo para pasar el fin de semana con él, no pudo abrir la puerta del piso. Al principio pensó que se había equivocado de llave. Miró en los bolsillos, lo intentó con otras, pero no hubo manera. Llamó varias veces al timbre, pero nadie respondía. Cada vez se fue poniendo más nervioso, aunque no quería que se le notara para que su hijo no se alarmarse. Buscó su móvil y marcó el número de ella. A los pocos segundos una voz femenina le indicaba que ese número no existía. La cara de Rafael pasaba por momentos de la sorpresa a la ira. "¿Qué pasa, papá? ¿No está Pepa?". "Espera, hijo, habrá salido. Estoy intentado localizarla". Tecleó nervioso el móvil, esperó angustiado, soltó un *hija de puta* muy bajito para que su hijo no lo escuchase.

Él, que siempre había ido de chulo por la vida, con sus andares de tipo que parece comerse el mundo, aunque luego se ahogue en un vaso de agua, no podía soportar que las mujeres le quitaran la razón y mucho menos que lo dejaran en ridículo. Ya le pasó con su primera mujer, la madre de su hijo, que acabó dejándolo, harta de soportarlo, aunque lo que él llevó peor de todo fue enterarse de que Lola, que así se llama ella, hubiese rehecho su vida feliz. Él siempre había llevado muy mal la felicidad ajena, entre otras cosas porque siempre ha estado amargado, por distintas razones. Y aunque siempre hacía culpables a quienes lo rodeaban de su malestar continuo, la verdadera causa estaba dentro de él. Quizás si un día, sólo un día, hubiera sido capaz de mirarse en el espejo y de reconciliarse con su pequeñez, otro gallo habría cantado. Pero no, nunca se observó a sí mismo, salvo en la imagen que veía deformada cuando los demás conseguían mejores trabajos, parecían felices con sus parejas o simplemente envejecían con una tranquilidad que él nunca tendría. Ni siquiera en las largas noches que pasaba en la barra de un bar, en la mayoría de las ocasiones solo, era capaz de llegar a una conclusión que le hiciera reaccionar. Su vida, desde hacía ya años, se había convertido en un bucle. Y lo terrible es que atrapaba en él a cualquiera que se acercase. El bucle del resentimiento. Rafael, el eternamente agraviado. Otro hombre blanco cabreado.

Aquella tarde en que no pudo abrir la puerta del piso que, aunque lo pagaba Pepa, él disfrutaba como si estuviera en un hotel de 5 estrellas, Rafael, que se llamaba como su padre y como su abuelo, y como buena parte de los hombres de su familia, llevaba los vaqueros de siempre. Caídos por detrás, algo raídos y sujetos por un cinturón de color marrón muy oscuro. Nunca le gustaron los colores claros. Casi siempre iba vestido de azul marino, negro o marrón. Su pelo, que en la coronilla ya flaqueaba, se estaba poniendo blanco. No era tan mayor, pero en los últimos años su físico había empezado a mostrar todo lo viejo que él se sentía por dentro. A su lado, el pequeño Miguel, a quien había recogido de una fiesta de cumpleaños, llevaba un traje de supermán. Se había disfrazado en casa de su amigo Adrián. Había heredado de su padre la cara tristona y el color de piel casi transparente. También le costaba sonreír. Ni siquiera hoy, con la boca llena de restos de chocolate y chucherías, parecía contento. Vistos de espaldas, parecían las siluetas recortadas de dos personajes de una de esas películas americanas en la que un padre y un hijo andan a la deriva. Como si fueran dos antihéroes luchando contra los elementos. El mayor, un vaquero fracasado, y el hijo, un aprendiz de superhéroe que no acaba de entender a ninguno de sus progenitores.

Cuando Rafael se dio cuenta de que por más que llamase al timbre la puerta no se abriría y que tampoco tenía otra manera de contactar con Pepa, decidió llevar a Miguel a casa de los abuelos. Aunque su impulso habría sido dar un puñetazo en la puerta, no lo hizo por Miguel y porque temía que la vecina de enfrente, tan cotilla, se asomase y le dijera cualquier barbaridad. Cuando pulsó el botón del ascensor, tenía tanta rabia dentro que habría preferido darle el puñetazo que no le había dado a la puerta, uno de esos que él está acostumbrado a dar cuando se le tuerce la vida. "¿Dónde vamos, papá? ¿Me llevas otra vez a la fiesta? Yo quiero ver a Pepa".

Pepa se había convertido en los dos últimos años en el refugio donde Miguel conseguía escapar del mal genio de su padre y de los celos que le provocaba que su madre estuviera tan enamorada de la chica con la que vivía. Pepa lo llevaba de compras, le ayudaba a hacer las tareas, le hacía bizcochos y no dejaba de explicarle cosas de la vida. Lo que más le gustaba de los fines de semana que pasaba en su casa era echarse con ella en el sofá, muy juntitos, y mientras Pepa le contaba historias de su pueblo, de cuando era pequeña o de los países a los que había viajado. Algunas tardes hacían palomitas en el microondas y veían alguna película de dibujos animados. Los dos lloraron muchísimo con *Coco*. Su padre empezaba a verlas, pero en seguida se cansaba. "Me voy a dar una vuelta por ahí". Volvía cuando la cena ya estaba preparada, a veces incluso más tarde. Miguel siempre recordaba la cara de angustia de Pepa, aunque esta nunca alzaba la voz, ni gritaba, ni le decía nada a su padre, al menos delante de él. Tampoco a Rafael le gustaba que, a media noche, Miguel se levantara y, de puntillas, con su peluche colgado del brazo, llegara a la cama donde estaba con Pepa. Allí se quedaba un rato mirándolos hasta que Pepa, siempre Pepa, se daba cuenta y le ayudaba a meterse entre ellos. Su padre gruñía al notar los movimientos, pero nunca se despertaba. Sólo así Miguel era capaz de dormirse profundamente, tanto que al día siguiente Pepa tenía que despertarlo para que el desayuno no se le juntara con el almuerzo.

Esas noches, con Miguel pegada a su cuerpo, es lo que Pepa más va a echar de menos. Esos ratitos de complicidad y risas, las tardes de compras o haciendo tartas, aunque no fuera el cumpleaños de nadie. Le costará no volver a ver al niño de los ojos tristes, el que quizás le recuerda al hijo que nunca tuvo. Sentirá su vacío en el sofá cuando se ponga a ver alguna película. Y se acordará de él cuando haga la pasta con atún que tanto le gustaba. Pepa es consciente de que debe aprender a no implicarse tanto, a no darse como si en cada relación le fuera la vida en ello, a no vivir el amor como una tempestad. Le costará el duelo, claro que le costará, pero ya no caben en su corazón más excepciones ni oportunidades. Le ha dolido escuchar el timbre una y otra vez, los intentos de abrir la cerradura, el sonido de la puerta del ascensor al abrirse. No se ha atrevido a mirar por la mirilla ni a mirar la calle desde el ventanal. Tenía todas las cortinas corridas, las luces apagadas y ella, en silencio, como un animalillo temeroso y asustado, sentada en un rincón del sofá. Abrazada al cojín que ella mismo hizo en un curso de manualidades.

Mientras Rafael se dirigía a su coche lleno de polvo, con esos andares que de manera tan lamentable parecen imitar a los de un cowboy, Pepa lloró como una niña pequeña a la que habían dejado sin regalo de Reyes. Después de haber contenido las lágrimas durante un buen rato, mientras sintió que el aliento de Miguel y su padre estaba tras la puerta, había terminado relajándose y había dejado que al fin todo el dolor que tenía en el pecho saliera. Agarrada a su cojín de colores, como si necesitara un ancla para no hundirse, Pepa se volvió muy pequeña, más delgada todavía de lo que estaba, casi la niña que soñaba con su príncipe azul.

Miguel, con la ayuda de su abuela, se quitó su traje de supermán antes de irse a la cama. Se puso un pijama de cuadros. Su abuela, que se llama Rosario y tiene las manos ya algo torpes, le recordó que se lavara la cara y los dientes antes de acostarse. Miguel se resistió a irse a la cama, porque sabía que le costaría dormirse. Siempre le pasa en la vieja casa de sus abuelos. Los techos tan altos le dan miedo. Se metió debajo de las sábanas, bien agarrado al peluche que le regaló Pepa, porque escuchaba sonido extraños, como de pisadas en el techo. Cerró los ojos muy fuerte, hasta que casi le dolían, y cantó bajito, para intentar ahuyentar el miedo. En su cama, a Pepa también le costó dormirse. Había intentado leer un rato, pero no se concentraba. Miró el móvil por si tenía algún mensaje. Han sido meses, un par de años, de estar pegada al teléfono pendiente de los mensajes de él. Le costará romper esa inercia. Buscó una música para relajarse. La última vez que miró el reloj estaban a punto de dar las dos de la mañana. A esa hora, Rafael todavía no había vuelto a casa de sus padres. Aunque al principio de la noche se encontró con dos de los habituales en el bar de Paco, después se quedó solo, en la barra, viendo las horas pasar y así, copa tras copa, sintiéndose cada vez más perdido. Sin batería en el móvil.

Cuando Paco le dijo que iba a cerrar, protestó levemente pero no necesitó que, como otras veces, lo pusiera de patitas en la calle. Cuando salió a la avenida, la estaban regando. Olía a tierra mojada y un ligero fresquito subía desde las aceras. Rafael a duras penas se tenía en pie. Le costaba trabajo esquivar el agua de las mangueras. Escuchó, sin entenderla, una advertencia del chico joven que estaba regando. Sintió como la humedad traspasaba la suela de los zapatos. El chico de la limpieza se le quedó mirando con cara de pena. Observaba como avanzaba con dificultad entre los charcos. Sus piernas arqueadas de vaquero sin caballo parecían a punto de romperse y, con ellas, el cuerpo que sostenían. La ira, sin embargo, hace que todo siga en su sitio, por más que el alcohol la mantenga dormida, a la espera del pistoletazo de salida. Rafael era un hombre solo que no encontraba las llaves de casa de sus padres en los bolsillos. Como cuando era un jovencito, temía la regañina de su madre al día siguiente. Siempre le habían jodido las regañinas de las mujeres. Esas histéricas.

CÁDIZ

Supongo que Cádiz ya nunca será la misma. Por más que vuelva a sus playas, a sus atardeceres que me atraviesan, a su murmullo de barrio que se hace más y más grande en agosto, Cádiz ya nunca será la misma, aunque siga siendo mi refugio. Me resultará mucho más complicado encontrar el rastro de los pies de mi hijo, cuando todavía no sabía ni andar, en la arena. Pasearé delante del hotel de tantos veranos y me costará escuchar el sonido de la cucharillas de los desayunos. Habrá una ausencia en la plaza de la catedral a la que no me atreveré a ponerle nombre. Una herida puñetera como la que uno siente cuando al abrazar a la persona amada está soñando con otra. Volveré a mis paseos largos del amanecer, cuando la playa parece entera mía y mis hombros se vuelven húmedos y fríos, pero al volver en busca de mi café, su sabor amargo y caliente helará una parte profunda de mí. Devoraré libros frente al mar, en esas tardes en las que no tengo horas sino páginas que pasan delante de mis ojos, aunque no sentiré ese escozor emocionante de las duchas al anochecer. El olor a gel y champú, los bañadores tendidos en la terraza, las camas sin hacer desde la noche anterior. No renunciaré a mi empeño de tener una casa con cancelas blancas y un jardín con palmeras, aunque el tiempo que me queda se reduce y ya en mi diario se emborronan, como tinta sobre la que cae una gota de agua, las cuatro letras que forman el nombre de mi hijo, al que creo que acertamos al no bautizarlo Caín.

La bahía continuará pidiéndome algún verso torpe y yo necesitaré más tiempo del habitual para hacer una rima. Habrá una habitación menos, una cama menos, una toalla menos. Sólo una cena de vez en cuando, una paella los domingos, una playa con sombrilla y nevera. Lo que hasta ahora habían sido días largos y sin intermedios se convertirán en tráileres de películas que no se estrenan. Un crucero que llega al puerto, un helado que se derrite, un mojito de media tarde.

Seguiré escribiendo en Cádiz, pero tendré que aprender a hacerlo sin sus piernas largas vigilándome desde el sofá. Una tostada menos, un vaso de agua menos, una lavadora con menos camisetas. Y una fiesta el domingo de su vuelta, y una celebración las vacaciones más cortas, y un verano a medias el que viviré más allá de la playa de Cortadura. De las olas que él vio por vez primera. Siendo un niño de apenas unos meses, con sus pañales y su cochecito. Un niño de pelo rubio, muy rubio, sentando sobre una maleta. Rodando por el suelo del hotel aquella noche que, sin darnos cuenta, se cayó de la cuna.

Cádiz se ha vuelto un tanto melancólica. Una resta de días en la playa en la que yo sólo veía peces que escapaban de las cañas. El amor sereno, ese del que me he pasado toda la vida huyendo, me sujeta a la butaca verde y amarilla. El libro electrónico se llena de arena y descubro cuánto amo la vida, supongo que porque sigo teniendo ganas de comerme todos los días. De hacer que cada uno sea distinto, aunque sólo sea en un minuto con respecto al anterior. Esa lucha es la que me lleva a no dejar de escribir, como si al fijar las palabras sobre la pantalla en blanco lograra que el milagro fuera posible. Él, que siento que me ama mucho más que yo a él, y que sigue a mi lado, paciente, generoso, y acaba siendo siempre la prueba palpable de que lo más sencillo es lo que encierra la mayor complejidad. Tal vez por ello cada día que pasa lo siento más sabio, mientras yo ando a la deriva, como en esas pesadillas recurrentes en que tengo que volver a examinarme de Derecho Civil.

Gusanitos, pipas, regalices, bolitas de queso. El hombre de todos los años, y que cada verano es más viejo, anuncia las últimas bolsas de chucherías. Cada día que ha ido pasando ha crecido la distancia entre mi butaca y la de al lado. Es como si la arena, a medida que avanza agosto, reclamara sus dominios y nos fuera expulsando, como quien no quiere la cosa, al asfalto. Me lavo los pies antes de subir las escaleras. Me giro levemente para ver el Atlántico por última vez este verano. Sus colores son ya metálicos, nada que ver con la postal que en julio anunciaba helados de manzana y chocolate.

Reviso los estantes de la cocina antes de terminar de hacer las maletas. En uno de ellos descubro un bote de Cola-Cao a medio terminar. Dudo si echarlo o no en las bolsas. Mi hijo ya casi nunca lo toma, prefiere el café. Lo guardo por si acaso. Algún desayuno o alguna merienda habrá en la que vuelva a remover la leche hasta que no quede ni un grumo. En el fondo de la bolsa del super, al lado de las latas de conserva y del arroz que no hemos cocinado, el Cola-cao casi desaparece. Tímido, silencioso, prudente. Como esas personas que siempre están en un segundo plano porque temen que su voz pueda resultar molesta. Cuando llego a Córdoba, y lo rescato del fondo, me doy cuenta de las muchas palabras que se esconden entre el polvo marrón. De esas que al diluirlas en leche se convertirán en un álbum de fotos.

Alzo la persiana de la ventana de mi cocina. Cómo se nota que ya anochece antes. Todavía no son las nueve y ya apenas se ve. Es domingo y el silencio habitual hace que se me haga mucho más cuesta arriba la vuelta a la rutina. Lleno la lavadora de ropa sucia y la enciendo. Durante unos minutos observo a través de la puerta cómo giran los bañadores, las camisetas y las toallas, enredadas en la espuma que va generando el detergente. Miro la puerta de la lavadora como si estuviera mirando un espejo. A la espera del centrifugado.

EL HOMBRE QUE TOMA CAFÉ

Lleno la cafetera de agua hasta el tope marcado por un pequeño tornillo en el lateral. Me gusta llenar el cubilete hasta arriba, hasta el borde mismo del recipiente, y aplastar el café con una cucharilla, presionándolo hacia abajo. Así se lo vi hacer a mi abuela y luego a mi madre. En el silencio de la mañana, leves sonidos, que son memoria, hacen que vaya despertándome. Sin ellos no tendría voz. El agua que cae del grifo, el leve chasquido al levantar la tapa de la caja metálica en la que guardo el café, el murmullo de la cerilla al encenderse y ese primer fuego de gas que tropieza azulado con la superficie metálica. La espera de pocos minutos es como un paréntesis que se abre, cuando apenas se ha iniciado la historia, y en el que caben casi las 24 horas siguientes. Mientras sube el café –esa expresión que indica un movimiento hacia arriba, que sale de lo profundo para derramarse hacia afuera, que me remite a la verticalidad del hombre que soy–, me da a tiempo a pensar en todo lo que tengo que hacer en el día que empieza. Como si fuera el tráiler de una película, pasan las imágenes inventadas, las que espero, las que todavía no he vivido. Otro sonido, algo más potente, pero todavía leve, como si fuera el tapón de una alberca que ha saltado, me avisa de que el líquido, ahora ya negro, empieza a salir por la chimenea por la que el agua deja de ser transparente. Me gusta abrir la tapa y asomarme a esa especie de cascada lenta, que se mete primero por mi nariz para luego invadir la cocina, el salón, las escaleras, la casa entera. Podría morirme justo en este instante y lo haría siendo el hombre más feliz del mundo. Empapado de negro, bañado en café, desde la nariz hasta los dedos de los pies.

Cuando todo el agua ha subido, la cafetera emite una especie de silbido, como el de un ferroviario en la antigua estación de mi pueblo. El café es muy parecido a un tren, a cualquier tren, de esos que me dan la vida al llevarme lejos de las sábanas calientes y las calles pisoteadas. No podría vivir sin mi taza de café por las mañanas ni sin un tren que me ayudara, aunque sólo sea de manera un tanto ilusoria, a sentirme más libre. Cojo la cafetera por el asa negra con mucho cuidado. Lo hago con los nervios de un niño pequeño a punto de abrir un regalo. Cuando el café cae sobre la taza, despacio, como el arroyo que atravesaba con mis padres para ir a bañarme en el estanque de mis abuelos, todo mi ser que hasta entonces había estado no sé dónde, supongo que volando, más allá de las ramas del árbol, vuelve a mi cuerpo y se concentra en mi boca. Me gusta probarlo cuando todavía está muy caliente, cuando incluso mis labios se queman y, al tragarlo, mi garganta siente que abren cuevas en ella. Cierro los ojos y puedo seguir el rastro del café por mi aparato digestivo, hasta que encuentra acomodo en mi estómago que, cuando llega negro, experimenta una sacudida. Ese temblor, que se multiplica por mis arterias y hace que mi sangre vuelva a los diecisiete, me recuerda que está amaneciendo y que por la ventana de mi cocina empieza a verse una luz todavía tímida, tal vez la más agradable del día.

Me bebo el café muy despacio, tan lento que pierdo la noción del tiempo. Cada sorbo es un correo lleno de archivos adjuntos que no abro. Cuando me queda apenas el culo de la taza, miro las últimas gotas y las muevo ligeramente, como si fuera una de esas pitonisas que saben leer los posos. Me las bebo con los ojos cerrados, al contrario de como de pequeño me tomaba los jarabes de la tos. Sin haberme dado cuenta, los sonidos del nuevo día han empezado a hacerse presentes en el vecindario. La orquesta improvisada de persianas me recuerda que he pasado demasiado tiempo tomando el desayuno, que apenas he escuchado las noticias que en la radio parecían ser la mismas que las del día anterior, que el olor a pan tostado ha salido por la ventana y ha invadido el patio.

Cuando lavo la taza de café, y así vuelve al blanco de loza que parece resistir todos los temblores, es como si arrancara otra hoja del calendario, el que mi madre me regala todos los años, porque su madre, mi abuela, siempre lo tenía en el salón de su casa y era como el reloj que le indicaba los días que le iba restando a su vida. En la calle, los primeros padres, las primeras madres, sin ganas apenas de hablar, llevan a sus hijos e hijas al cole. Septiembre vuelve a ser una fiesta. En el curso en que ya nada volvería a ser como antes. En el que todas y todos descubriríamos que eso que teníamos, tan leve, tan aparentemente pequeño, era la felicidad.

DESAPARECER

Debería desaparecer. Callarme. No dar tanto la cara, no alzar tanto la voz. Cada día que pasa siento más la presión de ser fiel a lo que voy diciendo en seminarios y conferencias. Renunciar a privilegios, no ser protagonista, no ocupar el espacio que debería ser compartido. Después de muchos años dándole vueltas a la masculinidad, a la que como cultura me designa y a la que de manera personal respiro, he llegado a un punto en el que no tengo claro hacia dónde seguir. Me siento dando vueltas y vueltas en una rotonda. La voz del GPS, siempre femenina, no deja de indicarme la salida que debo tomar, pero yo dudo y dudo, cuestiono lo que el aparato me dice. A veces pienso que lo que realmente me pasa es que me siento muy cómodo dando vueltas, acercándome a cada salida, pero sin tomar ninguna. No me queda más remedio que asumir que sigo siendo un hombre al volante, que no he aprendido tanto como yo creía o, más exactamente, que no he desaprendido ni una mínima parte de lo que sobra en mi mochila. Fer me lo recuerda de vez en cuando. Me lo suelta como quien no quiere la cosa. En mitad de una discusión, o de una simple discrepancia de criterios, aprovecha para decirme que no soy el hombre que digo ser. Y lleva razón.

Seguramente me sepa la teoría para aprobar el examen con nota. Aunque mi curiosidad un tanto suicida me lleva a no dar nada por sentado, creo que a estas alturas tengo claras dos o tres cosas. No sé si las esenciales. Todo es duda. Una pregunta que lleva a otra, el arrepentimiento que no sirve para nada, la culpa que me persigue. Pido confesión. Tres avemarías y un padrenuestro. De rodillas ante el altar. Sigue en mí el niño con carga de monaguillo y con ojos cinéfilos (pecadores).

Los hombres deberíamos callarnos, incluso desaparecer, sugiere Víctor Parkas. Me parece una buena opción. Basta ya de deconstruirnos, de dar pena, de ser aliados. Tengo la impresión de que, pese a nuestras buenas intenciones, seguimos repitiendo las mismas canciones. Hemos hecho un cursillo acelerado de positividad y nos hemos lanzado al mundo, nuestro mundo, para ocupar portadas. He hablado tanto en los últimos años, he escrito tantas palabras, he visto tanta gente delante de mí escuchándome atentamente, que ahora me gustaría huir. Ojalá hubiera un pasadizo secreto detrás del escenario. Baldosas de colores, over the rainbow. Orgulloso de seguir siendo un hombre. Hay días que me pregunto en qué sigla del colectivo estoy, o si no estoy en ninguna. Me siento un traidor a todas ellas. Se lo pongo fácil a mis perseguidores en twitter.

Necesito una cura de silencio. Ponerme un esparadrapo en la boca, como si estuviera secuestrado. Una mascarilla, qué broma tan pesada en el retrovisor. No hacer ni un PowerPoint más, olvidar la contraseña de mis redes sociales, volver a las cartas largas y lentas. He hablado tanto en los últimos tiempos que me he olvidado de mirar alrededor y también he dejado de mirarme a mí mismo. Me he visto siempre radiante en los espejos de los hoteles, en las fotos compartidas en Instagram, en los periódicos donde me han alabado. Me he contemplado tanto sin mirarme que tengo miedo de haberme convertido en el hombre que no debería ser. De haberme convertido en un hombre. De seguir siendo un hombre.

Podría ir sumando las sábanas que he ido manchando con mi piel en los últimos meses y saldría una cantidad enorme. El titular exacto de mi hombría. Yo que nunca he sido de zapatillas de deporte, he sentido que me las calzaba cada mañana para lanzarme a la pista. Otra vez ser el primero, el más audaz, el más acertado, el más feminista, el más, el más, el más... Las sábanas de hotel, cada noche, me han recordado que soy un pobre sujeto, acobardado, imperfecto, de mal dormir. La pesadilla recurrente de perder un avión, de escapar de mi boda, de asistir a mi propio funeral. En la soledad de esas habitaciones, cuando llegaba cansado tras la cena sonriente, encontraba siempre unos minutos para mirarme en el espejo. Sin camisa de colores, sin la chaqueta más o menos desestructurada, sin las pulseras. Era entonces cuando sentía más terror. Supongo que porque, además de verme muy cansado, continuaba viendo al que un día se casó por la iglesia, cumplió con los mandamientos y fue aplaudido por el respetable. Quizás por esa imagen devuelta me ha resultado siempre complicado conciliar el sueño. Agarrado a la almohada, en posición fetal, empequeñecido. Silencioso. Bendita dormidina.

Tiro de las sábanas perdidas, de esas a las que ni siquiera he podido poner el nombre de un amante, y me reencuentro con lo que hubo antes y después de cada conferencia, de cada presentación de libro, de cada posado en el que me creí, iluso, el rey del mambo. Una star. Mi pequeña venganza frente a los armarios sufridos. El niño pródigo que vuelve al hogar con la maleta llena de regalos. El padre que asiente disimulando su orgullo, la madre que siempre te ve más delgado, las tías que te elevan a los altares. Mimado, mimoso. No sé si un niño queer, que diría Alberto Mira. Queer: esa palabra que da tanto de sí y que en el fondo apenas dice nada nuevo. Un trampantojo. Otra vez una rotonda.

Quiero escapar de las rotondas. Quiero dejar de ser un hombre. Quiero desaparecer.

Hay cansancio en estar pegado a uno mismo como una ostra a su roca, y belleza en dejarse un poco, en ser probado por la novedad o la alteridad. ¿Quién podría enriquecerme, conectarme a algo más que grande que uno mismo? ¡Qué desgracia tener una sola vida, un solo cuerpo, una sola identidad, un solo sexo, en lugar de ser plural, para poder encarnarse a voluntad en los miles de destinos posibles que nos rodean! Me gustaría tanto renacer como mujer, como hindú, como sudamericano, como hombre de la Edad Media, del Renacimiento, del Imperio maya, incluso como lobo, oso o gorrión, para experimentar un proceso interminable de metempsicosis

Pascal Bruckner
Un instante eterno. Filosofía de la longevidad

AGRADECIMIENTOS

A quienes leyeron y mejoraron este texto con lentes tejedoras, en especial a Anna Caballé por su luz de sabia amazona.

A Andrés Neuman, mi caro Neu, que me regaló el título y el horizonte de Telmo.

A Beatriz Ranea, por el verbo del final.

A Pilar del Río, por un prólogo que me resucita en Blimunda.

A Fernando Bayona, por la imagen que es retrato y precipicio.

A Raúl Alonso, por ser una especie de Ave-Eva que cabalga como Jack Twist por praderas de libros.

A Manuel Mata, por su bisturí tierno y sus enseñanzas de puntos y comas.

A Pep, por la banda sonora tan llena de ángeles.

A todos los hombres que que forman el nosotros de este libro y que también son parte de mi vida.

A las mujeres que a lo largo de los años no han dejado de darme recetas para curarme de hombría, en especial a Loly, ella sabe por qué.

A mi madre, por sus diarios adivinados, y a mi padre, por su espejo. A los dos por enseñarme y contagiarme el valor de las palabras y la imaginación.

A mi hijo, por ser la cometa que me hace vivir hacia el futuro.

A Fer, ese gigante que me salva cada que vez que me pierdo en el bosque y me descubre dónde están las baldosas amarillas.

ÍNDICE

YO, NOSOTROS

Yo, nosotros
de Octavio Salazar Benítez,
compuesto con tipos Montserrat en créditos
y portadillas, y Avenir Next Condens
en el resto de las tripas,
bajo el cuidado de Dani Vera,
se terminó de imprimir
el 24 de enero de 2024,
día en que nació Virginia Woolf en 1882.

LAUS DEO